자유의 7가지 원칙

자유의 7가지 원칙

초판 1쇄 인쇄 | 2022년 11월 11일
초판 1쇄 발행 | 2022년 11월 21일

엮 은 이 | 최승노
발 행 인 | 최승노

기획·마케팅 | 신은수
편집 | 인그루출판인쇄협동조합
디자인 | 인그루출판인쇄협동조합

발 행 처 | 자유기업원
주　　소 | (07236) 서울시 영등포구 국회대로62길 9 산림비전센터 7층
전　　화 | 02-3774-5000
홈페이지 | www.cfe.org
E-mail | cfemaster@cfe.org

I S B N | 978-89-8429-252-9 03300
정　　가 | 20,000원

낙장 및 파본 도서는 바꿔 드립니다.
이 책 내용의 전부 또는 일부를 재사용하려면 반드시 자유기업원의 동의를 받아야 합니다.

The 7 Principles of FREEDOM

자유의 7가지 원칙

자유의 7가지 원칙:
자유 사회로 향하는 나침반

항해하는 사람들에게 있어 가장 중요한 것은 무엇일까? 바로 올바른 방향으로 배가 나아가는 것이다. 배가 아무리 잘 만들어졌어도, 항해하는 사람의 능력이 아무리 뛰어나도, 정해진 방향으로 항해한다는 본질적 목적이 제대로 달성되지 못하면 그 배와 여정은 아무 의미가 없다. 소용없을뿐더러 망망대해에서 그 목적의 실패는 혼란과 죽음으로 귀결될 수밖에 없다.

그래서 항해하는 자들은 예로부터 옳은 방향으로 나아가기 위해 다양한 수단을 동원했다. 자연적인 수단도 있었고, 인공적인 수단도 있었다. 나침반과 북극성이 그것이다. 오늘날 항해를 돕기 위한 다양한 첨단 항법장치들이 나왔지만 나침반과 북극성은 아직도 항해하는데 있어 필수적인 요소이다.

인류의 역사 또한 항해와 본질적으로 같다고 볼 수 있다. 수많은 사건과 어려움이 있었지만 인류의 역사는 '자유의 증진'이라는 옳은 방향으로 나아갔으며 앞으로도 그래야 한다. 역사 속에서 자유 증진의 신념은 나침반의 역할을 하며 인류를 바른 방향으로 인도했다.

항해가 그렇듯이 나침반이 제대로 작동하지 않거나 애초부터 잘못 만들어졌다면 그 배는 표류할 수밖에 없다. 인류 역사에서도 그런 잘못된 나침반으로 인해 사람들이 불행에 빠졌던 사례는 많았다. 역사의 나침반이 인류를 바른 방향으로 이끌지 못했을 때 그 나침반에서 파생되는 모든 것들이 후퇴하였다.

근현대사를 휩쓸었던 공산주의는 분명한 예시다. 공산주의, 그리고 이를 국가 이념으로 삼은 소련이 탄생하면서 이 사상을 기반으로 한 굉장히 다양한 이론들이 나왔다. 그 이론들은 여러 분야에 걸쳐있었다. 공산주의 경제학도 있었고, 공산주의 철학도 있었으며 문학에서도 사회주의 리얼리즘이 나왔다. 심지어 과학에 있어서도 트로핌 리센코가 고안한 사이비 유전학과 농업이론이 탄생했듯이 모든 분야에서 사회주의 이론이 접목되었다.

잘못된 방향성을 가진 이념과 그에 따른 이론은 자명하게도 실패한다. 공산주의 경제학은 국가를 부유케 하지 못했고 사회주의 리얼리즘은 사회주의 국가의 문학 발전을 가져오지도 못했고 오히려 체제 저항적인 작품들이 그 나라의 문학을 빛내는 역설을 가져왔다. 리센코식 농학은 소련의 농업을 초토화시켰고 비효율적인 집단농장 시스템과 겹쳐 소련 농업은 나라가 멸망하는 그 순간까지도 매우 부진했다. 결국 공산주의 종주국이라는 소련이 식량마저 자급 못하고 그들이 그토록 적대하는 자본주의 국가들로부터 식량을 수입해야하는 것이 현실이었다.

사회주의 이론들이 실패한 까닭은 이들이 기반으로 한 공산주의가 애초부터 잘못된 사상이기 때문이었다. 독이 든 나무는 독이 든 열매를 맺을 수밖에 없듯이, 인간이 먹을 수 있는 열매를 맺기 위해서는 그 근본인 나무가 건강해야 한다. 처음부터 건강하고 바른 방향성을 가져야 한다. 제대로 된 나침반으로 방향을 설정해야 인류의 역사라는 긴 항해는 시련을 이겨내고 정방향으로 나아갈 수 있다.

인류의 항해가 나아가야 할 북극성은 '자유의 증진'이라는 별이다. 그리고 이 위대한 항해를 위해 인류는 '자유의 나침반'이 향하는 방향으로 나아가야 한다. 자유 사회를 향한 여정에서 인류가 자유의 7가지 원칙을 나침반으로, 길잡이로 삼는다면 우리 사회를 건강하고 올바른 길로 인도할 수 있을 것이다. 그렇다면 자유를 올바른 방향으로 인도하는 원칙은 무엇일까? 자유의 원칙은 아래의 7가지 원칙으로 구성된다.

첫째, 재산권의 보호이다. 개인은 정당하게 취득한 재산에 대한 권리를 가진다. 재산권은 자유와 반드시 함께하는 개념이며, 내가 얻은 것이 내 것이라는 기본 명제가 보장될 때 비로소 자유를 논할 수 있다.

둘째, 법치이다. 독재자 1인이나 당의 뜻이 아닌 오직 법에 의해 국가의 시스템이 작동해야 한다. 법문 그 자체가 아닌 자유의 정신에 맞게 제정된 법에 따라 법치가 이루어져야 자유 국가의 올바른 사법체계라 할 수 있다.

셋째, 신뢰와 화폐안정이다. 사람과의 관계에 있어 신뢰는 보이지 않는 자산인 동시에, 화폐경제를 기본으로 하는 자본주의의 필수 요소이다. 신뢰에 기반한 화폐안정이 전제되지 않는다면 시장경제는 제대로 작동할 수 없다.

넷째, 개방과 자유무역이다. 자유무역을 통해 개개인과 국가 간 물자가 자유롭게 오갈 때만이 번영이 보장된다.

다섯째, 제한된 정부이다. 정부가 비대해질수록 개인의 자유는 줄어들기 마련이다. 지나치게 개입하고 간섭하는 정부는 비대해지기 때문에 이를 법으로 제한하여야 한다. 국가를 지탱하는 기본 역할에 충실한 정부가 바람직하다.

여섯째, 관용이다. 소수라는 이유로 차별받지 않아야 하는 동시에 공동체 정신을 통해 서로에게 관용을 베푸는 사회로 나아가야 한다.

일곱째, 시장화이다. 자유로운 거래와 계약이 보장되고 가격기능이 작동하면 경제적 자유가 증진된다. 기업과 개인에게 선택할 자유를 보장할 때 비로소 자유시장경제가 실현될 수 있다.

이 7가지 요소들이 톱니바퀴처럼 맞물려야 자유를 인도하는 나침반이 정방향으로 바늘을 가리킬 것이고 인류의 역사는 발전해나갈 것이다.

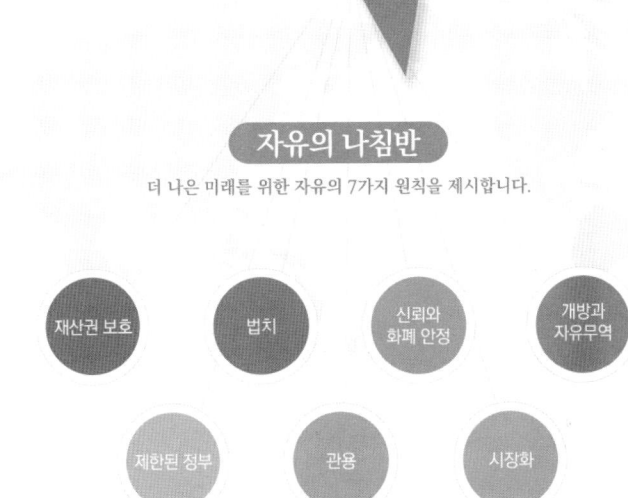

이 책은 자유의 7가지 원칙을 역사와 현실에서 담아내고자 고민한 결과들이다. 전문가들이 자유를 향한 인류의 발전과정 속에서 구체적인 사례를 찾아 고찰한 글들이다. 독자들이 자유를 향한 나침반을 이 글들을 읽으면서 설정할 수 있기를 기원한다.

최승노
자유기업원 원장

차 례

프롤로그
자유의 7가지 원칙: 자유 사회로 향하는 나침반 · · · · · · · · · · · · · · · · · 5

1. 재산권 보호: 개인이 자유로운 삶

소유와 자유의 의미 · 19
| 샤오강 마을의 비밀 계약서 | 미국의 플리머스 농장 |
| 공유와 소유의 차이 그리고 자유 |

철조망: 신대륙을 길들인 발명품 · 27
| 공유지의 비극을 막다 | 우리 시대의 가장 위대한 발명품 |
| 대평원의 가치를 드높이다 |

좁은 회랑을 지나 자유로 · 33
| 국가와 개인의 생존 | 건강한 사회는 국가의 건전한 경쟁자 |
| 개인, 좁은 회랑의 출발 | 기업, 회랑을 지나는 수레 |
| 개인과 기업에게 좀 더 자유를 |

공유지의 비극과 재산권 정립 · 42
| 가격기구의 작동 | 공유지의 비극은 왜 발생하는가? |
| '공공의 소유'란 단어의 허망함 |

무거운 상속세 부담, 국적포기냐 기업매각이냐 · · · · · · · · · · · · · · 49
| 기업가의 국적포기를 촉발하는 상속세 부담 | 높은 상속세 부담으로
기업매각을 선택하는 국내 기업가들 | 세부담으로 인한 기업매각은
NO, 국적포기 없이도 재산권 보호될 수 있는 환경 필요 |

성경이 말하는 소유권이란 무엇인가 · 57
| 성경은 배타적 사적 소유권을 인정한다 | 성경적 소유권 청지기
사상과 사적 소유권 | 사적 소유권의 확립 없이는 정의도 없다 |

연해주의 조선인 그리고 조선에 남겨진 사람들 · · · · · · · · · · · · · · 66
| 사유재산의 기적 | 연해주는 왜 조선과 달랐는가 |
| 사유재산권은 자유다 |

푸거 VS 로스차일드, 로스차일드의 재산권 · · · · · · · · · · · · · · · · · 72
| 유럽 패권의 원동력 | 16세기 대자본가, 야코프 푸거 |
| 18세기 초부터 시작된 유대인 부호의 신화 로스차일드 |
| 푸거 vs 로스차일드 공통점과 차이점 | 재산권의 중요성 |

2. 법치: 법 앞의 평등, 공정한 사회

권력분립의 등장과 현대적 이해 · 83
| 권력과 인간의 속성 | 로크와 몽테스키외 권력분립론 |
| 권력분립의 현대적 이해 |

재산권과 경제적 자유 그리고 법치 · 90
| 부동산과 사유재산권 | 물질적 풍요를 위한 길 |
| 자유와 법치 |

합법적으로 집권한 히틀러 정권,
자유주의자는 어떻게 바라봐야 하는가 · 98
| 합법적인 집권이 세계대전이라는 참사를 낳다 |
| 자유주의적 관점에서 바라본 히틀러 집권의 교훈 |

세금은 내는 사람이 결정한다 · 104
| 능력을 고려하지 않은 과도한 세부담 |
| 세금 제도는 헌법을 고려하며 시행해야 |

자유를 향한 조세저항 · 110
| 세금 징수: 거위의 깃털 뽑기 | 상상을 초월하는 징세 방법 |
| 역사를 바꾸는 조세저항 |

미란다 원칙, 정의는 절차다 ·························· 116
| 미란다 고지의 시작 | 형상으로서의 정의, 관념으로서의 정의 |
| 법은 감정을 배제해야 한다 |

1912년 조선민사령 공포: 한국 근대의 출발 ················ 125
| 조선 민사령 이전과 이후 | 근대 민법의 토대 |
| 조선 민사령의 근대사적 의미 |

3. 신뢰와 화폐안정: 건강한 사회의 신용 질서

인플레이션, 보이지 않는 증세 ························ 135
| 초인플레이션 비극의 교훈: 짐바브웨와 베네수엘라 |
| 인플레이션 조세와 비용 | 정부, 신뢰를 기반으로 화폐안정에 최선의
노력을 다해야 |

초인플레이션이 부른 로마제국 몰락의 교훈 ················ 142
| 은화에 구리 섞다 초인플레이션 발생 | 통화 붕괴가 서로마제국
멸망으로 이어져 | 로마의 멸망으로부터의 교훈 |

양적완화라는 신기루 ······························· 149
| 양적완화란 무엇인가? | 양적완화의 필요성, 규모, 명암 |
| 생산성, 생산성, 생산성 | 진짜 오아시스이었나 |

모기지론과 선택할 자유 ···························· 158
| 집에 대한 개념과 활용의 시대적 변화 | 모기지론을 통한 집 구입 |
| 모기지론의 불확실성과 위험 | 모기지론을 통한 선택의 확대 |

4. 개방과 자유무역: 더 넓고 열린 세상을 향해

대항해시대, 동서양 역전의 시작 ······················ 169
| 엔리케 왕자와 종교적 신념 | 에스파냐의 복병, 콜럼버스 | 위대한 착각 |
| 대항해 시대 그리고 세계사 혹은 지구사의 탄생 |

르네상스와 개인의 자유 · 176
| 피렌체라는 화려한 도시 | 르네상스 정신, 자유와 번영 |
| 반동에서도 살아남은 자유주의 |

자유와 관용의 포용적 경제: 박정희 정부의 수입자유화 · · · · · · · · 184
| 경제정책 그 이상의 의미를 가졌던 수입자유화 |
| 성공신화의 이유 |

이승만, 미국으로 유학을 떠난 조선청년 · · · · · · · · · · · · · · · 191
| 독립주의의 긴요한 조목: 실천 6대 강령 | 미국으로 직접 간 이승만 |
| 한국을 개방과 자유시장경제로 이끌다 |

신뢰를 품은 플랫폼 기업 · 198
| 플랫폼, 신뢰의 제약을 파괴하다 | 플랫폼은 어떻게 신뢰를 구축했는가 |

5. 제한된 정부: 작은 정부가 만드는 역동적인 사회

미국 최고의 수출품은 연방헌법 · 205
| 모든 권력은 견제되어야 한다 | 미국의 탄생, 자유의 계보를 잇다 |
| 연방정부의 탄생과 지방자치의 원리 | 프랑스혁명이 놓친 것 |
| 정부는 작을수록 좋다 |

스웨덴 복지국가의 비밀: 재정 및 연금개혁 · · · · · · · · · · · · · · 214
| 재정건전성을 지키기 위한 세 가지 목표 | 시대 변화에 탄력적으로
대응하는 연금제도 | 공짜 점심은 없다 |

베를린의 부동산 임대료 규제: 월세상한제 · · · · · · · · · · · · · · · 221
| 베를린의 주거 사정 | 베를린 월세상한제의 내용 및 문제점 |
| 월세상한제의 효과 | 헌법불합치 | 설익은 제도는 실패하기 마련 |

누구를 위해 규제하는가 · 229
| 규제는 왜 만들어지는가 | 누구의 이해관계가 규제를 만드나 |
| 규제는 필요악 |

태양을 거부하는 양초업자들: 바스티아 ·················· 237
| 양초제조업자들의 청원 | 법적 약탈 | 국가는 거대한 허구 |
| 보이는 것과 보이지 않는 것 | 바스티아, 유럽 자유무역 운동의 원천 |

6. 관용: 사회통합을 위하여

건강한 사회의 지름길, 관용 ······························ 247
| 통합이 만드는 가치 | 관용을 통한 상호 존중 |
| 개인주의가 곧 자유를 이룬다 |

칼뱅에 맞선 카스텔리오 ································· 253
| 세르베토의 처형 | '사상의 자유를 가장 신성한 기본법으로 요구한 유럽 최초의 문서' | 카스텔리오를 소환하는 이유 |

〈래리 플린트〉: 표현의 자유, 한계가 존재할까 ············· 260
| 영화 〈래리 플린트〉가 던진 메시지 | '표현의 자유'의 의의와 한계 |
| '가짜뉴스'를 둘러싼 논쟁 | 표현 및 언론의 자유는 최대한 보장돼야 |

이슬람과 계몽주의 ····································· 268
| 대분기 논쟁과 서구의 부상 | 이슬람, 종교가 이성을 압도하다 |
| 사상적 자유의 보장, 역사의 갈림길 |

조지 오웰 〈동물농장〉 고찰 ···························· 275
| 인간을 쫓아낸 동물들 | 작품 소재가 된 소비에트 연방 |
| 돼지들의 낙원 | 인생은 공평하지 않다 |

미국혁명과 프랑스혁명의 '두 자유' ······················ 282
| 인간 스스로 신이 되고자 했던 프랑스혁명 | 문명의 유산을 보전하고자 했던 미국의 독립 | 여전히 대결 중인 1776의 정신과 1789의 정신 |

마틴 루터의 종교개혁 ·································· 290
| 종교개혁으로 달라진 인간의 존엄 | 기독교, 한국에 '개인'이라는 개념을 심어주다 | 루터의 후예들: 자유인 |

내전의 시대, 조만식을 소환해본다 · 298
| 조만식이 상징하는 가치들 | 인화에 앞장선 지도자 |
| 내전 이후 세계, 조만식적 가치를 담자 |

다가올 '초개인'의 시대 그리고 '초자유 상태'에 놓일 우리 · · · · · 306
| 근대, 쾌락의 주체를 신에서 국민으로 바꾸다 | 마약과 근대 국가 |
| 개인의 쾌락을 국가가 어디까지 통제할 수 있는가 |

7. 시장화: 경제자유의 확산

자유의 보금자리, 도시 · 317
| 도시, 인류의 고향 | 도시의 역사 | 도시와 자유 |
| 도시에 대한 비관론의 극복 | 도시, 미래의 정착지 |

하멜 표류기: 표류기보다 표류의 배경에 주목해야 하는 이유 · · · 325
| VOC, 세계 역사상 기업가치가 가장 높았던 회사 | VOC에서 시작해서
VOC로 귀결되는 하멜 표류기 | 하멜의 표류기보다 표류의 배경이 중요한
이유 | 백성을 가난으로 이끈 조선의 무본억말 전통 |

선택할 자유가 기본 · 333
| 인간의 기본적 권리이며 권력의 제한을 의미 | 선택할 자유와 시장 |
| 선택할 자유를 침해하는 세력 | 선택할 자유를 침해하면 왜 실패하는가 |

세계경제의 틀을 바꾼 '철제 상자' 컨테이너 · · · · · · · · · · · · · · · · · 340
| 1950년대 혁신 아이콘, 컨테이너 | 컨테이너 덕분에 한국이 무역강국으로 |
| 컨테이너, 표준화의 혁신 사례 | 글로벌 공급망을 변혁 |
| 세계화의 상징으로 진화 |

19세기 영국의 개인주의와 의료시장 · 348
| 19세기 영국의 개인주의와 시장 | 시장의 재개념화를 통해 본 의료시장 |
| 의학 지식 시장의 활성화 |

1

재산권 보호: 개인이 자유로운 삶

소유와 자유의 의미
철조망: 신대륙을 길들인 발명품
좁은 회랑을 지나 자유로
공유지의 비극과 재산권 정립
무거운 상속세 부담, 국적포기냐 기업매각이냐
성경이 말하는 소유권이란 무엇인가
연해주의 조선인 그리고 조선에 남겨진 사람들
푸거 VS 로스차일드, 로스차일드의 재산권

소유와 자유의 의미

윤상호
한국지방세연구원 연구위원

　　　　　1978년 당시 집단농장에서 일하는 중국의 모든 농부들에게는 소유할 수 있는 권리가 없었다. 당시 중국의 안후이성(安徽省)에 위치한 매우 조그마한 농촌 중 하나인 샤오강 마을(小岗村)에 살고 있던 농부 한명이 공산당 간부에게 "내 이빨은 누구의 것인가요? 내 거가 아닌가요?"하고 물으니 공산당 간부는 "아니. 너의 이빨도 너의 것이 아니라 다 같이 소유하는 우리 집단의 것이야"라고 답했다고 한다. 1978년 당시의 중국에서는 모든 것을 모두가 함께 소유한다는 미명하에 국가(실제로는 몇몇의 공산당 지도자)에 의해 소유되었고 자신의 신체 일부조차 마음대로 할 수 있는 자유가 허용되지 않는 사회였다.
　　그럼 이러한 소유 체제 하에서 중국 농부들의 삶은 어떠했을까?

1978년의 농산물 생산성은 1948년보다 뒤떨어져 있었으며 대부분이 먹을 식량이 부족한 기근에 시달리고 있었다. 샤오강 마을의 상황도 별반 다르지 않았다. 샤오강 마을의 집단농장 지도자였던 얀준창은 "대부분의 가족은 나무 잎, 나무 껍질, 그리고 먹을 수 있는 모든 풀잎을 삶아먹으면서 연명해야 했습니다"라며 "찾을 수 있는 모든 것을 먹어야"하는 상황이었다고 당시를 회상했다. 하지만 "우리 지역의 어느 공무원이나 당간부도 기근을 경험하지 않았다"고 첨언했다.

샤오강 마을의 비밀 계약서

샤오강 마을의 열악한 경제적 상황은 1978년의 흉년을 끝으로 바뀌게 되며 이러한 변화의 배후에는 안준창을 비롯한 20여 명의 주민이 자발적으로 참여해 작성한 비밀 계약서가 있었다. 또한 샤오강 마을의 비밀 계약서에 담긴 내용은 1980년대부터 지속되고 있는 중국의 경제적 발전에 지대한 영향을 미치는 등 중국의 역사를 바꾸게 만든다. 이 비밀 계약서에 담긴 내용은 번역본에 따라 다소 상이하게 소개되기도 하지만 공통적으로 거론되는 내용을 중심으로 살펴보면 다음과 같이 정리해 볼 수 있다.

1. 각각의 가구를 대표하는 우리 가장들은 집단농장의 경작지를

각각의 가구에 배분하는 계약을 체결하며 이 계약의 내용을 외부인에게 발설하지 않는다.
2. 이 계약이 성공적이라면 각각의 가구는 국가가 우리 집단농장에 할당한 연간 곡물 생산량을 충족하고 어느 누구도 더 이상 국가의 어떠한 도움도 받지 않을 것을 서약한다.
3. 이 계약이 실패해 우리들 중 누군가가 감옥에 가거나 사형에 처해지더라도 우리는 후회하지 않을 것이며 그의 자녀가 18살이 될 때까지 양육을 책임질 것을 서약한다.

집단농장의 경작지를 각각의 가정에게 배분하는, 즉 경작지와 함께 할당량을 초과한 수확에 대한 사적 재산권을 인정한다는 비밀 계약서의 내용은 모든 것의 국가 소유 및 공유라는 당시의 중국 공산당이 추구하던 가치에 반하는 국가적 반역행위로 간주될 수 있어 계약에 참여한 어느 누구도 감히 외부인에게 발설하지 못했다. 하지만 비밀 계약서는 믿을 수 없는 경제적 성과를 낳으며 그 내용이 외부에 유출되게 된다. 다른 집단농장과는 달리 샤오강 마을의 모든 농민이 주야를 불문하고 경작지에서 땀을 흘리는 모습은 그 지역을 관리하는 공산당 간부의 눈을 피할 수 없는 경관이었다. 또한 고작 15,000kg에 불과했던 1978년의 곡물 생산량이 고작 1년 만에 90,000kg으로 급증했던 결과는 그저 특별한 해에 나타나는 행운으로 치부하기에는 너무나 큰 수준의 급격한 변화였다.

다행히 1979년의 중국은 더 이상 절대적 공산체계만을 고집하던 마오쩌둥의 시대가 종식되어 새로운 지도자인 덩샤오핑의 집권이 시작된 해였다. 덩샤오핑이 이끄는 공산당은 오히려 샤오강 마을의 비밀 계약서 내용을 가정연산승포책임제(家庭联产承包责任制)로 발전시켜 잉여 수확량을 가구에 귀속시키는 생산체계가 전국으로 확산되게 된다. 1978년 당시 외부에 유출될 경우 처형까지 감수했어야 하는 샤오강 마을의 비밀 계약서는 이제는 칭송받아 마땅한 국가적 업적으로 인정되어 중국국가박물관에 전시되어 있다.

미국의 플리머스 농장

샤오강 마을의 비밀 계약서와 유사하게 사적 소유가 생산과 거래의 자유를 보장해 경제적 번영을 누리게 된 역사적 사례는 현재 사적 소유와 자유가 가장 잘 보장된 나라로 간주되는 미국에서도 찾아볼 수 있다. 바로 미국의 가장 큰 명절인 추수감사절이 유래한 것으로 알려진 메이플라워(Mayflower)호를 타고 네덜란드에서 현재의 뉴잉글랜드 지역으로 이주한 청교도(Pilgrims)의 플리머스 농장(Plymouth Plantation) 사례이다.

흔히 알려져 있는 추수감사절의 유래로서 회자되는 청교도의 이야기를 간략히 살펴보면 다음과 같다. 청교도는 1620년에 뉴잉글랜드 지역으로 이주하며 새로운 환경에 적응하는데 많은 곤경을 겪어야만 했다. 하지만 다행히 근처에 거주하던 미국 인디안들은 새로운 이웃에게 우호적이었으며 1620년의 험난한 겨울을 나기 위해 많은 도움을 주고 옥수수 등을 농사짓는 방법을 알려주었다. 필그림은 험난한 겨울을 무사히 지내고 첫 번째 수확을 감사하기 위해 인디안을 초대해 3일 동안의 잔치를 열었으며 10월의 네 번째 주 목요일로 지정된 추수감사절이 시작되었다.

미국의 대다수 유치원과 초등학교에서 읽혀지고 있는 청교도의 아름다운 이야기의 뒷면에는 매우 혹독한 이야기가 빠져있다. 1620년에 이주한 청교도는 이주 후 몇 년 간 매우 배고픈 삶을 견디어야만 했다. 1620년 이주 당시 101명이였던 인구가 뉴잉글랜드에 도착 후 고작 몇주만에 반으로 줄어들었으며 3년이 지난 후에도 겨우 150여 명에 불과했다. 플리머스 농장을 총괄하는 첫 번째 책임자(governor)까지 이주 얼마 후에 사망했다는 사실은 청교도가 얼마나 병과 기아에 시달리는 삶이었는지를 잘 알려준다.

이러한 경제적 어려움의 배경에는 플리머스 농장에 투자한 영국의 투자자와 청교도 간 체결한 공유제도가 자리잡고 있었다. 플리머스 농장에 투자한 영국의 투자자는 10년 전 제임스타운(Jamestown)에서 벌어졌던 투자 손실 사례의 반복에 대한 우려를 피력하며 투자금의 회수가 가능한 플리머스 농장의 집단적 재산 관리 체계를 요구하였고 미주대륙으로 빠른 이주가 필요했던 청교도는 이를 받아들였다. 하지만 플리머스 농장의 집단 소유 체계가 가져온 폐해의 실질적인 원인은 투자 이익을 회수하려는 영국의 투자자와 자신의 재산을 지키려는 청교도 간의 갈등이 아니였다. 열심히 농사를 지어 수확량이 늘어도 정작 혜택이 다른 사람에게 돌아가게 되어 아무도 일을 하지 않으려고 하는 무임승차 문제(free-rider problem)로 인해 청교도 간의 내부 갈등이 심화된다는 것이 플리머스 농장이 당면한 실질적인 문제였다.

이러한 무임승차 문제는 샤오강 마을의 경우와 유사하게 1623년에 각각의 가정에 가구원수에 비례한 경작지를 배분하며 해결된다. 플리머스 농장은 공유체계에서 사유체계로 바뀐 것 이외에는 모든 것이 동일한 농장이였지만 청교도는 더 이상 기아에 허덕이지 않아도 되었다. 또한 플리머스 농장의 경제적 활동은 옥수수의 경작뿐만 아닌 모피무역, 포경 등으로 확장되어 발전을 거듭하여 예상보다 다소 지체되었지만 영국의 투자자와의 관계를 성공적으로 청산하고 추후 메사추세츠만(Massachusetts Bay Colony)에 흡수되게 된다.

공유와 소유의 차이 그리고 자유

샤오강 마을과 플리머스 농장의 사례는 생산과 거래의 자유를 보장하는 사적 재산권이 얼마나 경제적 번영을 위한 필수적인 요소인지 잘 말해준다. 또한 공유와 같은 집단 소유 체계가 실질적으로는 얼마나 허상적인 존재인지도 알려준다. 플리머스 농장의 2대 관리인이던 브래드포드는 "사유된 것이 없다면 공유된 것도 있을 수 없다"고 말한다. 또한 샤오강 마을의 집단농자 지도자였던 얀준창은 집단농장 체계 하에서 "아무도 아무것을 소유하지 못했다"고 말한다. 공유라 회자되며 모두가 소유한다는 공동 소유 체계가 실제로는 아무도 소유하지 못하는 구조라는 것을 의미한다.

소유의 종류는 흔히 정부의, 집단의, 개인의 소유로 구분될 수 있다. 이 중에서 실제로 자유로운 사용과 처분이 가능한 소유체계는 개인의 소유, 즉 사적 재산권밖에 없다. 자유로운 사용과 처분이 불가한 국가나 집단적 소유체계는 말뿐인 허상에 불과하며 실질적으로는 국가나 집단의 의사결정에 참여하는 소수만이 소유하고 나머지 구성원은 노예로 전락시킨다. 노예는 소유할 수 있는 권리가 박탈되어 자신의 신체를 포함한 어느 것도 소유하지 못해 자유로운 행동이 불가하기 때문에 노예다. 사적 재산권이 부정되는 사회를 어떠한 아름다운 유토피아적 수사로 미화하더라도 항시 구성원의 자유를 박탈하고 노예로 전락시킨다.

미국 건국의 아버지 중 한명이자 제3대 대통령인 제퍼슨은 "공화정부의 진정한 초석은 신체와 재산, 그리고 이를 사용할 수 있는 모든 시민의 동등한 권리에 있다"고 말했다. 자유가 박탈된 노예로 전락할 수 있는 위기에서 탈출할 수 있는 유일한 수단이 사적 재산권에 있다는 점을 우리 모두가 상기해야 할 이유다.

참고문헌

- David Kestenbaum and Jacob Goldstein, The Secret Document That Transformed China, NPR, 2012
- Tom Bethell, How Private Property Saved the Pilgrims, Hoover Digest, 1999

철조망(Barbed Wire):
신대륙을 길들인 발명품

조성봉
숭실대학교 교수

　　　　　철조망은 동물이나 사람이 서로 통행하지 못하게 나누고 일정 지역에 가둬두는 장치로 쓰인다. 또한 죄수나 포로를 도망가지 못하게 잡아두는 수용소의 울타리로도 활용된다. 전쟁에서도 철조망은 적군의 진격을 저지하는 수단이다. 제1차 세계대전에서 유럽의 서부전선은 오랜 참호전으로 악명 높은데 독일과 연합군 사이에 철조망이 활용되었다는 기록이 남아있다. 낮은 포복으로 철조망 밑을 통과했던 기억은 군대를 다녀온 사람들이 모두 공유할 수 있다. 군사분계선인 휴전선도 철조망에서 시작되었다. 국경을 나누고, 사람을 나누고, 또 가두는 철조망은 이산가족과 같은 인간 역사의 비극을 상징하는 부정적인 장치물로 보인다.

　　그러나 철조망은 역사를 바꿔놓은 기가 막힌 발명품이었다. 신대륙 미국의 광활한 평원은 그 주인 땅의 경계를 표시하는 것 자체를 쉽게 허용하지 않는 거칠고 넓은 대지였다. 서부 개척 초기에 미국의 넓은 평원은 주인 없는 공유지와 다를 바 없었다. 카우보이들이 소 떼를 이끌고 아무런 제약 없이 넓은 초원을 돌아다녔다. 이런 미국의 대평원에 땅의 임자를 제대로 찾아줄 수 있었던 기술적 장치가 바로 철조망이었다. 신대륙의 평원과 같이 재산권의 표시가 쉽지 않은 환경에서 철조망은 효과적인 재산권의 설정과 유지를 가능하게 한 혁신적인 발명품이었다.

공유지의 비극을 막다

시장은 인간 자유의 경계를 확장하는 가장 중요한 제도이다. 그렇지만 시장경제는 재산권의 설정과 이에 대한 보호장치가 없다면 쉽게 유지될 수 없다. 인간이 가진 가장 대표적인 자원이 토지다. 그런데 토지의 경계를 정하고 이를 효과적으로 집행할 수 있는 수단을 찾는 것은 쉽지 않은 일이다. 18세기와 19세기에 영국에서는 산업혁명 후 공장에서 대량 생산이 가능하게 되었다. 그 대표적인 상품으로 양모(wool)를 소재로 한 모직제품이 시장에서 큰 인기를 끌게 되었다. 자연스럽게 양을 기르는 목축이 크게 증가하였다. 농촌지역에서 양의 수효가 늘어나자 마을마다 풀에 덮여 있는 땅인 초지(草地)가 남아나지 않았다. 농작물을 기르지 않던

초지는 사실상 공유지로 이웃 마을의 양도 자유롭게 출입할 수 있었다. 그런데 양 떼가 늘어나자 양들이 풀을 다 먹어 치워 초지가 황폐해져 버리는 문제가 발생하였다. 전형적인 '공유재의 비극(Tragedy of Commons)'이 발생하였다. 임자 없는 자원을 적정 이상으로 사용해 버리게 된 것이다. 마을마다 초지를 보호하고 이웃 마을의 양이 넘어올 수 없도록 담장을 설치해 버렸다. 이제 초지는 공유재가 아니었다. 경제사의 한 페이지를 차지한 영국의 종획운동(Enclosure Movement)은 이렇게 시작되었다.

신대륙 미국의 토지는 영국과 달랐다. 규모부터 달랐다. 엄청나게 넓은 토지가 주인 없이 널려 있었다. 미국 정부는 서부를 개척하고 주민들을 정착시키기 위해 깊은 고민을 하였다. 그 대표적인 흔적이 '홈스테드법(Homestead Act)'이다. 링컨 대통령이 1862년에 서명한 홈스테드법은 5년 동안 서부지역에 집을 짓고 땅을 개간하는 개척민에게 160에이커의 땅을 무상으로 제공한다는 엄청난 유인책을 마련하였다. 그렇지만 서부의 대평원은 개척자들에게 결코 만만한 땅이 아니었다. 질기고 길게 자라는 대평원의 풀은 목축에는 적합할지 몰랐으나 농민들의 정착을 방해하는 요소였다. 서부의 땅은 카우보이들의 천국이었다. 주인 없는 땅에 소 떼를 몰고 이리저리 풀을 먹일 수 있었기 때문이다. 소 떼들이 넘나들지 않게 땅의 경계를 표시하고 농작물을 보호하는 것은 쉬운 일이 아니었다. 영국의 종획운동 사례처럼 담장을 설치할 수도 없었다. 평원에서 담장을 만들 목재나 석재가 귀했다. 설사 구한다고 하더라도 그 비용이 너무 컸다.

담장을 설치하는 것은 엄두가 나지 않는 일이었다. 홈스테드법의 효과는 거의 없었다. 서부 개척민들은 크게 늘지 않았다. 밀과 옥수수를 경작하더라도 농토를 보호하고 지켜줄 수 있는 방법이 없다면 생산성은 높지 않을 것이 뻔했기 때문이다. 생업을 버려두고 서부 대평원에 정착하러 가는 것을 쉽게 결정할 수 없었다.

우리 시대의 가장 위대한 발명품

이때 등장한 발명품이 철조망(Barbed Wire)이다. 철조망은 1867년 오하이오주의 루시엔 스미스(Lucien Smith)가 발명하였으나 일리노이주의 조셉 글리든(Joseph Glidden)이 1873년에 이를 개량하여 특허를 낸 제품이 빠르게 시장을 석권하였다. 글리든이 특허를 냈을 당시에는 51km의 철조망이 생산되었지만 6년 후에는 무려 지구를 10바퀴 이상 돌 수 있을 만큼인 423,000km의 철조망이 생산되었다는 것을 보면 얼마나 빠르게 철조망이 보급되었는지를 짐작할 수 있다. 철조망은 '우리 시대의 가장 위대한 발명품'이라는 찬사를 받았는데, "공기보다 가볍고, 위스키보다 강하며, 먼지보다 값싸다."라는 광고문구로 유명해졌다. 철조망은 가벼웠고, 값도 저렴했으며, 쉽게 설치할 수 있었고 또 유지하기에도 편했다. 텍사스 역사가 로이 홀트(Roy Holt)는 "철조망처럼 쉽게 울타리를 치는 것이 가능해지자 8년 만에 그 전 50년보다 더 많은 백인 정착자들이 서부로 진출했다."고 기록하였다. 19세기 말 미국의 서부에는 1,700만 명이 거주하게 되었는데 이는 그 60년 전보다 무려 25배에 달하는 수치였다.

철조망 공장을 세우는데 큰돈이 들지 않았다. 그 결과 1873년과 1899년 사이에는 철조망 제조업체가 150개까지 불어났다. 그 후 철조망 공장은 합병 바람이 불어 몇 개의 대기업만 남게 되었다. 1899년에 세워진 아메리칸 스틸 앤드 와이어 컴퍼니(The American Steel and Wire Company)는 수직적 통합을 통해 못, 철사 등과 함께 철조망을 제조하는 대기업으로 등장하였고 나중에는 US 스틸(U.S. Steel)의 한 계열사가 되었다.

서부에 정착하여 밀과 옥수수를 경작하는 농부들은 이제 더는 소 떼를 걱정하지 않아도 되었다. 철조망에 다쳐서 동물들이 접근하지 않았기 때문이다. 철조망은 목장의 소 떼로부터 농장을 지켜주었을 뿐만 아니라 목장의 운영방식도 바꾸어 버렸다. 목장으로부터 농장을 지켜주었고 한 목장으로부터 다른 목장을 지켜주기도 하였다. 소 떼를 관리하려면 많은 수의 카우보이를 고용해야만 했는데 철조망의 출현으로 카우보이가 없어도 많은 수의 소를 방목하고 키우는 것이 가능하게 된 것이다.

카우보이들에게 철조망은 눈엣가시였다. 마음껏 소 떼를 몰고 갈 수 있는 땅이 줄어들었기 때문이다. 카우보이들은 철조망을 '악마의 줄(Devil's Rope)'이라 불렀다. 철조망은 서부 대평원에서 경계 없이 살아온 인디언들과 자신 소유의 땅 없이 소 떼를 이곳저곳으로 몰아가며 목축업을 하였던 소규모 목장 주인들의 생계를 위협하기 시작하였다. 많은 저항도 나타났다. 텍사스주를 비롯한 서부의 개척지대에서 철조망을 끊어버리는 사건이 발생하였다. 그러나 결국 철조망 때문에 목장 주인들도 가축 떼를 훨씬 낮은 비용으로 또 편하게 키울 수 있다는 것을 깨닫게 되었다. 20세기에 접어들면서 카우보이들은 점차 사라졌다.

대평원의 가치를 드높이다

인디언과 카우보이 그리고 보안관과 무법자가 설쳤던 '옛 서부(Old West)'는 막을 내렸다. 철조망은 야생으로 남아있을 뻔했던 '황량한 서부(Wild West)'를 길들인 세기의 발명품이 되었다. 철조망은 등장하는 곳마다 큰 인기를 누렸다. 개간과 정착을 위해 울타리가 필요한 곳에 철조망은 빠짐없이 등장하였다. 아르헨티나의 대초원 팜파스(Pampas)와 남아프리카와 호주의 초원에도 철조망은 나타났다. 영국의 종획운동이 농민들을 땅에서 내몰게 된 사건이라면 신대륙에 나타난 철조망의 등장은 거꾸로 농민들을 대평원에 정착시킨 사건이라고 평가할 수 있다. 콜럼버스, 마젤란, 바스코다가마 등이 활약했던 지리상의 발견 시대를 이어 신대륙의 가치를 다시 발견하고 경쟁력 있는 농업과 목축의 보고로 재발견한 것은 다름 아닌 철조망이었다.

좁은 회랑을 지나 자유로

송정석
중앙대학교 교수

　　인간은 혼자 살 수 없다. 따라서 여러 사람이 모여 살며 그 가운데 수많은 일들이 벌어지고 역사의 대부분은 바로 그러한 일들의 기록으로 채워져 있다. 사람들이 모여 사는 공동체를 우리는 사회라고 일컬으며 사회는 가정부터 국가까지 아니 그 이상으로 다양한 모습으로 존재한다. 현존하는 경제학자 중에서 가장 영향력이 큰 인물 중 한 사람인 애쓰모글루(Acemoglu) 교수가 역사학자이자 정치학자인 그의 동료 로빈슨(Robinson) 교수와 함께 집필한 〈국가는 왜 실패하는가〉에 이어서 〈좁은 회랑〉이라는 저서에서 인간에게 가장 유익한 사회는 어떤 모습이어야 하며 그러한 사회는 어떻게 개개인의 자유에 기여하는가에 대한 질문을 던지고 있다.

　　그동안 애쓰모글루 교수와 로빈슨 교수의 주된 관심사는 바람직한 국가의 기능과 역할이었다. 이는 그들의 첫 번째 저서, 〈국가는 왜 실패하는가〉로부터 알 수 있으며 두 번째 저서, 〈좁은 회랑〉은 국가와 사회 사이의 이상적인 균형을 의미하기에 국가는 여전히 이들 두 학자의 관심이라고 생각된다. 〈좁은 회랑〉 책의 제목에서 회랑이라는 단어는 영어로 'corridor'라고 되어 있는데 복도를 의미한다. 하나의 점이 아니라 길게 뻗어 있는 복도로 표현한 이유는 회랑이라는 복도를 지나서 궁극적으로 도달하고자 하는 목표가 있기 때문으로 짐작된다. 그리고 그 목표는 이 책 전반에 걸쳐 직간접적으로 제시된 바와 같이 바로 '자유'이다. 결국 애쓰모글루 교수와 로빈슨 교수는 국가와 자유에 관심을 가지며 이 점을 살펴보는 것은 자본주의와 자유민주주의를 둘러싼 수많은 논쟁을 이해하는데 도움이 될 것으로 믿는다.

국가와 개인의 생존

먼저, 우리는 왜 국가에 관심을 가지는 것일까? 일반적으로 경제학 교과서에 언급되는 국가 또는 정부의 존재 이유는 시장 기능의 실패를 보완하는 공동체에 그치지만, 이러한 견해는 너무 제한적이며 애쓰모글루 교수는 대표적인 주류 경제학자임에도 불구하고 국가에 대한 보다 넓고 보편적인 시각을 제시한다. 앞서 언급한 바와 같이 공동체를 이루며 살아가는 것이 인간의 생존에 유리하며 인류의 경험에 따르면 국가는 인간 생존에 가장 효율적인 공동체이다. 〈좁은 회랑〉에서 밝힌 바와 같이 국가 공동체가 태동하기 이전의 소위 무국가 사회 단계에서 수많은 살상과 폭력적 갈등이 있었으며 무국가 사회의 평균 사망률은 인구 10만 명당 500명 이상으로 오늘날 미국의 100배 수준이다. 무국가 사회의 또 다른 이름은 바로 무정부 상태이며 이는 비단 고대 부족 사회뿐 아니라 2011년 이후 내전 상태인 시리아에서도 발견된다고 〈좁은 회랑〉 책에 언급되어 있다.

이처럼 국가는 인간의 생존에 가장 효율적인 공동체임을 역사가 증명하지만, 국가라는 공동체를 유지하기 위해 각종 규범 또는 규칙은 필수 불가결한 요소이며 이러한 규칙은 때로 국가 공동체 구성원 개개인의 자유를 부분적으로 제한한다. 또한 제한된 자유는 국가를 경영하는데 있어서 치러야 할 비용이다. 개별 국가의 유지를 위해 때로는 국가는 다른 국가 구성원의 자유를 제한하기도 하지만, 애쓰모글루 교수와 로빈슨 교수는 개별 국가가 자국 구성원의 자유를 제한하는 정도에 초점을 맞추고자 한다.

건강한 사회는 국가의 건전한 경쟁자

〈좁은 회랑〉은 국가(state)와 사회(society)를 구분하여 서술하고 있는데 이러한 분류는 다소 낯선 것이 사실이다. 따라서 이

책에서 말하는 '사회'는 '국가'를 제외한 나머지 모든 사회, 특히 민간 부문의 다양한 공동체와 조직을 의미한다고 봐야 할 것이다. 〈좁은 회랑〉 책은 무정부 상태의 극단적 반대 사례로 지나치게 강한 국가를 지목하며 중국을 그 예를 들고 있다. 또한 코로나 팬데믹(COVID-19 pandemic)을 계기로 드러난 미국, 중국, 한국의 대응을 통해 서로 다른 부류의 국가를 제시하였다. 먼저 중국은 국가가 독단적으로 코로나에 대응하려고 했으며 정반대로 미국의 경우 코로나 대응 방향을 국가가 제시하지 못했다고 〈좁은 회랑〉 책은 밝히고 있다. 반면, 한국은 미국과 중국의 극단적 행태와 달리 국가가 코로나 대응 방향을 제시하고 '사회'라고 분류할 수 있는 주체들과 함께 조화를 이루며 코로나 사태에 대응했다고 애쓰모글루 교수와 로빈슨 교수는 밝히고 있다. 그러면서도 유권자의 인기를 얻기 위해 특정 집단이나 지역에 대한 지출을 늘리는 소위 '포크배럴(pork barrel)' 법안이 1960년대 칠레에서 철폐된 사건을 언급하며 국가와 사회는 다양한 방식으로 서로에게 영향을 미침을 언급하였다. '국가'와 '사회'가 서로 균형을 갖춘 관계야말로 우리를 진정한 자유로 이끌어 줄 것이라는 〈좁은 회랑〉의 메시지에 기본적으로 동의하면서 몇 가지 덧붙이고자 한다.

개인, 좁은 회랑의 출발

　첫째, 국가와 사회 사이의 조화로운 균형이 바람직한 자유를 개개인에 보장하는 것이 사실이지만 역으로 볼 때 개개인의 높은 수준의 자유 없이 국가와 사회 사이의 균형은 달성하기 어려울 것이다. 교육을 받을 자유, 교육으로부터 습득된 지식과 논리를 펼칠 자유, 의견을 표출할 자유가 없이 사회가 국가와 대등한 힘의 균형을 이루기는 쉽지 않다고 생각한다. 특히 개인의 자유와 함께 개인의 역량과 의식 수준이 뒷받침되어야 할 것이다. 애쓰모글루 교수와 로빈슨 교수는 엘리트 집단이 국가와 사회 둘 중에서 주로 국가에 소속되어 있다고 분류하였다. 그러나 많은 전문가 집단은 엘리트를 포함하고 있으며 엘리트 집단은 각 분야에서 전문성을 가진 그룹이라고 봐야 할 것이다. 필자는 각 분야의 전문가 집단이 국가와 사회 둘 중 하나에 배타적으로 속한다고 생각하지 않는다. 그들은 자신들의 전문성을 국가나 정부 혹은 다양한 사회 속에서 펼칠 수 있다. 전문가 집단은 국가를 제외한 사회, 예를 들면 학교, 연구기관, 민간 기업, 정부 산하 기관 등에서 활동한다. 한국의 경우 조선시대에 과거 시험제도를 통해 지식인들이 정부에 등용되고 최근까지도 정부 관료들을 시험 시스템을 통해 선발함으로써 전문성과 높은 수준의 지식을 갖춘 인력들이 정부에서 주로 활동한 것이 사실이나, 이러한 추세가 바뀌면서 이제는 다양한 분야의 우수한 인력들이 많은 기업에서 실력을 발휘할 뿐만 아니라 민간과 공공부문을 넘나들며 활동하고 있다. 일단 우수한 사람이 많을수록 국가나 사회나 구분할 것 없이 발전할 가능성이 높을 것이다.

기업, 회랑을 지나는 수레

둘째, 개개인의 자유와 역량뿐만 아니라 더 나아가 기업이라는 조직에 관심을 가질 필요가 있다고 생각한다. 국가와 사회라는 양대 공동체 못지않게 좀 더 비중을 두고 살펴봐야 할 공동체 내지 조직이 바로 기업이라고 생각한다. 국가와 사회는 그 속성상 정치 논리로부터 자유롭지 못한 반면, 기업은 정치 논리로부터 상대적으로 자유로우며 또한 자유로워야 한다. 기업은 성과와 효율성에 보다 더 큰 비중을 두며, 윤리적인 문제점을 드러내는 일부 기업을 제외하면 기업은 국가나 여타 공동체에 비해 더 유연하며 혁신적이다. 그 이유는 기업은 기본적으로 늘 경쟁하기 때문이다. 〈좁은 회랑〉 책에서 애쓰모글루 교수와 로빈슨 교수는 구 소련에 속했다가 독립한 조지아(Georgia)의 대통령 가족이 소유한 부패한 기업을 예로 들었다가 때로는 산업혁명 즈음 증기기관 같은 신기술이 기업의 역할에 힘입어 출현했다고 서술하고 있다. 따라서 국가와 사회라는 배경이 기업의 성격에 영향을 미치는 것을 부인할 수 없다. 또한, 애쓰모글루 교수와 함께 MIT 대학 경제학과의 교수인 카발레로(Caballero) 교수는 그의 저서 〈Specificity and the Macroeconomics of

Restructuring〉에서 사유재산권, 정보의 투명성, 계약의 법적 이행, 독점력에 대한 통제 등을 뒷받침할 제도적, 사회적 기반이 없다면 시장은 제대로 작동할 수 없다고 강조했다.

그럼에도 불구하고 기업이 단지 국가와 사회의 적절한 조화 속에서 생겨난 산물이라고만 보기에 기업의 역할은 날로 중요해지고 있으며 기업의 영향력은 더 커지고 있다. 아침부터 밤까지 현대인의 손을 거의 떠나지 않는 스마트폰은 스티브 잡스의 애플에 의해 세상에 소개되었으며, 구글은 유튜브를 인수했으며 대다수의 애플리케이션 시장을 지배하고 있으며, 지난 코로나 팬데믹 기간 중에 백신을 급조한 주체는 정부와 시민단체가 아니라 결국 유수의 제약 기업들이었다. 이들 기업을 둘러싼 논쟁은 계속되고 있으며 우리는 이 부분에 주의를 기울여야 하겠지만, 결국 세상의 변화가 기업과 분리될 수 없음을 부인할 수 없다. 이전에 할 수 없었던 것을 기업의 생산 활동 결과로 가능케 된 것은 또 하나의 자유를 의미한다. 토양이 좋아도 씨가 없다면 열매를 거둘 수 없듯이 국가와 사회가 조화롭게 균형을 이루는 제도적 환경만 조성됐다고 해서 우리가 시간 장소에 구애받지 않고 스마트폰으로 은행 업무를 볼 수 있다거나 우리가 원하는 음악과 컨텐츠를 언제든지 자유롭게 감상할 수 없는 것이다.

개인과 기업에게 좀 더 자유를

　　달성하기 어렵지만 좁은 회랑과 같이 국가와 사회의 조화로운 균형은 분명히 바람직하다. 국가와 사회가 서로 균형과 조화를 이뤄 나갈 때 우리는 무정부 상태의 혼란을 피하는 동시에 국가 주도 하의 규제 일변도의 상황도 피할 수 있을 것이다. 다만, 이러한 균형은 그리 쉬운 일은 아님을 〈좁은 회랑〉 책 제목 중 '좁은'이라는 단어에서 짐작할 수 있으며 소위 '좁은 회랑'을 달성하기 위해 소요될 시간, 노력, 정치적 비용은 결코 작지 않다. 따라서 우리는 이러한 수고와 시간을 들이며 국가와 사회 사이의 균형을 기다리는 동안 국가와 사회 사이에 벌어지는 끊임없는 '게임'을 지켜보는 데서 멈추어서는 안 될 것이다. 그보다 개인의 자유와 역량, 기업의 자유로운 활동에 힘써야 할 것이며 이를 위해 교육 시스템의 개선, 기업 규제의 재정비 등 많은 현안에 관심을 기울여야 함을 잊지 말아야 할 것이다.

참고문헌

- Daron Acemoglu and James A. Robinson, 〈The Narrow Corridor: States, Societies, and the Fate of Liberty〉, Penguin Books, 2020
- Ricardo J. Caballero, 〈Specificity and the macroeconomics of restructuring〉, Cambridge University, 2007

공유지의 비극과
재산권 정립

김상겸
단국대학교 교수

　　　　　　많이 알려진 내용이지만 애덤 스미스의 〈국부론〉에는 '우리가 따뜻한 저녁식사를 할 수 있는 것은 정육점 주인이나 양조업자, 제빵업자가 우리를 위해 자비심을 베풀었기 때문이 아니다. 그들은 단지 스스로의 이익을 추구했을 뿐이다'라는 내용이 있다. 이 말은, 언뜻 무질서하고 탐욕스러워 보이는 개인들의 사익추구 행위가 사실 가장 바람직한 결과로 이어질 수 있음을 내포한다. 즉 소비자는 자신의 효용극대화만을 위해서, 생산자는 자신의 이윤극대화만을 목표로 행동했을 뿐이지만 그 결과는 최고의 성과를 달성할 수 있음을 지적하는 것이다. 각자 자신의 이익에 맞도록 행동하면 가격기구가 마치 보이지 않는 마법의 손과 같이 작용하여 효율적인 결과로 이끌어 준다는 것이다. 애덤 스미스의 보이지 않는 손

(Invisible Hand)은 이와 같이 시장의 가격기구가 우리가 생각하는 것 이상의 성과를 거둘 수 있음을 설명하지만, 또 다른 측면에서는 정부로부터의 시장개입이나 간섭이 불필요함을 뜻하기도 한다. 구태여 시장참여자들에게 이래라 저래라 간섭하지 않아도, 시장은 수요와 공급의 자연스러운 작동원리를 통해 최선의 결과를 달성할 수 있음을 설파하는 것이다. 경제학이 지난 수백년 동안 현실을 면밀히 관찰하고 분석한 결과 역시, 개인들이 경쟁 속에서 제 나름대로의 이익을 위해 행동하는 것(즉 사익추구)이야말로 최적의 결과로 이어짐을 지적하고 있다. 현대 경제학에서는 이를 후생경제학의 제1법칙이라고 한다.

가격기구의 작동

경쟁시장이 효율성을 달성하기 위해서는 '가격기구가 잘 작동할 수 있어야 함'이라는 중요한 전제가 성립해야 한다. 사실 이는 너무도 당연한 말일 수밖에 없는 것이, 시장의 효율성이란 바로 가격기구가 똑똑하게 잘 작동하기 때문에 나타난 결과이기 때문이다. 이때 가격기구의 작동이란 딱딱하고 추상적인 개념으로 여겨질 수 있지만, 사실은 수요와 공급에 따라 가격이 오르고 내리는 것, 즉 가격이 올라야할 때 오르고 내려야할 때 내리는 것을 의미한다. 그런데 현실에서는 다양한 원인들에 의해 가격기구의 작동이 자유롭지 않은 경우가 있다. 시장에 영향력을 행사할 수 있는 주체(예컨대 독점공급자 등)가 존재하여 가격을 자기 마음대로 조정한다든가, 또는 비용을 지불하지 않아도 소비가 가능한 재화가 존재하는 경우(공공재 시장) 등이 이의 좋은 사례이다. 현실에서, 가격이 잘 오르고 내리려면 소비에 따른 효용과 그 비용이 적절히 상응해야 한다. 예컨대 효용은 있는데 비용이 없거나(공공재의 경우) 반대로 비용은 있는데 이에 상응하는 효용이 없는 경우(부정적 외부성이 존재하는 경우)에는 가격기구가 제대로 작동하지 않는다. 다소 어려운 개념일 수 있지만 외부성(externality)이란 어떤 경제주체의 행동이 비용과 보상 등의 가격기구를 거치지 않고 다른 경제주체들에게 영향을 미치는 경우를 일컫는데, 타인에 미치는 영향의 성질에 따라 부정적 또는 긍정적 외부성으로 구분된다. 예를 들어 오염된 공기의 발생이나 인접한 도로의 통행소음 등은 부정적 외부성에 해당한다. 상응하는 편익(예컨대 보상비) 없이 타인에게 비용(치료비 등)이 발생하기 때문이다.

  이와 같이 가격기구가 잘 작동하지 못하는 경우에는, 시장에 맡겨두는 것이 최적의 효율성을 달성하지 못한다. 그렇다면 누군가, 예컨대 정부가 나선다면 이러한 문제를 해결할 수 있는가? 이에 대한 경제학의 해답은 '그렇다'이다. 후생경제학의 제2법칙은 가격기구가 정상적으로 작동하지 못하는 경우, 정부가 시장에 적정한 방법으로 잘 개입하면 효율성을 개선시킬 수 있음을 밝히고 있다. 하지만 그동안 각국의 경험에 따르면, 정부의 시장개입이 당초에 기대했던 것만큼 만족할 만한 성과를 내지는 못한 것 같다. 외부성 문제에 사사건건 개입하는 것이 현실적으로 어려운 일이기도 하려니와, 그 방법 역시 적정하지 않았던 탓일 것이다.

공유지의 비극은 왜 발생하는가?

외부성의 문제가 발생했을 때 정부의 개입 없이도 시장성과를 개선할 수 있다는 이론도 있다. 유명한 코스 정리(Coase Theorem)가 바로 그것이다. 코스(R. Coase)는 외부성에 대한 재산권이 명확히 정의되어 있고, 협상비용이 충분히 작다면 정부의 개입이 없어도 사적협의만으로 효율성을 달성할 수 있다고 주장한 바 있다. 즉 코스는 정부의 역할이 빈번한 개입보다는 재산권의 명확한 정립에 있다고 본 것이다. 그렇다면 재산권의 정립이 어떠한 작용을 하여 외부성과 같이 골치 아픈 외부성 문제를 해결할 수 있다는 말인가? 경제학에서 자주 사용되는 사례인 공유지의 비극(tragedy of commons)을 통해 살펴보기로 한다. 공유지의 비극이란 마을 어귀의 주인 없는 목초지가 황폐화되는 과정을 가상적으로 설명한 것이다. 공용으로 사용하는 목초지는 소를 키우는 사람도, 양을 키우는 사람도 특별한 제약 없이 모두 사용할 수 있다. 그런데 주인이 없는 목초지이다 보니, 사용자들이 경쟁적으로 사용하게 되어 결과적으로 필요이상으로 사용되는 문제에 이르게 된다. 타인의 가축이 많이 뜯어먹게 되면 내 가축이 먹을 양이 줄어들므로 남보다 더 일찍, 더 많이 풀을 뜯기고자 하기 때문이다. 그런데 목초지는 그 특성상 재생을 위한 시간이 필요하다. 한번 가축들이 풀을 먹고 나면, 다시 풀이 자라나기 위한 일종의 회복시간이 소요되기 때문이다. 그런데, 서로 자신의 가축들에게 더 많은 풀을 먹이려는 경쟁이 심화되다 보니, 회복은 커녕 기어이 풀뿌리까지 뽑혀 재생불능의 상태까지 이르는 것이다. 결국 공유지의 비극이란, 아무리 풍요로운 목초지라도 적절하게 관리되고 사용되지 않으면 황무지가 될 수 있음을 빗댄 일화인 것이다.

공유지의 비극이 발생한 원인은 무엇인가? 직접적인 이유는 이용자들의 부적절한 사용, 즉 적정수준을 넘어서는 과도한 사용에 있을 것이다. 그러면 왜 공유지는 황무지가 될 때까지 과다사용되는 것인가? 이는 공유지가 안고 있는 태생적 속성, 즉 재산권이 부재하기 때문이다. 공유지란 모두가 소유하는 땅이라는 의미로, 언뜻 평화롭고 풍족하게 느껴지는 단어지만 사실은 관심을 갖고 관리하는 주인이 없음을 의미한다. 현실에서 모두의 소유란 결국 아무의 소유도 아닌 것이고, 그러다보니 관리하는 이도, 책임지는 이도 없는 것이다. 이러한 맥락에서 보자면, 목초지의 과다사용 문제는 결국 재산권의 부재에서 발생한 것이다. 이론적으로 보자면 목초지의 과다사용이란 서로가 서로에게 부정적 외부성을 끼치는 것과 같다. 즉 나의 소비가 타인의 소비에 부정적 영향을 미치지만, 주인이 없기 때문에 그에 대한 대가(보상금 등)는 지불되지 않는 것이다. 결국 재산권의 부재로 인해 과다사용의 문제에 대응하지 못하는 것이고, 이러한 상황의 지속으로 인해 종국에는 모두가 불행해지는 상황, 즉 더 이상 가축을 먹일 목초지가 없어지는 지경에 이르는 것이다.

만약 목초지에 재산권이 있었다면 이와 같은 문제가 해결될 수 있을까? 귀하가 목초지의 주인인 상황을 가정해보시라. 귀하 소유의 탐스러운 목초지가 황무지로 변해가는 것을 용납할 수 있겠는가? 당연히 귀하의 소중한 목초지가 남용되지 않도록 조치를 취할 것이다. 이용순번을 정할 것이고, 너무 많은 초지가 사용되지 않도록 귀하 땅에 들어오는 가축수를 제한할 것이며, 풀이 다시 자라는 기간 동안에는 이용하지 못하도록 막을 것이다. 재산권이 적절히 작동하는 사회라면, 이와 같은 조치는 소유자가 누구인지만 정해지면, 다시 말해 재산권의 정립만으로도 가능한 일이 될 것이다. 필요에 따라서는 목초지의 이용에 대해 가격을 매길 수도 있을 것이다. 즉 사용자로 하여금 서비스에 상응하는 대가를 치르게 하는 것이다. 꼭 필요한 사람이 먼저, 더욱 간절히 원하는 사람이 더 높은 가격을 치를 것이므로 이제 가격기구 역시 정상적으로 작동하게 될 것이다. 이제 사회적으로 바람직한 적정량의 소비만 일어나므로, 모두가 불행해지는 황무지의 상황도 피하게 될 것이다. 결국 재산권이 명확하게 정립되었다는 것 하나로도, 대부분의 문제가 해결되거나 해결될 가능성이 생기는 것이다.

'공공의 소유'란 단어의 허망함

부에 대해 편향적 시각을 갖는 이들에게 재산권의 정립이란 가진 자에게 더 많은 권한을 주는, 그래서 평등하지 않고 정의롭지 않다는 식으로 이해될 수 있다. 대개 이런 사람들은 형평과 정의를 앞세워 '공공'을 강조하곤 한다. 경우에 따라서는 '공공의 이익'이나 '공공의 소유' 등 개념마저 명확하지 않은 수사를 통해 현혹하려 들 것이다. 하지만 공유지의 비극은 '공공의 소유'라는, 언뜻 아름답고 멋져 보이는 것이 얼마나 허망한 것인지를 잘 설명해준다. 우리 모두의 소유란 결국은 아무의 소유도 아닌, 그래서 훼손의 지경에 이를 지경으로 마구 사용되어도 관리되지 않고, 책임도 따르지 않는 상태로 귀결된다. 재산권의 정립이 갖는 의미는 그 소유자에 권한뿐 아니라, 책임도 동반됨을 의미한다. 결국 재산권이 정립된다는 것은 권리와 등가의 관계에 있는 책임도 명확히 규정됨을 뜻하는 것이다. 재산권 정립의 진정한 의미가 널리 이해되기를 바란다.

무거운 상속세 부담,
국적포기냐 기업매각이냐

허원제
한국지방세연구원 연구위원

　　　　　　코로나19로 지친 우리 경제의 활성화와 복지 수준의 확충을 위하여 이곳저곳에 정부예산이 투입되면서 국가의 씀씀이가 상당한 요즘이다. 하물며 국가가 손실 부담을 안더라도 개인의 금융채무 부담을 덜어주기 위하여 차주(借主)의 변제력을 지원할 모양새이기도 하다. 기획재정부에 따르면, 2021년 우리나라의 국가채무는 약 965조 원으로 당해 GDP의 47% 수준에 달하고 2022년부터는 1,000조 원을 훌쩍 넘어서게 돼 GDP의 50%를 돌파할 것으로 전망되고 있다. GDP의 절반을 상회하는 나랏빚을 무작정 놔둘 수도 없고 갚아 나가야 하는데 그렇다고 다른 씀씀이가 작은 것도 아니다 보니 아무래도 재정 곳간이 넉넉하게 보일 리가 만무한 상황이다. 어떻게 재정 곳간을 채워나가려는 것일까? 혹시나 많은 자산을 쌓아온 기업가들에게 고세율의 세금을 부과하는 것이 부족한 재정을 충당하는 데 유용한 기여가 될 것이라고 생각하는 것은 아닐런지 모르겠다.

기업가의 국적포기를 촉발하는 상속세 부담

응능과 응익의 원칙에 따라 기업가들에게 적정하게 과세하는 것은 합당할 수 있지만, 그 원칙을 넘어서서 과도하게 세부담을 부과하는 것은 부작용을 동반하게 된다. 기업가들 사이에 고율의 세금을 피하려고 국적을 포기하는 사례가 나타나고 있다. 사실 높은 세금을 피하여 국적을 변경하는 것이 실제 일어날 수 있는 일인지 의구심을 가질 법한 일일 수 있다. 그러나 이런 일이 우리의 현실에서 실제 목도되고 있다. 가방, 패션의류, 향수, 화장품, 보석, 시계, 주류 등으로 익히 알려진 세계 최대의 명품 패션 브랜드 기업인 루이비통모에헤네시(LVMH)의 베르나르 아르노 회장이 그 대표적인 예이다. 이 기업은 프랑스에 본사를 두고 있으며 프랑스 및 유럽의 시가총액 1~2위를 점유하고 있는데, 아르노 회장은 프랑스의 높은 상속세 부담이 싫다며 2012년에 프랑스 국적을 포기하고 벨기에 시민권을 신청했다. 가족(직계비속)에게 기업을 상속할 때 프랑스의 상속세 최고세율은 45%로, 바로 인접한 국가인 벨기에(30)%에 비해 1.5배나 높은 수준이다. 그는 고국의 거센 비판으로 얼마 후 벨기에 시민권 신청을 철회했지만, 그가 벨기에로 이전하고자 한 재산은 55억 파운드(8조7,271억 원, 2022년 7월 31일 기준)에 달하는 것으로 알려졌다. 이에 대해 LVMH는 "프랑스의 높은 상속세 때문에 그룹이 해체될 위기에 빠졌다"며 "경영권을 방어하기 위한 불가피한 결정"이라고 설명했다. 상속세 외의 세목에 관한 얘기이지만, 법인세나 소득세와 같은 다른 세부담이 높아서 국적을 바꾸는 경우도 심심치 않게 눈에 띈다. 여러 언론을 통해서 접할 수 있었듯이, 에두아르도 새버린 페이스북(Facebook) 공동창업자의 경우 미국의 높은 세금을 피해 2012년 미국 국적을 포기하고 싱가포르 국적을 취득했으며, 스웨덴의 이케아(IKEA)는 세금을 피해 네덜란드로 본사를 이전했고, 이탈리아 국민차 피아트크라이슬러(Fiat Chrysler Automobiles) 역시 영국으로 본사를 옮겼다. 이와 같은 기업가들의 국적 변경은 이른바 조세저항형 세금 망명이기도 하지만, 조세저항보다 더 심각하게 바라볼 것은 기업가의 국경 탈출이 자본 유출 및 국부 손실과 연결된다는 점이다.

높은 상속세 부담으로 기업매각을 선택하는 국내 기업가들

우리나라도 기업 상속 시 기업가들에게 부과되는 상속세 부담이 매우 높은 국가에 속하고 있다. 가족(직계비속)에게 기업을 승계할 때 우리나라의 상속세 최고세율은 50%로서, 34개 OECD 회원국 중 일본(55%) 다음으로 높은 상태이다. OECD 회원국들의 평균 최고세율인 14.53%와 비교하면 우리나라가 상속세 고세율 국가라는 점이 더욱 실감된다. 최대주주 또는 최대출자자 및 그의 특수관계인의 주식이 상속될 시에는 「상속세 및 증여세법」 제63조 제3항에 의거해 기업의 경영권 프리미엄 승계가 참작되는데, 이때 상속세 최고세율은 60%로 높아져 기업 상속에 따른 세부담이 한층 커지는 양상이다.

우리나라가 이처럼 상속세에 있어서 고세율의 토양을 갖추고 있지만, 아직까지 국내 기업가들의 경우 국적을 포기하고 외국 국적을 신청한 예는 없는 것으로 알고 있다. 우리나라의 사례에서는 기업의 가족 승계 시 과도한 상속세 부담으로 인한 국적 변경보다는 기업을 매각하는 경우가 종종 목격되고 있는 실정이다. 1978년부터 주방용품 유통 및 제조 사업을 추진하며 한국·미국·중국 등지에서 내용물이 새지 않는 밀폐용기로 크게 성장한 국내 기업 락앤락은 2013년 8천억 원이 넘는 자산을 보유한 기업이기도 했지만, 경영권을 2세에게 승계하기 위해서 매각대금 기준 약 4천억 원에 달하는 상속세 납부 자금을 마련해야만 했다. 그러나 상속세 부담을 감당할 수 없어 결국 기업을 매각하면서 2017년 최대주주가 홍콩 사모펀드로 바뀌게 되었다. 손톱깎이 시장에서 세계 1위를 지키던 쓰리세븐도 마찬가지의 국내 사례이다. 쓰리세븐은 2008년 창업주가 갑작스럽게 작고하면서 기업승계가 이뤄져야 했지만, 상속세 중 일부를 마련하지 못해 유족 지분 전량을 사모펀드에 매도하게 됐다. 국내 1위 종자기업인 농우바이오의 경우 또한 창업주의 유고 이후 상속세 납부를 못해 기업을 매각하게 된 사례이다.

세부담으로 인한 기업매각은 NO, 국적포기 없이도 재산권 보호될 수 있는 환경 필요

우리나라는 많은 기업들이 경제 산업화가 한창이던 1970~1980년대 창업을 이루었다. 40~50년 이상 업력이 높아지고 기업가들 또한 고령화된 것이 매우 자연스럽게 보이는 상황이다. 이들이 백년 기업으로 명맥을 이어가기 위해서는 원활한 기업승계가 한시바삐 필요하고 어쩌면 더 이상 미루기 어려운 시점이라고 해도 과언이 아닐 수 있을 것이다. 하지만 40~50년 가량 동안 기업가치의 상승을 겪으며 맞닥뜨리게 된 막대한 상속세는 기업가로 하여금 국적포기가 되었건 아니면 기업매각이 되었건 선택의 갈림길에 놓이도록 하는 계기로서 충분히 작용할 수 있다는 점을 우리는 현실에서 목격하고 있다.

일반적으로 업력이 길고 건실한 기업일수록 고용과 사업 유지 규모도 크고 성장동력 확보를 위한 투자 규모도 큰 만큼, 기업승계 시 그에 따른 상속세 부담이 높은 장벽으로 다가올 수밖에 없다. 과도한 상속세는 이러한 전도유망한 기업들의 명맥 유지와 경쟁력 강화에 부담이 될 수 있으며, 흑자 상태에서 폐업·매각하게 하거나 외국

자본의 적대적 M&A에 노출되어 막대한 사회·경제적 비용이 초래되는 등 적정한 재산권의 보호는 물론 자본 유출의 방지에 있어 괴리감이 큰 모습을 유도하기도 한다. 예컨대 바이오, 반도체, 제약 등 지속적인 연구개발을 요하는 첨단업종의 경우 특성상 다량의 자금조달이 필요해 여러 곳에서 투자를 받아야 한다. 그러나 기업승계 과정에서 상속세 납부가 어려워 결과적으로 지분 처분을 통해 해당 세부담을 감당해야 할 경우, 이는 상속인의 지분이 감소되어 급기야 투자자들 사이에서 경영권 유지가 위협받는 상황에 노출될 수 있다. 기업의 외부 매각, 폐업 등 사업 중단이 불가피해 재산권 유지도 어렵고 기업의 영속성 단절 수순이 가능한 상황이라고 할 수 있다. 또한 외부 경영자에 의한 경영방침의 급격한 변화로 업종·업력의 지속성 상실이나 사업의 연속성 퇴색, 창업자가 오랫동안 쌓아온 기업 브랜드 가치의 변질, 그간 구축해온 경영·기술 노하우의 유출 등 또 다른 측면에서의 우려점들에도 당면하게 될 것이다. 경쟁력 있는 기업이 높은 세부담에 막혀 도태되거나 존속 자체를 포기하는 것은 기업의 경제성장 기여 중단으로도 귀결되며 국가경제적으로 기업의 생태계마저 붕괴 위기에 직면할 수 있다.

우리의 조세제도는 과세의무의 성립과 부여에 있어서 조세원칙의 준수와 합리적인 과세논리의 구축을 필요로 하며 그 과정에서 담세력을 중요시하고 있다. 따라서 재산권의 유지, 생산활동이나 경제순환 등에서 과중한 부담을 가하지 않고 조세부담이 추출될 수 있어야 한다. 그렇지 않다면 조세는 정당성의 기반이 약화됨과 동시에 그에 상응한 조세저항으로 이어지게 된다. 이제 높은 상속세 부담 완화에 대한 진지한 고민과 사회적 합의에 도달해야 할 시점이라고 강조할 수 있다.

환언컨대, 상속자가 기업승계에 따른 세부담을 감당할 능력이 부재할 경우, 기업을 외부에 매각하거나 폐업하지 않으려면 기업을 키워서는 안 되는 것인지 되묻지 않을 수 없다. 근시일 내에 상속을 하려면 투자가 필요함에도 기업의 가치 상승에 따른 상속세 부담 증가를 우려해 과감한 투자 활성화를 망설여야 하고 인위적으로 자제해야 하는 것일까? 외부 매각 또는 폐업을 감수하지 않는 이상, 기업가는 유고도 철저한 계획하에 이뤄져야만 하는 것일까? 아무리 승계 계획을 짜려고 해도 상속자가 담세력을 확보하지 못할 때에는 국적을 포기하면서라도 유리한 외국 국적을 취득하는 것이 과연 바람직한 현실일까? 상속세 부담 완화는 도외시할 수 없는 작금의 당면과제라고 생각된다.

참고문헌

- 김희선, 국내외 가업승계지원제도의 비교 및 시사점, 〈중소기업포커스〉, 2020
- 한국경영자총협회, 〈국제비교를 통한 우리나라 상속세제 개선방안: 기업승계시 case study 포함〉, 2021
- 한국경제, "[글로벌 뉴스] "세금폭탄 피해 다른 나라로 떠나자"…줄잇는 리치노마드", 2015년 1월 16일자
- 한국경제, "가업 승계는 커녕…상속세 폭탄에 '눈물의 매각' 나선 中企", 2019년 1월 2일자
- 허원제, 가업승계 중소기업에 대한 취득세 감면 지원 타당성 검토, 〈정책과제〉 21-25, 한국지방세연구원, 2021

성경이 말하는
소유권이란 무엇인가

김승욱
중앙대학교 명예교수

　　　　　일찍이 아리스토텔레스도 지적했듯이 부지런한 사람은 고대의 공동 소유권 체제 하에서는 열심을 내기 어렵다. 따라서 사적 소유제는 인간 본성과 부합한다. 성경에는 공동체를 강조하는 측면과 개인을 강조하는 측면이 공존한다. 그래서 신학자들 사이에서도 배타적 사적 소유권에 기초한 자본주의를 수용하는 측과 극단적으로 반대하는 견해가 존재한다. 중세 가톨릭에서는 공동체성이 강조되었다. 그러나 종교개혁으로 인해서 개인에 대한 관점이 변화되고, 로크 등 자유주의 철학자들에 의해서 개인의 소유권에 대한 인식이 변화되었다. 그 결과 사적 자치의 주체로서 개인이 강조되고 근대혁명과 산업혁명이 발생했다. 산업혁명 이후 근대적 성장과 인구 증가가 가능했다. 지금도 신학계에서는 여전히 전통적인 견해를 지지하는 측과 해방신학과 같이 공동체성을 강조하면서 사적 소유권에 대해서 반대하는 견해가 상존한다. 이 글에서는 성경이 말하는 재산권의 개념을 성경본문 중심으로 살펴본다.

성경은 배타적 사적 소유권을 인정한다

성경 곳곳에는 소유권에 대한 개념이 등장한다. 구약성경에 보면 하나님은 이 세상을 창조했고, 이 세상은 다 하나님의 소유라고 한다. 시편 기자는 "땅과 거기 충만한 것과 세계와 그 중에 거하는 자가 다 여호와의 것이로다(시편 24:1)"라고 노래했으며 "삼림의 짐승들과 천산의 생축(시편 60:7)"도, 은도 금도(학개선지서 2:8) 다 하나님의 것이라고 했다. 따라서 전통적으로는 하나님은 소유주이다.

이스라엘 백성에게 준 십계명에도 사적 소유권을 엄격하게 지키도록 한다. 제8계명에는 "도둑질하지 말라(출애굽기 20:15)"라고 했으며 제10계명에서는 "네 이웃의 집을 탐내지 말라, 네 이웃의 아내나 그의 남종이나 그의 여종이나 그의 소나 그의 나귀나 무릇 네 이웃의 소유를 탐내지 말라(출20:17)"라고 하여 타인의 소유권을 인정하라고 분명하게 명령했다.

손해배상에 대한 율법에서도 사적 소유권을 중요시했음을 알 수 있다. 십계명을 기록한 출애굽기 20장에 이어 22장에서는 배상에 대한 책임을 율법으로 정했다. 소를 도둑질하면 다섯배 배상을 하고, 양은 네배 배상을 하도록 했다(출 22:1). 그리고 도둑이 들어오면 죽여도 죄가 없다고 할 정도로 엄하게 사적 영역을 보호했다.

이집트에서 해방되고 하나님이 약속한 가나안 땅에 들어가서 모세의 뒤를 이은 지도자 여호수아는 이스라엘 12지파에게 땅을 분배한다. "이와 같이 여호수아가 여호와께서 모세에게 말씀하신 대로 그 온 땅을 점령하여 이스라엘 지파의 구분에 따라 기업으로 주매 그 땅에 전쟁이 그쳤더라(여호수아 11:23)." 이때 12지파의 공동체에게 분배하는 것이 아니라 확대 가족 단위로 분배하며, 여호수아서에는 각 지파의 구성원의 이름을 구체적으로 명시한다.

그리고 7년마다 안식년을 지키게 하고, 7번의 안식년이 지난 이듬해인 50년째는 그 사이에 발생한 사회적 격차를 완화시키기 위해서 원래 토지의 소유자에게 토지를 돌려주라고 하고 그래서 이 해를 기쁨의 해라는 의미에서 희년이라고 불렀다(레위기 25:10). 그런데 이 희년에도 공동체에게 돌려주는 것이 아니라 원래의 소유주 가족에게 돌려주라고 한다. "이 희년에는 너희가 각기 자기의 소유지로 돌아갈지라(레 25:13)." 성경의 소유권은 어떻게 보면 자본주의의 사적 소유권보다 더 철저하게 사유화의 원칙을 지키는 셈이다.

뿐만 아니라 성경은 상속을 중요시 한다. 예를 들면, 하나님은 이스라엘 백성의 조상인 아브라함을 택하고 "내가 네게 보여 줄 땅으로 가라(창 12:1)"고 하면서 "이 땅을 네 자손에게 주리라(창12:7)"고 한다. 아직 자녀가 없는 아브라함에게 그 후손들에게 이 땅을 줄 것이라고 거듭 약속한다. "너는 눈을 들어 너 있는 곳에서 북쪽과 남쪽 그리고 동쪽과 서쪽을 바라보라, 보이는 땅을 내가 너와 네 자손에게 주리니 영원히 이르리라(창13:14~15)."

또한 이집트에서 이스라엘 백성을 노예 상태에서 구한 모세는 아들이 없으면 딸에게, 딸도 없으면 친족에게 상속시키라고 하여 상속의 중요성을 다음과 같이 강조했다. "어떤 사람이 아들이 없이 죽으면, 그 유산을 딸에게 상속시켜라. 만일 딸이 없으면, 그 유산을 고인의 형제들에게 주어라. 그에게 형제마저도 없으면, 그 유산을 아버지의 형제들에게 상속시켜라. 아버지의 형제들마저도 없으면, 그 유산을 그의 가문에서 그와 가장 가까운 친족에게 주어서, 그가 그것을 물려받게 하여라(민 27:8~11)." 실제로 이스라엘 백성들은 이 율법을 지켰다. 이방 여인 룻은 이스라엘인 남편이 죽었으나 남편의 친족인 보아스가 그 땅을 되찾아 주기 위해 룻과 결혼해(룻기4:10), 이스라엘 역사상 가장 존경받는 다윗의 할아버지이며, 예수의 31대 조상인 오벳을 낳았다(룻기 4:21).

성경적 소유권 청지기 사상과 사적 소유권

이렇게 성경은 사적 소유권을 인정하고 있으나, 창조주의 존재를 전제로 하는 기독교의 소유권의 개념은 자본주의의 사적 소유권과 차이가 있다. 기독교 소유권은 청지기 사상에 잘 나타나 있다. 청지기 사상이란 이 세상 만물은 다 창조주 하나님의 것이며, 하나님은 인간에게 위탁했으므로, 인간은 하나님의 뜻대로 사용해야 한다는 것이다.

인간에게 만물을 맡긴 것은 창세기 1장부터 등장한다. 천지 창조 후에 하나님은 마지막으로 아담과 하와를 창조한다. 그리고 "하나님이 그들에게 복을 주시며 하나님이 그들에게 이르시되 생육하고 번성하여 땅에 충만하라, 땅을 정복하라, 바다의 물고기와 하늘의 새와 땅에 움직이는 모든 생물을 다스리라 하시니라(창세기 1:28)"고 명령했다. 이를 문화명령이라고 한다. 이어 창세기 2장에서 다스리는 행위가 만물의 이름 짓는 것으로 묘사된다. "여호와 하나님이 흙으로 각종 들짐승과 공중의 각종 새를 지으시고 아담이 무엇이라고 부르나 보시려고 그것들을 그에게로 이끌어 가시니 아담이 각 생물을 부르는 것이 곧 그 이름이 되었더라. 아담이 모든 가축과 공중의 새와 들의 모든 짐승에게 이름을 주니라(창세기 2:19~20)." 이렇게 만물의 소유주이신 하나님은 인간에게 만물을 맡기고 다스리도록 했기 때문에 인간은 하나님의 청지기이다. 또한 하나님이 처음부터 수십억 명의 인간을 창조하지 않고, 한 부부만 창조하고, 그들이 자녀를 낳고 상속하도록 계획하셨다.

여기에서 주의할 점은 모든 것이 하나님의 것이라고 해서, 개인이 소유할 수 없고 만인이 공유해야 한다는 의미가 아니다. 초대 예루살렘 교회에서는 "믿는 사람이 다 함께 있어 모든 물건을 서로 통용하고 또 재산과 소유를 팔아 각 사람의 필요를 따라 나눠 주며(사도행전 2:44~45)라는 구절이 나온다. 또 "믿는 무리가 한마음과 한 뜻이

되어 모든 물건을 서로 통용하고 자기 재물을 조금이라도 자기 것이라 하는 이가 하나도 없더라(사도행전 4:32)"고 했다. 그것을 "각 사람의 필요를 따라 나누어(사도행전 4:34)" 주어서 가난한 사람이 없었다고 했다. 실제적인 사례로 구브로(현 Cyprus 섬) 출신의 요셉은 자신의 밭을 팔아 헌금한 기록이 다음과 같이 나온다; "구브로에서 난 레위족 사람이 있으니 이름은 요셉이라 사도들이 일컬어 바나바라(번역하면 위로의 아들이라) 하니, 그가 밭이 있으매 팔아 그 값을 가지고 사도들의 발 앞에 두니라(행 4:36~37)." 이러한 성경의 내용을 근거로 성경은 공유를 지지한다는 주장이 있다.

그러나 이는 잘못된 해석이다. 초대 교회에서 교인들이 자기 재산을 팔아 교회에 헌금하는 것은 의무가 아니라, 감동받아 자발적으로 한 것이다. 이는 인용한 32절과 34절 사이의 33절에 나온다. "사도들이 큰 권능으로 주 예수의 부활을 증언하니 무리가 큰 은혜를 받아(행 4:33)"라고 이유를 분명히 설명한 것을 보면 큰 은혜를 받아서 자발적으로 교회에 기부한 것이라는 것이 자명하다.

또 사도행전 5장에 등장하는 아나니아와 삽비라 사건에서도 이 점이 분명하게 기술되어 있다. 앞에서 언급한 요셉이 전 재산을 교회에 헌금하고 칭찬을 많이 받았고, 그래서 "위로의 아들"이라는 의미의 '바나바'라는 별명까지 얻었다. 그러자 아나니아가 자기 아내 삽비라와 함께 소유를 팔아 일부를 감추고 사도들에게 전 재산을 기부한다고 거짓말을 해서 부부가 모두 죽는다. 이때 베드로가 아나니아에게 팔기 전에도 네 것이고, 판 후에도 네 것인데 왜 거짓말을 했느냐고 질책한다(행 5:4). 이 말의 의미는 재산을 팔아서 교회에 바치는 것은 전적으로 자신의 선택사항이지 의무가 아니라는 것이다. 감동받아 자발적으로 헌금한 교인은 존경의 대상이 되었다. 그리고 존경받기 위해 전 재산을 바쳤다는 거짓말까지 했음을 성경은 기록하고 있다. 따라서 성경이 공산주의처럼 공유를 지지한다는 것은 성경을 잘못 해석한 것이다. 초대교회에서조차 재산을 모두 팔아서 교회에 바치는 것은 칭찬받을 만한 행동이었지 모든 기독교인이 의무적으로 해야 하는 것은 아니었다. 자발적 헌금이 많이 있었던 초대교회에서도 여전히 각자가 자기의 집을 소유하고 있었다(행 8:3). 다락방에서 집회를 할 수 있을 정도로 큰 집을 보유했던 마가(복음서 마가복음의 저자)의 어머니도 교회에 헌금하기 위해 집을 팔았다는 흔적이 없다(행 12:12). 그랜트는 〈초기 기독교와 사회〉에서 사유재산에 관한 고대 기독교의 다양한 입장을 개관하고 결론적으로 이들은 의무적인 재산의 공유문제에 논란이 벌어졌을 때 이를 찬성하지 않았음이 명백하다고 결론을 내리고 있다.

자기 죄를 용서해 달라고 행하는 구약의 제사제도는 자신의 것을 하나님께 바치는 희생 행위이다. 사적 소유물을 바쳐야 희생이 되는 것이다. 모세는 이스라엘 백성이 가나안 땅에 입성하기 전에 "너는 마땅히 매년 토지 소산의 십일조를 드릴 것이며(신 14:22)"라는 십일조 규례를 명령한다. 이 십일조도 우리의 모든 소유가 하나님의 것이라는 믿음의 고백으로 내 것을 바치는 것이다. 따라서 사유재산 제도가 없으면 제사나 십일조라는 것이 의미가 없게 된다.

사적 소유권의 확립 없이는 정의도 없다

창조주 하나님은 인간에게 이 세상 만물을 다스리라고 맡겼다. 하나님께서는 사람들에게 서로 다른 재능을 주고 그것을 각자가 관리하라고 하였듯이, 재물도 각각 위임받은 것을 하나님 앞에서 책임 있게 관리하도록 요구하고 계신다는 것이 성경적 소유권을 의미하는 청지기 사상이다.

하이에크가 저술한 〈치명적 자만(Fatal Conceit)〉에서 "지난 2천 년 동안의 종교설립자들 중 많은 사람은 개인의 소유와 가족을 반대하였다. 그러나 오직 개인의 소유와 가족을 지지한 종교만이 살아남았다. 따라서 소유를 반대하고, 가족을 반대하는(따라서 종교를 반대하는) 공산주의의 전도는 밝지 못하다. 공산주의 자체가 번성한 종교였으며, 지금은 급속히 쇠퇴하고 있다(〈치명적 자만〉, 263쪽)."라고 했다. 기독교가 존재한 이유가 개인의 소유와 가족을 지지했기 때문은 아니겠지만, 기독교가 개인의 소유와 가족의 상속을 중시하는 것은 분명하다. 뿐만 아니라 하이에크는 "사유재산의 보호를 자신의 중요한 목적으로 삼은 정부가 존재하지 않은 곳에서는 어떠한 선진문명도 발전하지 못했다(〈치명적 자만〉, 72쪽)"고 했다. 오늘날 기독교 문명에서 근대혁명이 일어나고 근대적 경제성장이 일어난 것은 우연이 아니다. 심지어 하이에크는 '소유가 없는 곳에는 정의도 존재하지 않는다'는 명제는 유클리드기하학의 논증만큼 확실하다(〈치명적 자만〉, 75쪽)."고 할 정도로 사적 소유권이 확립되지 못하면 정의가 이루어질 수 없다고 했다.

읽을 거리

- 존 스테이플포드, 〈그리스도인의 경제학 산책: 성경으로 펼쳐본 현대사회의 경제문제〉, 이우성 옮김, ISLE, 2007
- 로널드 내쉬, 〈기독교와 자본주의(POVERTY AND WEALTH The Christian Debate Over Capitalism)〉, 이상용 옮김, 한뜻으로, 1991
- 로버트 M. 그랜트, 〈초기 기독교와 사회〉, 김쾌상 옮김, 대한기독교출판사, 1988

연해주의 조선인
그리고 조선에 남겨진 사람들

권혁철
자유와시장연구소 소장

"시가지의 좁은 거리는 초라한 오두막집들로 채워져 있었다. 그 오두막집들은 창문이 없는, 진흙으로 된 담벽과 짚으로 된 지붕의 깊숙한 처마를 가졌다…오두막집들 바깥에는 고체와 액체의 쓰레기들이 버려진 불규칙한 도랑이 있었다. 도랑 옆에는 옴이 오르고 털이 빠진 개들과 눈이 짓무르고 때가 비늘처럼 벗겨지는 아이들이 있었다. 아이들은 완전히 발가벗거나 반쯤 벌거벗은 채로 들끓는 악취에도 아랑곳하지 않고 두터운 먼지와 진흙 속에 뒹굴거나, 햇빛 속에서 헐떡거리며 껌벅거리고 있었다…그 길에서 남자 일색인 군중들은 특별히 하는 일이라곤 없이 이리저리 걸어다니며 빈둥거리고 있었다."

1890년대 한국(당시 조선)을 수차례 방문했던 이사벨라 비숍이라는 영국 여성이 쓴 〈한국과 그 이웃 나라들〉에 나오는 장면이다. 전국을 여행하면서 이런 충격적인 장면을 목격하고 한국인을 살펴보던 비숍은 이렇게 결론 내린다. 게으름과 나태함, 빈둥거림, 무관심과 냉담, 생기도 없고 미래에 대한 아무런 비전도 없이 타성에 젖어 살아가는 이 민족은 정말 가망이 없는 "세계에서 제일 열등한 민족"이다.

사유재산의 기적

그러던 비숍이 연해주에 있는 조선인 마을을 방문한다. 여기서 그녀는 완전히 다른 장면을 목격하곤 또 다른 충격을 받는다. "저택들은 으리으리하고 매우 잘 건축되었다. 그리고 농장들에서는 가축들이 잘 길러지고 있었다. 어른들과 아이들은 옷을 잘 입고 다닌다. 그리고 마을의 농토는 꼼꼼하게 경작된다…한국식으로 회반죽된 진흙과 기와로 단정하게 지붕이 이어져 있었고 주택지구와 농가의 안뜰은 회반죽된 담 혹은 단정하게 짜여진 갈대로 만들어진 높은 울타리로 둘러싸여 있다…문과 창은 희고 투명한 종이로 들러싸여 있었고 정교하게 깔린 마루를 가지고 있었다. 또 한국 고위관리의 집에서도 보지 못한 많은 가구들이 있었다. 캐비닛, 책상, 우아한 황동 장식을 한 나무로 만든 쌀통, 낮은 탁자, 걸상, 소파…찻잔, 황동 촛대, 황동 등유램프 등등은 확실히 안락한 생활을 예증했다…문 밖에는 곡식 창고, 조랑말, 망아지를 밴 암말, 개량종

검은 돼지, 쟁기 끄는 소, 블라디보스톡 시장에 내놓을 살찐 소, 손수레, 농기구들이 늘어서 있었다."

　같은 시대, 같은 민족이면서도 한쪽은 가난하고 초라하고 불결하기 이를 데 없이 빈둥거리며 무기력하게 살고 있는 반면, 다른 쪽에서는 안락하고 부유하고 청결하며 생기 넘치는 삶을 살고 있는 것이다. 앞의 장면은 조선 내의 조선 사람들이 사는 모습이고, 뒤의 장면은 러시아령 연해주에 사는 조선 사람들이 사는 모습이다.

　연해주에 사는 조선 사람들의 모습에 충격을 받은 비숍은 다음과 같이 말하며 조선 사람들에 대한 자신이 처음 생각했던 것이 잘못이었음을 고백한다. "한국에 있을 때 나는 한국인들은 세계에서 가장 열등한 민족이 아닌가 의심한 적이 있고 그들의 상황을 가망없는 것으로 여겼다. 그러나 이곳 프리모르스크에서 내 견해를 수정할 상당한 이유를 발견하게 되었다. 이곳에서 한국인들은 번창하는 부농(富農)이 되었고 근면하고 훌륭한 행실을 하고 우수한 성품을 가진 사람들로 변해갔다. 이들 역시 한국에 있었으면 똑같이 근면하지 않고 절약하지 않았을 것이라는 점을 명심해야 한다."

연해주는 왜 조선과 달랐는가

　　　　　아무리 근면하고 훌륭한 행실을 하고 우수한 성품을 가진 사람이라도 조선에서 산다면 게으르고 빈둥거리며 가난에 찌든 삶을 살 수밖에 없을 것이라는 비숍의 말은 의미심장하다. 비숍은 그 원인을 정확하게 알고 있었다. 그것은 바로 경제체제의 차이, 특히 사유재산이 안전하게 보호되는가 여부에 달려 있다는 것이다.

연해주에서는 "돈을 벌 수 있는 많은 기회가 있었고 관리나 양반의 착취는 없었다. 안락과 어떤 형태의 부(富)도 더 이상 관리들의 수탈의 대상이 되지 않았다." 반면 조선은 어떠했을까? "그들은 게을러 보인다. 나는 정말로 그렇다고 생각했었다. 그러나 그것은 한국인들이 자기 노동으로 획득한 재산이 전혀 보호되지 못하는 체제 아래 살고 있기 때문이다…모든 한국 사람들은 가난이 그들의 최고의 방어막이며, 그와 그의 가족에게 음식과 옷을 주는 것 이외에 그가 소유한 모든 것은 탐욕스럽고 부정한 관리들에 의해 빼앗길 것이라는 사실을 안다…겨울이 아주 추운 한국의 북부에서는 농부들은 수확으로 얼마간의 현금을 가지게 될 때, 그것을 땅속의 구멍에다 넣고 거기에다 물을 뿌리는데, 관리와 도적들로부터 안전해질 때까지 돈꾸러미는 그렇게 얼려진 땅속에 묻힌다."

무엇보다도 극적인 것은 한국에서 일(work)이란 단어가 무엇을 의미하느냐 하는 것이다. 비숍은 이렇게 적고 있다. "한국어 사전을 기획하고 있는 한 연구자는 한국에서 일(work)이란 단어는 '손해', '악', '불행'의 의미를 지닌다고 진술한다." 한국에서 일을 해서 얼마간의 수입이 생긴다는 것은 곧 그것을 빼앗고자 하는 관리와 양반들로부터 억압과 매질을 당한다는 사실을 의미한다. 그러니 일을 하는 것이 손해고, 악이며, 불행일 수밖에 없다. 이런 사회에서는 빈둥거리며 놀면서 가난에 찌들어 사는 것이 안전하게 지낼 수 있는 일종의 '삶의 지혜'가 된다. 이런 사회에서 경제가 발전하지 못하고 가난에 찌들어 사는 것은 너무나 당연하다.

간단히 말해서, 연해주에서는 사유재산이 안전하게 보호되는 반면에 조선에서는 사유재산이 전혀 보호받지 못하고 모두 관리와 양반의 수탈의 대상이 될 뿐이었다는 뜻이다. 사유재산의 보호 여부가 같은 조선 사람이면서도 조선과 연해주에서 엄청난 경제적 격차가 빚어진 가장 핵심적인 원인이라는 것을 비숍은 간파했다.

비숍의 결론이다. "한국인은 길이 행복하고 번영할 민족임에 틀림이 없다…다만 여기에는 중요한 단서가 있다. 그것은…'생업에서 생기는 이익을 보호해주어야 한다는 것'이다…한국에서 행해지는 모든 개혁은 한국인들의 이 절박하고 자연스러운 갈망에 초점을 맞추어야 할 것이다."

비숍의 이야기는 다름 아닌 '사유재산이 보여주는 기적'의 하나이다. 이 사유재산의 기적을 보여주는 역사적 사실들은 많다. 과거 소련에서 주민들에게 전체 토지의 5%를 텃밭으로 사용할 수 있도록 허용하자, 전체 토지의 겨우 5%에 불과한 이 텃밭에서 생산된 농산물이 소련 전체 농산물의 70%를 차지했다는 것도 바로 사유재산이 일으킨 기적이다.

사유재산이 보여주는 기적의 또 다른 사례는 바로 대한민국과 북한이다. 같은 민족으로 언어, 문화, 역사, 풍습, 관습 등 모든 것이 같았지만, 대한민국은 사유재산과 시장경제체제를 택한 반면에, 북한은 사유재산을 폐지하고 사회주의 경제체제를 택했다. 그 결과 분단 후 60~70년이 지난 지금 북한의 경제력은 대한민국의 2%에도 미치지 못한다. 현재 북한에서는 수십만 수백만 명이 굶주림에 허덕이고 견디다 못해 목숨을 걸고 북한을 탈출하는 참극이 벌어지고 있는 것이 현실이다. 바로 19세기 말 조선에서 벌어졌던 것과 똑같은 일이 현재 북한에서 벌어지고 있는 것이다. "한국에서 행해지는 모든 개혁은 한국인들의 이 절박하고 자연스러운 갈망에 초점을 맞추어야 할 것"이라는 비숍의 소망은 겨우 절반만 이루어진 셈이다.

사유재산권은 자유다

사유재산이 일으키는 기적은 경제적 번영에만 머무르지 않는다. 사유재산권은 곧 자유를 의미한다. 사유재산은 개인들이 다른 사람의 목적과 지시와 명령에 따르는 것이 아니라 자기 스스로가 세운 목표를 추구할 수 있는 자유를 확보할 수 있게 해준다. 북한의 동포들이 노예와 다를 바 없는 생활을 하는 가장 큰 이유도 북한에는 사유재산이 인정되지 않고 있기 때문이다. 사유재산을 부정하는 사회는 필연적으로 노예사회일 수밖에 없다. 19세기 말의 조선과 현재의 북한은 이를 잘 보여주고 있다. 대한민국과 북한은 다름 아닌 연해주와 조선의 현대판 버전이다.

푸거 VS 로스차일드,
로스차일드의 재산권

임종화
청운대학교 교수

인류 자본주의의 역사를 논할 때 가장 먼저 대두되는 지역은 서유럽이다. 왜 많고 많은 지역 중 서유럽일까? 왜 서유럽에서 대자본가 야코프 푸거와 로스차일드 가문 같은 대자본가들이 쏟아져 나왔으며 17세기 후반부터 3세기동안 패권을 쥘 수 있던 원동력은 무엇이었을까?

유럽 패권의 원동력

당연히 과학기술을 통한 압도적 군사능력, 다양한 지역과 상업교역을 통해 먼저 성립된 능숙한 외교능력과 함께 비교적 안정된 사회구조와 그것을 가능케 했던 경제규모가 그 원동력일 것이다. 그러나 더 본질적인 것은 이 지역에서 앞의 사례들을 가능하게 만들었던 재산권(Property Rights)이 가장 먼저 보장받은 지역이기 때문이다. 이 재산권의 중요성은 차후 영국의 제1차 산업혁명(1760년)에까지 막대한 영향을 끼친 매우 중요한 원리이다.

재산권이라는 막연한 개념의 기원을 논하기는 매우 애매하겠으나 수렵과 채집이 일상이던 원시사회부터 소유권의 개념은 반드시 무력을 동반하는 우월한 위치에서 그 보장의 원동력이 존재했을 것이고, 농경공동체에서는 더 명확한 개념으로 발전하여 고대 그리스 사회와 로마제국 시절에도 다양한 모양으로 재산권의 개념은 존재했다.

유럽은 십자군 전쟁이 끝난 100년 후부터 르네상스(Renaissance)시기로 들어선다. 전문가들마다 문예부흥으로 대변되는 이 시기에 대한 저마다의 의견이 있지만, 분명한 것은 유럽이 차후 세계패권을 쥐고 흔든 원동력에는 반드시 르네상스 시기부터 태동되었던 재산권과 자본시장의 활성화와 이것들을 가능하게 만든 신용거래에서 그 이유를 찾는 것에는 변함없다.

오늘날 국민국가라고도 해석되는 근대 국가(Nation State)의 개념을 정치경제사에서는 유럽의 30년 전쟁 이후 17세기 중반(1648년) 뮌스터의 베스트팔렌 조약에서 찾는 이유도 영토와 주권이라는 토대가 만들어지기까지 절대왕정과 교황권력, 또한 자본가들의 삼각관계가 건곤일척의 경쟁과 협력의 과정을 거치며 닦여진 문명적 토양이

"유럽"이라는 강대국들을 탄생시킨 원동력이었다고 아니할 수 없다.

16세기 대자본가, 야코프 푸거

야코프 푸거(Jacob Fugger, 1459~1525)는 16세기 초반까지 활약한 잘 안 알려진 인류역사상 쿠빌라이 칸과 함께 손꼽히는 최대 부호이다. 푸거는 유럽이 르네상스가 활발히 진행되던 시기 이탈리아의 메디치 가문과 더불어 유럽의 황제와 국왕들, 바티칸의 교황과 주교들 사이의 권력층과 직간접적으로 연을 맺으며 막대한 부를 쌓은 은행가이다. 개별적 자산보유를 비교해 보면 야코프 푸거의 자산은 당시 메디치 가문과 차후 로스차일드 가문의 그 어떤 개별주체보다 압도적인 자산을 보유했던 인물이다.

독일의 아우구스부르크는 그 당시 직물공업의 중심지였다. 푸거는 1459년 이 도시에서 평민으로 태어났다. 푸거의 집안은 현지 직인(職人)들이 생산하는 옷감을 사들여 프랑크푸르트, 쾰른, 알프스산맥 너머 베네치아 교역소에 내다 팔면서 부자가 되기 시작했다. 당시의 유럽도 엘리트 계급은 상업에 대해 그렇게 좋은 시선을 보내지 않았다.

그러나 푸거의 가족들은 그런 것에 개의치 않았으며 때마침 공업 중심의 도시로 기지개를 켜던 아우구스부르크는 서서히 금융 중심지로 바뀌어가던 과정이었다. 그의 외할아버지 프란츠 베징거는 조폐소를 운영했는데, 푸거는 이러한 가족 환경에서 기회를 잡고 사업을 번창시켜 나갔다.

차후 푸거는 자신의 자금을 왕가에 빌려주는 대금업을 통해 합스부르크 왕가가 진출하는 지역에 투자를 하며 부를 축적했다. 광산업과 금융업을 통해 쌓아진 그의 자산들은 옷감과 향신료, 보석 등을 유통시켰고 남미와 아라비아에서 생산되는 유향목(乳香木)을 독점하기도 했는데, 유향나무는 오늘날에도 향수를 생산하는데 쓰이는 매우 중요한 천연자원이다. 문화와 예술이 꽃을 피우던 유럽의 르네상스 시기는 길드의 도제식 생산을 통해 고품질의 향수가 많이 나던 시기이니 푸거의 자산규모와 사업 수완 능력을 짐작할 수 있다.

푸거는 금융업을 중심으로 광산투자, 직물업, 향신료 교역 등을 통해 투자를 하는 사업마다 성공하였다. 그가 활약한 15세기 말에서 16세기 초반은 돈이 전쟁과 정치를 좌우하는 시대였다. 특히나 중세에서 근대로 나아가는 굵직한 역사적 사건들에 푸거의 대금업은 기사전쟁과 종교개혁과 농민전쟁 등 모든 시대적 사건들에 푸거의 자금들이 직간접적으로 개입되어있다.

18세기 초부터 시작된
유대인 부호의 신화 로스차일드

마이어 암셸 로스차일드(Mayer Amschel Rothschild)는 유럽

금융계를 지배한 금융 제국 로스차일드 가문(Rothschild Family)을 만든 장본인이다. 1815년부터 1914년까지의 100년 동안 로스차일드 은행은 세계최대의 은행이었다. 독일 출신의 유대인은 유럽에서 가장 큰 은행을 소유했던 하나의 왕조를 건설했다.

마이어 암셀 로스차일드 1744년 프랑크푸르트 내 유대인 집단 거주지역인 게토(Ghetto)에서 태어났다. 우선 유대인들이 비(非)유대교 사회와 거래하는 것을 금지했던 시대적 분위기 속에서 서로를 도왔던 유대인 무역상들과 은행가들의 네트워크가 전유럽에 걸쳐 이미 발전해 있었고, 로스차일드의 신화와 같은 다섯 아들은 각각 유럽의 5개 대도시에서 금융업을 실시한다.

첫째 아들 암셀(Amschel Mayer)은 프랑크푸르트, 둘째 살로몬(Salomon Mayer)은 비엔나, 셋째 네이선(Nathan Mayer)은 런던, 넷째 카를(Carl Mayer)은 나폴리, 막내 아들 제임스(James Mayer)는 파리에 자리 잡았다. 유대인들에 비해 상대적으로 고객을 선택할 자유가 있었던 기독교인들은 유대인들을 통해 은밀히 진행되어야 할 대금거래를 했으며 이러한 유럽의 분위기가 유대인과 로스차일드를 성장시킬 수 있었던 배경인 것도 사실이었다.

로스차일드 가문은 국제적 정세 속에서 성장의 기회를 잡았다. 제1차 산업혁명이 진행되던 18세기 후반(1760년) 영국의 기업가들은 지속적으로 자금이 필요했고 나폴레옹과 싸우며 전쟁과 제국의 자금을 충당하던 영국 왕실 역시 돈이 필요했던 것이다.

로스차일드 가문은 영국과 독일 두 곳에 가문의 본거지를 두면서 영국과 유럽대륙 간에 그들만의 중심축을 만들었고 특히 셋째 네이선은 금투기로 엄청난 부를 쌓았다. 얇아진 대륙 봉쇄 장벽을 통해 영국 상품을 계속 수출했고, 해협을 가로지르는 비밀 운송에서 경쟁자들을 앞질렀다. 그는 필요할 때마다 비밀 요원들을 잘 활용하면서 어떤 것도 운에 맡기지 않았으며 공무원들을 매수했다.

푸거 vs 로스차일드 공통점과 차이점

푸거와 로스차일드 가문의 공통점은 두 대상 모두 은행과 금융이라는 방법을 통해 부를 쌓았다는 것이다. 은행업은 거래의 자연스러운 결과물이다. 일부 상인들은 다른 사람들에게 이자를 붙이거나 혹은 다른 형태의 이윤을 붙여 돈을 벌어줌으로써 그들을 도울 기회를 발견했다. 돈이 필요한 다른 상인들은 자금을 대부할 수 있게 되었다.

때때로 일은 계획하거나 바라는 대로 이루어지지 않으므로, 대출자는 리스크를 상쇄할 몇몇 담보물이 없으면 손해를 보기도 한다. 그리고 때로는 한 사람의 손실이 다른 사람의 재산이 되기도 한다. 궁극적으로, 이 공식적 혹은 비공식적 대출 관계는 무역보다 더 큰 수익성 있는 사업이 되었고 그 안에서 은행가가 탄생하는 것이 자본주의 흐름의 역사이다.

야코프 푸거에게는 불행히도 자녀가 없었다. 이 생물학적 이유가 로스차일드 가문과 비교할 구심점이 될는지는 의문이지만 분명한 건, 메디치 가문을 압도하던 푸거의 존재감은 그리 크지 않은 반면 르네상스라는 고유명사는 곧 메디치 가문과 연결되는 것을 보면 자손의 중요성은 크다고 봐야 할 것이다. 그러나 더 본질적인 것은 푸거의 몰락은 그의 종교적 아집과 이해당사자들에 대한 집착과 상당히 관련이 깊다.

푸거가 죽은 후 그의 사업을 물려받은 조카들도 사업에 손을 대기는 했으나 스페인의 몰락과 함께 푸거 가문 역시 저물기 시작했다. 푸거 가문은 일생동안 구교(가톨릭)를 고집했다. 독일의 귀족들은 1517년 마틴 루터의 종교개혁을 기점으로 급격하게 신교도(프로테스탄트)로 전향을 했고, 푸거 가문의 일원들은 이러한 독일 귀족들에게 대출을 중단했다.

푸거와 그의 후임자들이 스페인 왕가(합스부르크)와 교황청과의 사업을 통해 막대한 부를 이룬 것처럼 교황과 왕가의 몰락은 동시에 푸거의 몰락과도 함께했다는 것이다. 푸거의 문화유산은 오늘날까지도 남아있지만 막대한 부를 축적한 은행가는 오늘날 그리 크게 우리의 기억에 남아있지는 않다. 반면 로스차일드는 오늘날까지도 250년 이상 장수하는 가족기업으로서 성공적 사업을 꾸려가고 있다.

로스차일드는 19세기를 지나 영국이 제2차 산업혁명(1870년)이 시작하는 시기와 식민지를 확산과 맞물려 식민지 쟁탈 경쟁이 정점을 찍었던 20세기 초까지 막강한 영향력을 끼쳤는데 수에즈 운하의 이권에 관련된 주주경쟁과 제 1, 2차 세계대전, 이스라엘 건국까지 로스차일드 가문이 쌓아왔던 상업 네트워크는 막강한 영향력을 발휘했다.

재산권의 중요성

16세기가 종교와 정치의 결합, 왕가와 교황청의 삼각관계가 상업적 부(富)에 결정적 영향을 미쳤다면, 산업혁명 이후 민간영역의 혁명적 확산은 당연히 자본주의에 막대한 영향을 끼쳤다. 서론에 유럽의 패권에는 반드시 재산권의 중요성이 포함되어야 한다는 의미도 푸거와 로스차일드 가문의 수익이 창출되는 원천을 설명하기 위함이 아니다.

무엇보다 푸거와 로스차일드 가문 같은 자본가들이 대거 탄생될 수 있었던 유럽의 계몽주의와 과학기술의 발전은 재산권이라는 막강한 뒷받침이 원천적으로 보유한 유럽의 힘이었다. 로마제국 붕괴 이후의 유럽은 구심점이 사라진 지역별 군웅할거의 시대로 돌입한다. 역설적으로 이러한 유럽의 분위기 속에서 성장한 봉건주의 질서는 분봉제도와 함께 직업의 분업화를 가져왔다. 이 이면에는 기사계층들의 힘의 균형이 존재했으나, 기사라는 존재들도 원칙적으로는 무력을 파는 상업적 기준안에서 그들의 재산권 만큼은 지켜졌던 역사다.

황제의 권한이 절대적이었던 중국과 칼리프와 술탄의 권력이 상업에 전면적인 영향을 끼쳤던 비서구권 문명의 패러다임만 보더라도 재산권이 상대적으로 발달할 수 있었던 유럽의 배경은 십자군 전쟁과 르네상스를 거치며 더욱 유럽이라는 교황의 테두리 안에서 비교적 자유롭게 발전할 수 있었던 것이다.

제2차 세계대전 후 국민국가의 역할이 확대되면서 자본주의는 한편으로는 국가가 주도하는 규제와 통제적 역할을 강조하고, 다른 한편으로는 시장 중심의 자율성을 강조한다. 규제와 자유에 대한 대립과 갈등은 정치적·사회적으로 표출된다. 이 논쟁에서 우리는 자본주의를 이해하는 변수에 국가와 시장만이 존재하는 것에 의문을 제기 할 수 있으나 원천적으로 지켜져야 하는 것은 경제활동을 하는 개인과 공동체의 재산권임을 잊지 말아야 할 것이다.

참고문헌

- 그레그 스타인메츠, 〈자본가의 탄생〉, 노승영 옮김, 부키, 2015
- 윌리엄 번스타인, 〈부의 탄생〉, 김현구 옮김, 시아, 2018
- 후쿠이 노리히코, 〈유럽은 어떻게 세계를 지배했는가〉, 송태욱 옮김, 다른세상, 2013

2

법치: 법 앞의 평등, 공정한 사회

권력분립의 등장과 현대적 이해
재산권과 경제적 자유 그리고 법치
합법적으로 집권한 히틀러 정권, 자유주의자는 어떻게 바라봐야 하는가
세금은 내는 사람이 결정한다
자유를 향한 조세저항
미란다 원칙, 정의는 절차다
1912년 조선민사령 공포: 한국 근대의 출발

권력분립의 등장과
현대적 이해

박명호
동국대학교 교수

　　권력분립의 가장 큰 목적은 인권보장이다. 로크의 권력체계론이 권력분립을 통한 국민의 자유와 권리를 보장하는 근대 입헌주의의 이론적 토대를 제공했다고 평가받고, 몽테스키외의 입법 사법 행정 3권 분립이 시민자유의 최대한 보장을 가능하게 한다는 이유다.

　　같은 사람 또는 세력이 법의 제정은 물론 그 법을 집행하는 권한을 함께 행사한다면 인간의 본성상 권력을 남용하려는 유혹은 불가피하다. 몽테스키외에게는 전제정이 '최대의 공포이자 재앙'이었다. 따라서 권력남용의 유혹은 권력분립을 통해 제어되어야 한다.

　　권력의 진정한 타락은 단 하나의 사람 또는 세력에게 권력이 집중될 때, 그래서 하나의 거대권력이 다른 권력들의 등장을 전혀 용납하지 않을 때, 나아가 소수의견이 묵살당할 때 발생한다. 전제정이다. 권력남용과 타락은 권력의 견제와 균형의 원칙이 무너진 상태다.

권력분립은 오랜 역사적 기원을 갖는다. 고대 로마의 혼합정체(mixed government)가 근대 국가의 권력분립 체제로 진화한 것으로 알려져 있다. 7세기 중반 무렵부터 입법권과 행정권을 분할해야 한다는 견해가 있었다고도 한다.

권력분립은 인권과 자유의 보장을 위한 권력의 제한으로만 이해되는 것은 아니다. 현대에 이르러서 권력분립은 권력의 창출과 확장을 위한 도구로 확장된다. 아렌트에 따르면 권력분립은 정치적 영역에 있어서 인간이 새로운 것을 시작할 수 있는 능력을 보장하는 주요한 정치적 조건이기 때문이다.

권력과 인간의 속성

자유와 인권의 보장을 위한 권력분립이든 권력의 확장과 기능강화를 위한 권력분립이든 권력분립이 필요한 것은 권력의 속성 때문이다. 권력에 대한 인간의 관심은 본능이다. 제임스 매디슨(James Madison)이 "인간이 천사라면 정부 자체가 불필요할 것이며, 또 한 천사가 인간을 통치한다면 정부에 대한 내외의 통제는 불필요할 것"이라고 한 이유가 바로 인간에 있다.

권력집중의 폐해는 역사적으로 확인된다. 최근에는 생물학적인 측면에서도 권력과 인간본성의 관계가 증명된다. 즉 호르몬이 권력중독현상에 결정적이라는 것이다. 호르몬의 과다분비가 권력집착을 가져오는데 "남성 호르몬"이라 불리는 테스토스테론이 권력중독 호르몬이다.

테스토스테론 분비가 늘면 목소리가 굵어지고 근육량이 증가하며 정신적으로는 권력 보유 및 강화 의지가 강해진다고 한다. 몸과 마음 모두 남성성이 강해지는데 심할 경우 '마초(macho) 성향'을 띠게 된다. 로버트슨 교수에 따르면 테스토스테론 분비량이 많아져 권력을 잡으면 이후 다시 그 호르몬이 과다 분비되는 현상을 보인다. 권력과 테스토스테론은 서로를 응원한다.

장기 집권의 권력자들이 스스로 권력을 내려놓지 못하는 것도 역시 호르몬 때문이다. 켈트너 교수에 따르면 상대적으로 지위가 높은 권력자는 더 높은 곳으로 올라가기 위해 권력에 도전하고, 낮은 권력자는 실패를 과도하게 두려워하며 권력을 회피하는 경향을 보인다.

권력이라는 달콤함을 맛보기 시작하면 더 큰 쾌감을 얻기 위해 더 큰 권력을 원하는 것은 인간적이다. 생물학적으로 보면 최고 권력의 맛을 본 사람일수록 스스로 권력을 포기할 가능성은 거의 없다. 권력의 추구가 인간본성이듯 권력을 가진 자는 예외 없이 권력을 남용하려 한다는 것이다.

로크의 자연상태에서 모든 사람이 자기 보전권을 행사하여 불가피하게 혼란이 발생하는 것도 인간의 본능적인 권력욕과 관련하여 설명할 수 있다. 이기심, 불완전한 이성, 악의, 격정 그리고 복수심 등에 사로잡힌 사람들이 자연법의 권리를 남용하고 자신의 의사에 따라 타인을 지배하려는 권력욕 경쟁의 장이 된다.

로크와 몽테스키외 권력분립론

　　　　권력분립의 이론은 로크와 몽테스키외의 기여가 결정적이다. 로크는 고대시대의 혼합 정체론을 근대적 의미의 권력 분립론으로 전환시켰다는 평가를 받는다. 몽테스키외는 근대적 의미의 권력 분립론을 완성하여 대통령제를 최초로 설계한 미국 건국의 아버지들에게 영향을 미친 것으로 알려져 있다.

두 사람이 권력분립에 대해 고민하게 된 데는 공통된 시대적 배경이 작용했다. 두 사람은 공히 권력의 압제와 자유의 열망 그리고 질서의 중요성을 절감하는 시대를 살았다. 로크는 내전과 국왕 찰스 1세의 처형, 크롬웰(Oliver Cromwell)의 독재 그리고 왕정복고 등을 경험했고, 몽테스키외는 루이 14세와 루이 15세의 전제정을 겪었다.

로크는 자연상태의 무질서와 함께 시민정부의 압제도 두려워했다. 그래서 그는 위임된 정치권력을 다시 입법권과 집행권으로 구별하고, 집행권을 다시 협의의 행정권과 연합권 그리고 대권으로 구별하였다. 2권 분립이다.

로크에게는 입법권이 최고의 권력이었다. 집행부는 입법부에 대해 정치적 책임을 진다. 그가 입법권을 강조한 것은 시대적 배경의 영향으로 보인다. 17세기 영국에서 발생한 각종 시민전쟁과 그 역사적 귀결로서 명예혁명은 의회주권으로 이어진다. 영국 의회가 군주의 권한을 통제하고 군주의 대권을 더 이상 인정하지 않은 이유다.

최고의 권력인 입법부는 선거를 통해 구성되며 견제되는 것으로 로크는 보았다. 임기의 주기적 선거로 구성된 입법부는 선거로 평가되며 통제된다. 선거는 정책과 집행부 통제실패의 입법부를 바로 잡는 기능을 수행한다.

입법부 교정의 최후수단은 시민의 저항권이다. 선거가 입법부 견제와 변화의 수단으로 작동하지 못할 때 시민들은 저항권 행사를 통해 입법부를 통제하게 된다.

전제정의 공포와 재앙을 염려했던 몽테스키외가 제시한 방법 역시 권력의 분리와 상호견제이다. 자유의 확보를 위한 현실적 방법을 찾고자 했던 그는 국가권력을 입법권과 국제법에 속하는 사항의 집행권 그리고 시민법에 속하는 사항의 집행권의 3권으로 구분했다. 오늘날의 입법권과 행정권 그리고 사법권이다.

로크가 입법권의 우위를 기반으로 한 2권 분립론을 제시했다면 몽테스키외는 엄격한 중립성을 전제로 한 3권 분립을 주장한다. 몽테스키외는 군주의 집행권과 귀족(상원)과 인민(하원)의 입법권 그리고 인민에 의하여 선임된 기관의 재판권으로 이해했다.

권력분립의 현대적 이해

　　　　　권력분립의 핵심은 권력의 견제와 균형이다. 입법 행정 사법의 정부형태 중심의 전통적 권력분립은 현대에 이르러 선거제도와 이에 따른 정당제 유형의 권력분립으로 구체화된다. 다수대표제와 양당제냐 아니면 비례대표제와 다당제에 따라 권력의 융합 또는 분산의 모습과 정도가 달라진다는 것이다.

　정부형태의 측면에서도 같은 내각제라도 하더라도 현실적으로 나타나는 모습은 다양하다. 의원의 각료겸직이 가능한 의원내각제가 있고 불가능한 경우도 있다. 행정권이 수상에게 집중된 나라가 있고 집단으로서 내각에 권력이 집중되는 내각책임제도 있다.

　정부형태의 내각제든 대통령제든 아니면 내각제와 대통령제의 혼합형인 분권형 대통령제든 어떤 선거제도냐에 따라 권력의 집중과 분산의 형태 그리고 정도가 다르다. 내각제 정부형태의 다수대표제 선거제도는 양당제 경향을 강하게 보여 단일내각이 구성될 가능성이 높아 입법권과 행정권이 중첩 또는 융합될 수 있다. 반면 비례대표제는 다당제 경향의 가능성이 높아 연립내각이 구성될 수 있고 결국 입법권과 행정권이 분산되는 것은 물론 의회와 내각 내는 물론 정당 간에도 권력분산의 효과가 나타날 수 있다.

　대통령제 정부형태도 마찬가지다. 다수대표제 선거제도를 채택한 경우 양당제 경향이 높지만 두 가지 가능성이 대표적이다. 하나는 의회 내 다수파의 집권여당으로 이때는 내각제의 정부여당과 같이 입법권과 행정권의 융합 또는 중첩이다. 다른 하나는 여소야대 상황으로 입법권과 행정권의 대립이 일반적이다.

    권력분립은 인권보장과 시민자유의 보장과 확대를 위한 중요한 필요조건이다. 한 공동체의 권력분립은 정부형태와 선거제도 그리고 정당제 유형을 종합적으로 검토해야 한다. 나라마다 다른 역사적 배경과 문화적 특성 그리고 정치적 경험을 갖고 있기 때문이다.

재산권과 경제적 자유 그리고 법치

박정수
이화여자대학교 교수

"수용권은 사유재산권을 침해하는 폭력이기 때문에 집행이 조심스럽고 제한적이어야 하는데 LH(한국토지주택공사)는 수십 년간 이런 식으로 수용권을 마구 휘둘러왔습니다... 송 회장이 이 세상에서 마지막으로 목격했던 풍경은 무심한 권력에 의해 자신이 가꾸려던 꿈이 무참하게 잘려나가는 것이었고, 한탄스럽습니다..." 〈무너진 풍경: LH 땅따먹기 프로젝트〉라는 책에는 경남 양산시 경암숲을 둘러싸고 벌어진 일들이 자세히 기술되어 있다.

문재인 정부의 부동산 정책은 중대한 실책 중 하나로 꼽히며, 전문가와 국민들 모두에게 역사상 최악의 정책이었다는 평가를 받고 있다. 문재인 정부의 정책으로 인하여 역사상 가장 급격한 집값 상승이 발생했고, 세계적으로 도쿄, 런던, 맨해튼 등 집값이 비싸기로 유명한 지역의 집값들을 수도권 아파트값이 압도적으로 추월하여 2021년 말 기준 서울은 홍콩과 함께 세계에서 평당 가격이 가장 높은 도시가 되었다. 사회적으로는 2010년대 초까지만 해도 희박하게나마 가능했던 월급으로 내 집 마련하기 꿈이 2022년 현 시점에서는 대출을 동원해도 사실상 불가능해졌다. 결국 개인의 재산권을 극도로 억압한 문재인 정부가 자유와 시장을 중시하는 윤석열 정부로 바뀌는데 결정적인 동기를 제공했다.

문재인 정부의 부동산 정책으로 부동산 가격이 폭등하자 부동산 주요 구매층인 30, 40대가 자가주택을 구매하지 못하게 되었으며, 이는 출산율의 심각한 저하를 초래했고 2020년부터는 인구가 자연감소하기 시작했다. 게다가 기업과 내수경제를 활성화시켜야 할 돈이 부동산으로 들어가 민간의 경제활동을 위축시키는 결과를 낳았다. 새로운 정책이 발표되면 집값이 오르고 또 핀셋 규제를 명목으로 한 구멍이 나 있는 규제지역 적용은 전 국토를 투기판으로 만들었으며 치솟는 집값에 부동산 우울증, 벼락거지라는 신조어까지 퍼지는 상황이 되었다.

근대 국가에 있어서 가장 어려운 일은 더하기보다는 빼기다. 우리가 인지하는 것보다 지금처럼 국가가 내 삶을 책임지려하는 복지국가의 모습은 그리 오래되지 않았다. 영국의 베버리지 보고서에 입각한 사회보장제도와 완전고용정책이 제2차 세계대전 이후인 1945년 이후 노동당 정권하에서 실천에 옮겨지면서 세계적으로 확산되었던 것이다. 진보정부임을 내세운 문재인 정부에서는 100대 국정과제에서 내 삶을 책임지는 국가를 만들기 위해 국가가 책임지는 보육과 교육, 모두가 누리는 포용적 복지국가를 강조했다. 여기에 나가서 결과와 수단을 뒤바꾼 소득주도 성장을 내세우며 국가주의적 개입과 규제로 시장질서를 해치고 자원배분을 왜곡하기에 이르렀다. 최저임금 인상, 근로시간 단축, 부동산 시장 규제 등 직접적인 개입이 주요 정책수단으로 등장했다. 결과는 우리가 피부로 체감하는 바와 같은 전례없는 스태그플레이션의 복합위기와 총체적인 국가운용의 어려움으로 2022년 5월 출범한 윤석열 정부에서는 민간이 끌고 정부가 미는 시장 중심으로의 국정운용 패러다임 변화를 꾀하고 있다.

부동산과 사유재산권

자본주의는 원천적으로 사유재산권을 기초로 성립하는 경제시스템이다. 인간이 가진 이기적 욕망을 사회 발전의 동력으로 삼는 자본주의 경제 체계에서는 상품 또는 서비스의 가격, 투자, 분배 등이 주로 시장경제를 통해 이루어진다. 시장의 자유를 강조하면서 힘의 우위에 있는 자에 의해 지배가 이루어지는 약육강식, 독점 등으로 인하여 시장의 실패가 발생하기도 하며 대부분의 자본주의 국가에서는 시장의 자유를 국가가 사회적으로 일부 제한하곤 한다.

우리나라의 헌법에서도 개인과 기업의 경제상의 자유와 창의 존중을 기본으로 하면서도 균형있는 국민경제의 성장과 안정, 그리고 적정한 소득분배 유지를 위해 시장지배력의 남용을 방지하고 경제주체간 조화를 통한 경제의 민주화를 위해 규제와 조정을 할 수 있음을 밝히고 있다. 칼레츠키((A. Kaletsky)의 따뜻한 자본주의 4.0을 천명하는 것으로 해석될 수 있다. 프리드먼(M. Friedman)이나 노직(R. Nozick)이 주장하는 '개인이 자유로이 선택한 결과가 현재의 분배상태이므로 이에 개입하는 것은 부당하다거나 정부가 재분배할 수 있는 아무런 소득도 가지고 있지 않다는 점을 강조하는 입장과는 다소 차이가 있다. 그럼에도 불구하고 우리는 기본과 예외를 구분하는 지혜를 잊어서는 안된다.

윤리적 관점에서 평등주의자는 불평등한 분배를 받아들일 수 없다. 공리주의자들도 전체 후생을 증진시킬 수 있다면 재분배를 지지한다. 써로우(L. Thurow)의 주장과 같이 공평한 분배는 공공재적 특성을 지닌다. 롤즈(J. Rawls)의 최소극대화원칙(maximin principle)에서 볼 수 있듯이 사회안전망, 즉 사회보험의 관점을 보탤 수 있다. 정치적 관점에서 권력의 과도한 집중을 막기 위해 재분배가 필요하며 돈은 때때로 정치적 권력까지 살 수 있는 현실을 십분 인정한다. 하지만 선택의 자유를 침해하는 수준으로 정부가 나서서 규제를 하고 조정을 하려드는 부분에 대해서는 결단코 득보다 실이 많다는 점을 우리는 지난 문재인 정부의 부동산 정책 결과를 통해 실감할 수 있었다.

물질적 풍요를 위한 길

　　　　　　사회주의와 자본주의의 경쟁은 이미 소비에트연방의 사례를 통해 역사적으로 증명이 된 바 있다. 집단농장의 낮은 생산성과 장마당에서의 효율적 분배 행태는 인간의 본성 문제로 설명이 된다. 시장자본주의도 허점이 많은 시스템인 것은 분명하지만 부를 생산하고 빈곤을 퇴치시키며 공정한 사회질서를 이루기 위해서는 경제적이고 도덕적인 논의를 구분할 필요가 있다. 사유재산제도가 폐지되고 생산수단의 사회적 공유와 계급 없는 이상사회를 달성하려는 프롤레타리아 혁명은 허구라는 사실이 명백하게 드러났기 때문이다.

　　최병선(2003)은 '규제문화의 연구: 정치문화이론의 적용가능성'에서 신제도경제학의 시각에서 부동산을 비롯한 재산권에 대한 제약이 장기적인 관점에서 보면 공익목적의 실현을 방해할 위험성이 매우 클 수 있음을 경고한다. 신제도경제학의 관점에서 보면 규제의 본질은 공익목적을 내세워 이루어지는 사유재산권에 대한 제한이다. 계약의 자유를 원칙으로 삼고 시장의 자동조정 메커니즘에 의해 움직이는 자본주의 시장경제체제에서 규제가 본래의 의도와 목적을 효과적으로 달성하는 경우는 의외로 드물다고 한다. 인간의 이기적 본성, 인간의 상호작용에 대한 관한 기본 원리가 사유재산권과 경쟁에 의한 재산소유자간의 자생적 조정(계약자유의 보장)에 크게 의존하는 시스템이 자본주의이기 때문이다. 반면 사회주의는 사유재산권을 인정하지 않으며 시장경쟁에 의한 자생적이고 자동적인 조정도 믿지 않는다. 공적인 목적과 가치의 실현을 위해 정부가 시장에 간섭하고 규제하는 것이 절대적으로 필요하고 당연한 일이라 간주한다. 사유재산권을 심대하게 제약하는 사회주의 사회가 정체와 퇴보를 면하지 못하는 이유는 바로 사유재산권의 제약이 개인과 조직에게 발전적 동기와 유인을 부여하지 못하고 실험과 혁신 등 모험을 수반하는 노력을 유도해내지 못하기 때문이다.

다른 사람의 자유와 권리를 침해하는 등 정당한 공익목적에 위배되거나 공익 목적의 달성을 저해한다면 사유재산권에 있어서도 일정 한도의 제약이 불가피할 수 있다. 결국 공익목적의 달성을 위해 사유재산권과 계약의 자유를 어느 정도로 제약하는 것이 바람직한가에 대한 국민적 합의의 문제가 남는다. 자본주의 사회가 물질적 풍요를 누릴 수 있는 것은 오롯이 이러한 사유재산권이 보장되고 경제적 자유를 누릴 수 있는 법치의 덕이다.

자유와 법치

헌법 37조에 공공복리를 위해 필요한 경우 법률로 기본권을 제한할 수 있지만 이 경우에도 자유와 권리의 본질적인 내용은 침해할 수 없다는 과잉금지원칙을 명시하고 있다. 재산권을 제한하려면 목적의 정당성, 방법의 적절성, 피해의 최소성, 법익의 균형성이라는 4대 원칙을 지켜야 한다. 양극화를 해소하고 부동산 가격을 안정시키겠다는 취지는 고결하지만 정부가 직접 완장까지 차고 나와 부동산 시장을 마구 휘젓는게 현명한 처사가 아니라는 점은 분명하다. 시장을 이기는 정부는 없으며 재산권을 보호하고 이를 지키려는 사적 욕망이야말로 슘페터가 강조하는 창조경제의 동인이다. 자유, 소유권 보장과 법치는 선진국의 대들보가 되는 가치라는 점을 잊어서는 안된다.

우리나라는 자유시장경제를 제대로 실천해본 경험이 일천하다. 따라서 부동산 시장을 둘러싸고 벌어지는 오늘날 우리사회의 딜레마가 다른 선진국들에 비해 훨씬 깊고 넓다. 국중호(2018)는 〈흐름의 한국 축적의 일본〉이라는 책에서 밑바닥까지 내려간 절대 위기의 한국 경제를 진단하고 일본의 전철을 밟지 않기 위해서는 넓고 깊게의 추구, 흐름과 축적 속성의 겸비가 되어야 한다는 점을 강조한다. 우리는 중국과 같은 통제 중심의 지나친 규제도, 일본이나 독일과 같은 획일적인 공동체주의도 넘어서서 개인의 자유와 재산권이 강조되는 유연하고 따뜻한 법치를 통해 개개인 하나 하나의 행복을 추구해나가야 하지 않을까.

참고문헌

- 국중호, 〈흐름의 한국 축적의 일본〉, 한국경제신문, 2018
- 진애언, 〈무너진 풍경: LH의 땅따먹기 프로젝트〉, 경암교육문화재단, 2022
- 최병선, 규제문화의 연구: 정치문화이론의 적용가능성, 〈규제연구〉 12-1, 37~74, 2003

합법적으로 집권한 히틀러 정권, 자유주의자는 어떻게 바라봐야 하는가

홍훈표
작가

모든 인간이 선천적으로 갖게 되는 소중한 권리 중 하나가 자유이지만 사실 이것이 상식만은 아니다. 대한민국 국민들은 개인의 자유를 헌법으로 보장하고 있지만 그렇지 않은 나라도 워낙 많다. 즉 자유는 그렇게 당연히, 누구나 누릴 수 있는 권리만은 아닐 수 있다. 자유를 누리는 것도 중요하지만 자유를 보장하는 체제를 지켜내기 위한 노력이 소중한 이유이기도 하다.

그런데 자유국가의 치명적 역설 중 하나는 자유의 소중함을 부정하는 사람들의 주장조차 자유국가는 수용해야 한다는 것이다. 그 국가를 지탱하고 있는 법치의 테두리를 지키기만 한다면 개인의 자유를 부정하는 사람들, 심지어 그 궁극의 끝에 자리 잡은 전체주의자들조차 자유국가는 포용해야 한다. 그런 오류와 아집조차 개인이 가지는 사상의 자유이기 때문이다. 그렇다면 자유국가는 개인의 자유를 과연 어디까지 보장해주어야 하는가? 이 근원적인 질문은 자유주의자들이 계속해서 품고 있는 근원적 질문 중 하나다. 워낙 수많은 논쟁이 있지만 많은 합의점 중 하나로는, 역시나 '법의 테두리' 즉, 법치와 제도를 지키는 범위 내에서 자유는 보장받아야 한다는 것이 있다.

합법적인 집권이 세계대전이라는 참사를 낳다

이런 이유로 상당수 사람들이 헷갈려하는 역사의 어긋남 하나가 바로 히틀러의 집권이다. 우선 히틀러의 집권은 당시 독일을 지탱하던 법치 내에서 정당하게 이루어진 것이긴 했다. 그런데 그런 정당한 절차 후 역시나 '합법적인 과정'으로 진행된 참사가 유대인 억압과 폴란드 침공, 이후 이어진 제2차 세계대전이었다.

물론 히틀러의 집권은 합법적으로 이루어진 것이다. 그 정당성을 부인하기 힘들다. 하지만 역사는 히틀러의 집권으로 인류가 얼마나 많은 피를 그 당시, 20세기 중반에 흩뿌려왔는지 잘 알려주고 있다. 그 희생들은 소중한 권리인 자유의 대가도 아니었고, 심지어 제도로서 민주주의를 지키기 위한 투쟁도 아니었다. 단지 갑자기 나타난 어떠한 종류의 전체주의가 사람들을 죽음으로 내몬 것이다. 그것도 법치의 테두리 내에서 탄생한 한 정권의 손에 의해서 말이다. 이런 이유로 우리 자유주의자들은 자유를 지키기 위한 조건에 무언가 다른 게 더 필요한 건 아닌지 생각해보게 된다. 이런 의문 때문에 히틀러의 집권 과정을 상세하게 살펴볼 필요가 생긴다. 그리고 그 의문의 해결점은 히틀러의 종교탄압 과정에서 찾을 수 있다.

처음 나치 정권이 등장했을 때까지만 해도 바티칸 교황청은 나치 정권을 무척이나 경계하고 있었다. 나치의 정강정책이 가톨릭에 대해 매우 과격한 표현을 하고 있었기 때문이다. "예수 그리스도는 유대인들과 싸웠다. 그런데 사도 바울 이후 종교의 이념이 변질되었다. 따라서 기존 성서와 교회에 대한 일종의 정화 작업이 필요하다." 이런 입장은 교황청 입장에서는 절대 받아들일 수 없는 것이었다. 1930년 마인츠 주교단회의는 가톨릭교도의 나치당 입당과 나치당원에 대한 영성체 배부를 금지했다.

그런데 히틀러가 1933년 1월 정권을 잡은 후 펼친 반공 정책이 당시 교황 피우스 11세의 환심을 사기 시작했다. 당시는 공산주의자들의 세력이 아주 거대했다. 1917년 혁명 성공 이후 소련은 점점 전 세계의 공산화를 위한 야욕을 드러내고 있었고 여기에 동조해 수많은 공산주의자들이 본인들의 나라에서 붉은 혁명을 이뤄내기 위해 음모를 꾸미고 있었다. 공산주의는 공공연하게 종교에 대해 아주 적대적이었으므로 당시 가톨릭은 공산주의의 확대에 큰 위기를 느끼던 때였다. 이런 상황에서 공산주의자들을 압박하고 심지어 강제구금, 고문 등까지 벌인 나치 정권은 종교계 입장에서는 환영할 수밖에 없는 호재였다.

이런 가운데 히틀러는 '친 가톨릭' 정책을 펴기 시작했다. 이유는 독일 민중들 상당수가 당시 기독교인들이었기 때문이었다. 하지만 속내는 전혀 다른 곳에 있었다. 히틀러는 당시 독일에 존재했던 가톨릭 정당 '첸트룸(Zentrum)'의 붕괴를 노리고 있었다. 그래야 독일 국민 3분의 1의 지지를 나치로 가져올 수 있었기 때문이었다.

1933년 3월 23일 제국 총통으로써 제국의회에서 히틀러는 첫 연설을 시작했다. 그는 교회와 국가 간에 서로 합의된 내용은 서로 반드시 저촉할 수 없는 것으로 상호 존중되어야 한다고 거듭 강조했다. 그러면서 개인이 심오한 내면적 종교생활을 누리는 데 정치나 사회가 문제가 되어서는 안 된다며 종교의 자유를 보장할 것을 천명해 독일인들의 호감을 얻어내는 데 성공했다.

그로부터 불과 5일 후인 3월 28일, 폴다에서 열린 주교단회의에서 교황청은 나치 정권을 공식적으로 승인하는 것과 마찬가지인 결정을 내린다. 그 전까지 강조해 왔던 나치 정권에 대한 경계와 금지령을 철회했으며 여기에 더해 독일 안에 있던 교인들에게 '독일 내에서 합법적으로 세워진 정권에 복종하고 서민으로서의 의무를 다할 것'을 강조했다. 독일 주교단은 히틀러에 대해 충성을 맹세하기까지 했다. 일당독재를 묵인한 것이나 마찬가지였다.

하지만 7월에 이르러 서서히 종교 탄압을 시작한 히틀러는 1937년에 이르러서는 가톨릭의 기념일들을 일반적인 다른 공휴일로 대신해 지정하는 등의 식으로 일상생활에서 종교의 영향을 지워가기 시작했다.

시간을 조금 앞당겨보자. 1933년 3월 21일 독일인들에게는 절대적이고 국가적인 영웅인 프리드리히 대왕의 묘소가 있는 포츠담 가르니존 교회, 파울 폰 힌덴부르크 대통령과 아돌프 히틀러 총리가 만났다. 연미복을 입고 나타난 히틀러는 힌덴부르크 대통령과 공손하게 악수를 한 후 연설을 시작했다. "우리 독일의 위대한 전통을 계승하고 여기에 부끄럽지 않은 미래를 만들겠다."는 히틀러의 호쾌한 외침에 당시 여기에 참석했던 모든 이가 과거 독일의 영광이 되살아날 수 있겠다는 희망을 느꼈다. 하지만 히틀러의 선언과 달리 결과는 전혀 달랐다. 히틀러는 독일의 위대한 전통 중 하나, 종교에 대한 숭고한 믿음을 뿌리째 뽑으려고 했다.

자유주의적 관점에서 바라본 히틀러 집권의 교훈

이제 처음 의문으로 돌아가 보자. 과연 우리 자유주의자들은 히틀러의 합법적인 집권 과정과 그 이후 이뤄진 학살과 전쟁을 어떻게 바라보아야 할까?

우선 가장 첫 번째로 염두에 두어야 할 것은 당시 독일인들의 선택이 잘못됐다는 것이다. 분명 민주적이고 합법적인 과정이기는 하지만 그 최종 결과는 오히려 독일인들을 철저한 불행으로 몰아넣었다. 독일인들은 전체주의의 소용돌이에 빠져 들어갔고 개인의 자유는 서서히 파괴되어갔다. 그렇기 때문에 단순히 제도와 법치의 완성만으로 자유가 보장되는 게 아니라는 사실을 우리는 알 수 있다.

앞서 살펴보았듯 히틀러와 나치 정당은 선전선동에 굉장히 능했다. 당장 필요하다면 종교에 친화적인 것처럼 자신들의 정체를 숨겼고, 그러면서 독일인들의 호감을 얻었다. 원하는 결과를 얻은 후에는 정책의 방향을 확 바꾸는 것에 주저함이 없었다. 이런 모습에 독일인들은 영락없이 속아 넘어갔다. 나치 정권이 타인의 자유를 조금씩 앗아가는데 당장 내 일이 아니라고 눈을 감았고 그러면서 조금씩 전체주의에 물들어갔다.

자유를 장난감 요요에 비교해 보자. 요요를 돌리는 사람이 있다. 요요는 원심력을 갖고 튀어나가려 하지만 줄이 구심력으로 그 탈출을 막아주고 있다. 요요 자체는 자유라고, 요요 줄은 제도나 법이라고 생각할 수 있다. 그런데 누군가가 요요를 마음껏 돌리다가 다른 사람의 요요와 엉키면 안 될 것이다. 즉 다른 사람의 자유를 방해하다 보면 결국은 자신조차 자유를 누릴 수 없게 된다.

즉 개인이든 집단이든 자유를 지켜내기 위해서는 법치에 순응하는 것만이 필요충분 조건은 아니다. 더 나은 숭고한 가치를 염두에 두어야 한다. 나만의 자유가 중요한 게 아니라, 타인의 자유도 중요하다는 것을 말이다. 그리고 지금 현재 대한민국에서 어떤 방식으로 진행되는 정책이나 법률 등이 일부 집단의 자유를 앗아가는 것이라면 그 과정이 아무리 합법적으로 보이더라도 시민은 여기에 저항하고 항의할 수 있어야 한다. 그 집단이 약자든 강자든 그런 건 중요하지 않다. 자유는 누구에게나 소중한 것이기 때문이다.

세금은 내는 사람이 결정한다

홍기용
인천대학교 교수

　　　　　　세금은 국민이 결정한다. 내는 사람이 세금을 정한다. 이것이 현대의 조세체계이다. 모든 국민은 헌법에 따라 납세의무가 있지만, 국민을 대표하는 국회가 세법을 만들기 때문이다. 이로써 국민주권 시대에 조세법률주의가 성립된다. 하지만 실제로는 세금은 내는 소수의 국민보다는 세금을 내지 않는 다수의 국민에 의해 결정되는 경향도 있고, 또한 국회보다는 정부가 큰 영향을 미치는 사례도 흔하다. 세금을 많이 내는 납세자의 권익이 오히려 존중받지 못하는 상황도 발생한다.

　우리나라는 근로소득자의 약 3분의 1과 법인사업자의 약 절반은 각각 근로소득세와 법인세를 전혀 내지 않는 면세자이다. 영국의 경우는 약 5% 정도의 근로소득자만 면세자인 것을 감안할 때 우리나라의 면세자 비율은 매우 높다. 면세자가 많은 이유는 세율이 낮고 각종 비과세 혹은 감면이 많기 때문이다. 면세자도 국회의원 선거에서 투표권이 있으므로 세법개정에 영향을 미친다. 정치인들도 이들에 대한 관심이 많기 마련이다. 면세자의 비율이 높게 되면 고소득층에 세금을 과도하게 편중시키는 불합리한 조세체계가 형성되는 원인이 된다. 비효율을 야기함으로써 궁극적으로 국민후생과 국가경제에 악영향을 줄 수 있다. 따라서 "세율은 낮게, 세원은 넓게"라는 현대의 조세개념을 충실히 따르고, 글로벌의 기준과 추세에 어긋나지 않도록 노력하는 것이 중요하다.

능력을 고려하지 않은 과도한 세부담

문재인 정부에서 세금을 국가주도로 결정하는 경향을 보였다. 재산세와 종합부동산세에 영향을 미치는 공시가격 및 공정시장가액비율을 정부가 탄력적으로 정할 수 있도록 관련 법령을 개정한 바 있다. 정부가 공시가격을 근거없이 너무 급격히 올리고, 공정시장가액비율도 시장상황과 세부담능력 등을 고려하지 않고 인상함으로써 세금에 영향을 주었다. 또한 코로나로 인한 재난지원금을 소득수준도 참작하지 않고 모든 국민에게 세금으로 지급함으로써 세금의 초과누진제를 벗어난 소득재분배를 초래한 바 있다. 막대한 예산이 투입되는 사회간접시설 등에서도 예비타당성조사를 생략함으로써 세금낭비가 초래되었다. 이런 조치들은 세금을 내는 납세자를 고려했다기보다는 이들에게 오히려 과도한 세부담을 떠넘김으로써 세금중심의 국가주도경제체제를 추구했다고 볼 수 있다.

  세금이 국회가 아닌 정부가 일방적으로 정할 수 있도록 하는 양태가 되면 바람직하지 않다. 집값이 폭등했다고 부동산 가격의 안정화를 위해 수요공급의 시장경제원리를 이용하지 않고, 과중한 세금을 핵심 해결책의 수단으로 삼는 것은 안 된다. 세금은 국가정책의 실현을 위한 극히 보조적인 역할에만 그쳐야 한다. 집값은 오히려 수요공급의 시장경제를 비롯하여 이자율 및 대출규제 등 금융정책에 더욱 영향을 받는다는 점에서 세금을 과용해서는 곤란하다. 또한 세금을 국가정책에 활용하는 경우라 하더라도 헌법에서 보장하는 각종 국민기본권이 심대하게 제약되어서는 더욱 안 된다. 조세법률주의는 물론이고 시장경제를 왜곡시켜 국민의 기본권이 제약되기 때문이다.

  우리나라 헌법에서는 세금과 관련하여 국민의 납세의무와 조세법률주의에 관해 규정하고 있다. 헌법 '제2장 국민의 권리와 의무'의 제38조에는 '모든 국민은 법률이 정하는 바에 의하여 납세의 의무를 진다'라고 규정하고 있다. 헌법 '제3장 국회'의 제59조에 조세의 종목과 세율은 법률로 정한다'라고 되어 있다. 이들 규정은 모든 국민에 대한 납세의무를 규정하고, 정부는 세금을 걷을 때 조세법률주의를 따르도록 한 것이다.

세금 제도는 헌법을 고려하며 시행해야

세금은 헌법에서 정한 국민의 권리와 의무를 감안해야 한다. 즉, 세금은 인간의 존엄과 가치를 가지며 행복을 추구하는데 방해되어서는 안 된다(10조). 세금은 평등해야 하며, 성별·종교·사회적 신분 등으로 차별받지 말아야 한다(11조), 세금은 소급입법에 따라 재산권을 박탈당하지 아니 해야 하며, 친족의 행위로 불이익의 처분을 받지 말아야 한다(13조), 세금으로 인해 거주·이전의 자유를 침해해서는 안 된다(14조). 세금은 법률로 제한하지 않는 한 국민의 재산권은 보장되도록 해야 한다(23조). 세금과 관련한 분쟁시 신속한 재판을 받도록 해야 한다(27조). 국민이 주택개발정책 등이 아닌 과도한 세금으로 인하여 쾌적한 주거생활이 침해되어서는 안 된다(35조). 세금으로 인하여 혼인과 가족생활의 보장을 침해해서도 안 된다(36조). 세금은 국민의 자유와 권리의 본질적 내용을 침해할 정도로 과도해서는 안 된다(37조).

지난 몇 년간 정부는 세금을 부동산 시장의 안정화라는 명목으로 납세자의 조세부담과 조세전가 등을 깊게 배려하지 않고, 세금을 국가정책의 이행을 위한 핵심 수단으로 너무 의존한 바 있다. 그 대표적인 사례로는 다음과 같다. 첫째로, 정부는 부동산의 공시가격과 공정시장가액비율을 마음대로 정할 수 있도록 관련 법률을 개정했다. 세금은 국회가 정한다는 조세법률주의가 흔들려지는 모습을 보였다. 2020년에 「부동산 가격공시에 관한 법률」 제26조의2(적정가격

반영을 위한 계획 수립 등)를 개정하면서, 국토교통부 장관이 부동산의 시세반영률의 목표치를 임의로 설정할 수 있도록 신설했다. 이로 인해 의도된 증세는 세율로서 세법에 의거 국회에서 정해야 한다는 조세법률주의가 왜곡되는 실마리가 되었다. 실제로 정부는 공정시장가액비율을 2019년에는 종전 80%를 100%로 변경했고, 2022년에는 또다시 60%로 들쑥날쑥 정한 바 있으며, 또한 미리 연도별 공정시장가액비율을 정해 놓기도 했었다.

둘째, 우리나라는 경제협력개발기구(OECD) 국가에서는 거의 찾아볼 수 없는 다주택자에 대한 중과세를 과도하게 운영하고 있다. 다주택자에 대한 취득세, 종합부동산세, 양도소득세의 최고세율(부가세율 포함)이 각각 13.2%, 7.2%, 82.5%로써, 재산권이 박탈되는 세금폭탄의 수준이다. 다주택자는 전월세시장에 직접적으로 영향을 미치고, 저소득층 무주택자에게 세금이 전가되기 때문에, OECD 대부분의 국가들은 다주택자에 대한 중과세를 두는 경우가 거의 없다. 다주택자에 대한 중과세는 주택거래의 동결효과를 낳아 오히려 집값을 불안정하게 할 수 있다. 최근에 집값이 안정화되는 추세를 보이는 것은 세금보다는 이자율 및 대출규제 등의 금융정책과 국제환경이 더 큰 작용을 했다고 볼 수 있다. 이 점에서 헌법 제35조에서도 규정한 국민의 쾌적한 주거생활의 안정과 가격안정을 위해서도, 세금보다는 주택개발정책 등 수요공급의 시장경제원리가 작동되도록 할 필요가 있다.

셋째, 혼인과 가족생활의 보장 등 국민의 기본권까지 침해되는 과도한 조세정책의 운영은 곤란하다. 우리나라 헌법 제36조 제1항에는 "혼인과 가족생활은 개인의 존엄과 양성의 평등을 기초로 성립되고 유지되어야 하며, 국가는 이를 보장한다."라는 규정이 있다. 이에 따라 헌법재판소는 2008년에 종합부동산세에서 세대별합산에 대해 헌법불합치의 결정을 하고 '인별합산'을 요구한 바 있다. 그러나 그 후 '1세대 1주택'에 대한 세금혜택을 부여하고, 세대별 합산에 의거 다주택자에 대해 세금중과를 하게 되면 사실상 혼인세가 또다시 대두됨으로써 위헌요소가 재차 발생했다. 결혼하면 세금을 더 내고, 이혼하면 덜 내는 구조로 인해 혼인세가 유발된 것이다. 이 점에서 '1세대 다주택'보다는 '1인 다주택'의 개념에 충실할 필요가 있다.

넷째, 우리나라의 조세는 글로벌기준과 추세에 크게 벗어난다는 지적이 많다. 다주택자에 대한 취득세와 양도소득세의 최고세율이 각각 13.2%와 82.5%까지 유지되고 있는데 OECD 국가에서는 찾아볼 수 없는 세율이다. 다주택자에 대한 세금중과는 저소득층에 대한 정치적 배려로 보는 경향도 있지만, 궁극적으로는 국민후생과 국가경제에 악영향을 미칠 수 있다는 면에서 신중해야 한다.

우리나라의 조세체계는 면세자가 너무 많아 그들의 입김으로 인해 세법이 왜곡될 여지가 크다. 또한 글로벌 기준과 추세에 벗어난 입법이 많아 국가경쟁력을 약화시킬 수 있다. 이 점에서 면세자의 비율을 축소하고, 조세법률주의를 더욱 엄격히 적용하며, 글로벌에 부합하는 조세제도를 운영할 필요가 있다. '세금은 내는 사람이 결정한다'는 현대의 조세개념에 충실할 수 있도록, 납세자권익은 존중되어야 한다.

자유를 향한 조세저항

김영훈
경제지식네트워크 사무총장

인간에게 피할 수 없는 두 가지, 바로 죽음과 세금이다. 모든 국가는 그 자신을 유지하기 위해 다양한 형태의 조세제도를 운영해 왔다. 가능한 한 많은 세금을 거두는 것은 언제나 모든 권력자들의 고민이었다. 하지만 민심을 읽지 못한 과도한 세금징수는 권력자들을 파멸의 나락으로 이끌기도 했다.

세금 징수: 거위의 깃털 뽑기

효율적이고 부담 가능한 수준을 유지한 조세제도로 강대국이 된 경우에도 세금을 내지 않는 특권층의 확대와 부정부패로 인한 탈세는 시민들에게 과도한 세부담을 떠넘겼고 이는 봉기와 혁명으로 이어져 정권을 전복시키는 역사가 반복되었다.

세금 징수와 관련된 유명한 관용어가 있다. 프랑스 루이 14세 시절 재무장관을 지낸 장 바티스트 콜베르의 "세금 징수 기술은 거위가 비명을 덜 지르게 하면서 최대한 많은 깃털을 뽑는 것과 같다"가 그것이다. 이 말은 동서고금을 막론하고 증세에 관한 국민들의 반감은 언제나 높고 국가는 이러한 민심을 제대로 읽고 다스려야 함을 보여준다.

전산화와 디지털화가 가속화되어 자금 추적이 용이하고 정확한 과세가 가능한 현대와 달리 과거에는 세금 징수가 큰 고민거리였다. 로마를 비롯한 많은 나라에서는 정부를 대신해 세금을 걷는 업자들에게 세금징수를 위탁했다. 당연히 이들은 가급적 많은 세금을 걷고자 했고, 가혹한 징세는 반란을 불러오기도 했다. 신약성서에는 예수가 세금을 징수하는 이들과 식사를 하자 바리새파 사람들이 "어째서 세금 공무원과 함께 식사를 하는지?" 묻는 장면이 나온다. 이처럼 그 당시 세금 공무원들은 죄인과 동일한 사람으로 취급되어 같이 식사하는 것조차 꺼리는 존재였다.

상상을 초월하는 징세 방법

징수 기술이 발달하지 못한 과거에는 상식 밖의 방법

이 사용되기도 했다. 명예혁명으로 영국 왕이 된 윌리엄 3세는 군자금 마련을 위해 1696년 창문세를 도입했다. 창문의 개수 6개 이하는 면제, 7~9개는 2실링, 10~19개는 4실링, 20개 이상은 8실링을 부과했다. 집안에 있던 난로에 세금을 매겼던 난로세는 시민들이 문을 열어주지 않거나 심지어 세금징수인을 살해하는 일이 빈번하면서 집 밖에서도 세금을 계산할 수 있는 창문세가 도입된 것이다.

프랑스의 경우 창문 개수가 아닌 폭에 따라 과세를 했는데 이는 건축 양식에도 변화를 가져왔다. 창문을 모두 벽으로 바꾸거나 폭이 좁고 긴 창문을 만들어버린 것이다. 실제 과세는 미흡했지만 시민들은 햇볕을 보지 못해 우울증과 건강악화에 시달려야 했다. 하지만 그 이후에도 창문세는 1851년 주택세가 도입되기까지 150년간이나 존재했다.

역사를 바꾸는 조세저항

권력자의 특권과 향락이 시민들의 세금에서 가능하다는 점을 고려하면, 정부가 창문세처럼 존재 이유를 설명하기 어려운 다양한 형태의 세금을 손쉽게 만들어낼 것이라고 생각할 수도 있다. 하지만, 과도한 세금 징수는 언제나 혁명의 발단이 되어왔고, 근대에서도 정권 이반의 단초가 되기도 한다.

미국의 독립은 1773년 '보스턴 차 사건'에서 시작되었다. 당초 영국은 금광이나 향신료처럼 중요한 자원이 없는 북미 식민지에는 별다른 세금을 부과하지 않았다. 하지만, 프랑스나 인디언 등과 싸워 식민지를 지키기 위해 막대한 군비가 필요했고 결국 이런 비용을 북미 식민지에 부담시키려 했다.

반면, 북미 식민지 사람들은 영국 의회에 자신들의 의석이 없기 때문에 "대표 없이 과세 없다"는 이유를 내걸고 일체의 과세를 거부했다. 고민하던 영국은 국책 회사인 동인도회사를 통해 북미 식민지에 차를 팔아 간접적으로 세금을 걷으려 했다. 당시 북미 식민지에서는 차 밀수가 일반적이었다. 동인도회사의 차 판매를 세금으로 인식한 북미 식민지의 밀수업자들은 보스턴차를 적재한 동인도회사의 배에 침입해 차를 모두 바다에 던져버렸고, 미국 독립운동은 그렇게 시작되었다.

아이러니하게도 세금에 대한 투쟁에서 시작된 미국이지만 세금을 걷는 미국 국세청(IRS)는 다른 어떤 국가보다 세금에 진심(?)인 기관이다. 미국인들에게는 IRS가 그 어떤 기관보다 상대하기 싫은 기관이기도 한다. 불법이민자라고 할지라도 세금을 꼬박꼬박 내야 하는데, 트럼프 정부 시절에는 수십 년간 세금을 납부해온 불법이민자들을 강제추방하면서 전국적인 반대시위가 계속되기도 했다. 도박이나 성매매 업종이라도 할지라도 세금은 피해 갈수 없다. 소득신고를 초과하는 지출내역이 있을 경우 탈세혐의로 체포되는 만큼 불법업종에 있다고 할지라도 소득신고는 반드시 해야 한다.

미국 역사상 가장 악명 높은 갱단 두목으로는 알 카포네를 꼽는다. 그는 수백 명을 살해하고 밀주 주조 및 매매, 불법도박까지 수많은 범죄를 저질렀지만, 언제나 증거불충분으로 법정을 빠져나왔다. 그런 알 카포네가 11년 형을 선고받았는데 죄목은 다름 아닌 탈세였다. 한 시대를 호령한 마피아인 알 카포네가 체포된 것은 범죄혐의가 아니라 다름 아닌 탈세였다는 사실에서도 미국이 세금징수에 얼마나 진심(?)인지를 알 수 있다. 반면, 1998년 영화 아마겟돈에서도 등장인물들 중 하나가 지구를 구하는 대가로 세금면제를 요구할 정도이니, 미국인들이 세금을 대하는 태도를 알 수 있다.

죽임보다도 끈질긴 세금을 피해 역사상 수많은 시민들은 자신의 삶을 떠나는 방식을 선택하기도 했다. 이슬람교가 초기에 급속히 확대될 수 있었던 것도 이슬람교로 개종하면 토지세와 인두세 등을 면해준 것이 큰 요인이 됐다. 스웨덴 국민기업이라는 이케아의 본사는 정작 네덜란드에 있는데 이케아 설립자인 잉바르 캄프라드는 85%의 상속세를 부과받자 스위스 국적을 취득했다.

유명한 초콜릿 브랜드인 고디바의 로고는 말을 타고 있는 알몸의 여인이다. 11세기 초 잉글랜드 머시아 왕국의 레오프릭 백작은 백성들에게 과도한 세금을 부과하고 있었다. 그의 아내가 가혹한 세금을 줄여줄 것을 부탁하자 백작은 아내에게 대낮에 알몸으로 말을 타고 거리를 돌고 오면 청을 들어주기로 약속한다.

포기할 줄 알았던 그의 아내는 백성을 위해 알몸으로 말을 타고 시내를 돌았고, 이에 감명 받은 백성들은 부인이 말을 타고 도는 시간에 모두 집안에서 창문을 보지 않았다. 1926년 조셉 드랍스는 말을 탄 알몸의 백작부인을 자신의 초콜릿회사의 로고로 삼았다. 고디바 초콜릿 로고의 탄생이었다.

스토리텔링 마케팅의 바이블로 유명한 고디바 초콜릿 사례와 달리 현실에서는 세금을 감면해달라는 간곡한 요청이 거절되는 경우가 더 많았다. 중국 황건적의 난(184년), 진주에서 시작해 전국적 민란으로 번진 임술민란(1862년)은 모두 가혹한 세금징수에서 시작되었다. 현대에서도 이런 모습은 바뀌지 않았다. 영국의 마가렛 대처는 11년간 집권하며 영국병을 치유했다는 칭송을 받았지만, 주민세를 도입하려는 시도는 그를 총리자리에서 내려오게 만들었다.

근대 국가가 성립된 이후 세금은 언제나 권력자와 시민들 간의 줄다리기였다. 하지만 분명한 것은 자유를 향한 조세저항은 멈춘 적이 없다는 것이다. 정부는 끊임없이 팽창하려는 속성을 지닌다. 이를 견제하고, 자유시민의 권리를 되찾는 것은 누구도 대신할 수 없는 일이다.

미란다 원칙, 정의는 절차다

성제준
성제준TV 대표

　　　　　범죄 드라마를 보고 있으면 익숙한 장면 하나가 나온다. 경찰이나 검찰이 용의자를 연행할 때 "당신은 묵비권을 행사할 수 있으며"로 시작하는 선언문 같은 걸 읽어주는 것이다. 드라마뿐만이 아니다. 당신이 실제로 겪어보지 않았길 바라지만 현실에서도 용의자가 되면 그런 얘기를 듣게 된다. 이른바 '미란다 원칙'이라 불리는 이 원칙은 1966년 미연방 대법원의 판결로 확립됐다. 미란다 원칙의 목적은 간단하다. 용의자를 체포 또는 구속할 시 용의자에게 그 이유와 권리를 고지해 줘야 한다는 것이다.

미란다 고지의 시작

1963년 3월 한 청년이 납치 강간 혐의 피의자로 잡혀 들어왔다. 이 청년의 이름은 에르네스토 미란다(Ernesto Miranda)였다. 미란다는 심문을 받고 자신의 죄를 인정했다. 그런데 막상 재판에서 미란다는 자신의 자백을 번복했고 진술서가 증거 능력이 없다고 주장했다. 재판부는 미란다의 주장을 받아들이지 않았고 그에게 중형을 선고한다. 이후 미란다는 주 대법원에 상고했지만 마찬가지로 유죄가 선고됐다. 하지만 미란다는 포기하지 않고 다시 상고했고 연방 대법원은 1심과 2심 판결을 뒤집고 무죄를 선고했다. 당시 대법원에서 미란다는 미국 수정헌법 제5조, 불리한 증언을 하지 않아도 될 권리와 제6조, 변호사를 선임할 권리를 보장받지 못했다고 주장했다. 한마디로 자기에게 그런 권리가 있다고 고지를 받지 못했다는 것이다. 그리고 바로 그 이유로 대법원은 미란다가 죄를 인정했었음에도 불구하고 무죄를 선고했고 이것이 '미란다 고지'의 시작이었다.

이 사건에서 대법원이 강조한 것은 절차다. 즉 피의자에게 미란다 원칙을 고지해 주지 않음으로써 절차적 정의가 지켜지지 않았고 절차가 정의롭지 못하니 그에 따른 결과 또한 정의롭지 못하다는 것이다. 이는 공정한 절차를 통해 발생한 결과는 정의롭다는 절차적 정의에 입각한 정의관이다. 절차적 정의는 현대 정치철학자 롤즈와 노직 모두, 비록 그것에 입각한 국가관과 소유권에 대한 관점에는 차이가 있지만, 타당하다 여기는 관점이다. 문제는 이런 식의 정의

관이 대부분의 사람들에게 직관적인 불편함을 느끼게 한다는 것이다. 재난 영화를 봤던 기억을 떠올려 보자. 흔히 재난 영화에서 클리셰처럼 등장하는 장면이 있다. 한시라도 빨리 사람을 구해야 되는데 갑자기 누군가가 시시콜콜한 절차 같은 걸 따지면서 구조를 방해한다. 대부분의 사람들은 이 장면을 보며 답답함을 느낄 것이다. 절차를 지키지 않으면 어느 정도 피해가 발생한다는 거야 모두가 다 알지만 사람을 구하는 게 제일 중요하니 그 정도는 무시할 수 있는 거 아니겠는가? 미란다 원칙도 그렇다. 누가봐도 명백한 살인자고 증거에 자백까지 받았는데 미란다 원칙을 고지하지 않았다는 이유로 무죄를 선고한다니 아무리 생각해봐도 이해가 안 된다.

도대체 법은 중요한 게 뭔지 뻔한데 왜 그렇게 문제를 복잡하게 만드는지 모르겠다. 그런데 그런 의문을 갖기 전에 다음과 같은 사건을 살펴보자. 1884년 영국에서 끔찍한 살인 사건이 벌어졌다. 단순 살인사건도 아니고 식인 사건이었다. 사건은 난파된 구명보트에서 발생했다. 당시 구명보트에는 17살이었던 리차드 파커와 선원 3명 총 4명이 타고 있었다. 물과 식량도 없이 며칠을 버티던 이들은 바닷물을 마셔 건강이 악화된 17살의 리차드 파커를 죽이기로 한다. 그리고 이들은 파커의 피로 목을 축이고 살로 배를 채워 24일 만에 구조되었다. 마이클 센델의 〈정의란 무엇인가〉에도 소개된 이 유명한 이야기는 더들리&스티븐스 재판으로 불리는 실화다. 이 재판에서 우리가 생각해 볼 점은 과연 이 재판에서 사람을 구한다는 행위가 앞선 재난 영화의 경우와 똑같은 지이다. 그랬다면 재판은 간단했을 것이다. 다 죽어가는 사람을 희생해 3명을 구했으니 무죄를 선고하면 그만이다. 하지만 묘한 불편함이 느껴진다. 구하는 건 분명 똑같고, 피해가 발생한다는 것도 똑같은데 그저 사람을 희생했다는 사실만으로도 정의롭지 못하게 느껴진다.

이 간단한 두 가지 상황을 통해 우리는 행위로 정의를 판단하는 것이 왜 불합리한지를 알 수 있다. 직관적으로 생각되는 것과 달리 행위는 그렇게 단순하지 않다. 똑같은 행위도 상황에 따라, 목적에 따라 다른 행위가 될 수 있다. 바로 그렇기 때문에 노직의 말마따나 우리는 정의를 단순한 행위가 아닌 그 행위를 초래한 과정과 의도까지 고려해 판단해야 한다. 문제는 하나의 행동에 대한 사람들의 의도는 다 다르며, 의도는 그 자체로 주관적이라는 것이다. 이런 점에서 정의로운 행위는 보편에 앞서지 못한다. 어떤 행위도 그 자체로 보편적 타당성을 갖지 못한다. 그것을 가능케하는 유일한 방법은 무한한 자기 독단에 빠지거나 현실 자체를 가상의 세계로 대체하는 수밖에 없다. 스스로 반성하며 부정으로써 자기내 복귀하는 절대정신의 변증적 상태를 규명해 냈던 헤겔조차 결국에는 자신의 변증법만큼은 반성하지 못해 프로이센 국가를 그 위대한 역사의 종착점으로 규정했었고 〈정의론〉으로 현대 정치철학을 평정하다시피 한 롤즈조차 자신의 정의를 구현시키기 위해 무지의 베일을 끌어왔던 것은 결코 우연이 아니다.

형상으로서의 정의, 관념으로서의 정의

　　　　　　물론 이렇게 정의가 보편에 앞서지 않는다고 모든 기존의 정의를 권력의지에 투영시켜 망치를 들고 깨부술 필요는 없다. 또 유물론적 관점에 입각해 인간이란 결국 자기가 먹는 것과 다르지 않다고 주장할 필요도 없다. 그리고 또 정의를 실천에 가두고 오로지 실천이 정의에 앞선다고 주장할 필요도 없다. 우리의 역사는 이미 그것이 진리가 아님을 실천적으로 입증해 보였다. 인간은 실존하며 동시에 존재하기에 정의 또한 구분돼야 마땅하다. 정의는 이제 형상으로서 정의와 관념으로서 정의로 구분된다. 형상으로서 정의는 개별 뒤에 존재하며 관념으로서 정의는 개별 앞에 존재한다. 둘은 서로 구분되나 실존과 존재가 구분되며 양립되듯 정의도 그렇다. 형상으로서 정의는 성문화된 법으로 실증법이라 불린다. 실증법은 개별 뒤에 존재하기에 실증법의 판단은 실천적으로 시대적으로 변화될 수 있다. 하지만 실증법은 관념으로서 정의에 기초하기에 궁극적으로는 인간을 보편적 정의로 이끌 거라 기대된다.

　정의가 실증적 차원과 존재적 차원으로 존재한다는 것, 그리고 형상적 정의는 관념적 정의에 기초한다는 것, 그리고 그렇기 때문에 법을 지킴으로써 간혹 정의롭지 못한 결과가 나오더라도 근본적으로 법을 통해 보편적 정의로 나아갈 수 있다는 것, 이 모든 것을 어떻게 입증할 수 있냐고 묻는다면 불행하게도 답은 없다. 존재적 정의는 입증을 요구하지 않으며 그 자체로 정의의 출발점이 되어야 한다. 스피노자의 지적처럼 그렇지 않고서는 독단에 빠지거나 무한 소급에 빠질 수밖에 없다. 이성이 아닌 믿음을 요구한다고 절망할 필요는 없다. 애당초 이것이 인간의 본질에 더 가깝다. 이해할 수 없음이야말로 인간을 가장 인간답게 만드는 요소이다. 동물은 끊임없이 유전자의 명령대로 움직이고 인간은 끊임없이 반항한다. 인간이 무엇 때문에 반항하는지, 인간의 생의 의지는 무엇으로 결정되는지, 인간은 무엇 때문에 자연의 섭리를 거스르고 자신의 목숨조차 내놓는지, 이 모든 것들은 단지 기계 속 유령의 장난 정도로 치부할 수 없다. 인간의 의지는 설명할 수 없는 무엇인가이며 말로 표현할 수 없기에 침묵해야 한다. 칸트는 이 지혜에 기꺼이 순종했다. 그는 순수이성과 실천이성을 독립시켜 순수이성에서 신을 내쫓았던 위대한 계몽주의자였지만 적어도 실천이성에서는 이성을 침묵시키고 보편적 도덕을 위해 신을 긍정했다. 칸트는 설명할 수 없는 무엇인가를 무엇이라고 설명하고자 하지 않았다. 그저 설명할 수 없는 무엇인가가 존재한다고 믿음을 가졌을 뿐이다.

칸트는 그 유명한 정언명령을 통해 우리에게 정의를 명령한다. "너는 네 의지의 준칙이 보편적인 입법 원리로서 타당하게 행동하라." 칸트가 이 명령을 통해 요구한 것은 간단하다. 어떤 행동을 하고 싶다면 그 행동을 법으로 제정해도 좋을 정도로 보편적이라면 그대로 행동하라는 것이다. 하지만 불행하게도 칸트의 정언명령은 실천할 수 없다. 칸트가 보편 입법의 원리가 무엇에 의해 정당화될 수 있는지 설명하지 않았기(못했기) 때문이다. 그것은 그가 칸트였기 때문이 아니라 인간이었기 때문이다. 행동의 지침이 되는 실증법은 실증적이기에 보편성을 띨 수 없다. 법으로 제정해도 좋을 만큼 보편적인 법은 애당초 존재하지 않는다.

하지만 칸트의 정언명령은 다른 차원에서 의미가 있다. 칸트는 선한 것이 법으로 된다고 하지 않으며 거꾸로 법으로 정해진 것이 선한 것이라 한다. 이는 기존의 선에 대한 개념을 역행하며 계율을 통해 선을 정의하는 유대교-기독교적 전통에 기초한다. 이때의 선은 실증법에 의해 정해지기에 보편성을 띠지 못한다. 그래서 완전히 선한 것이 아니라 어느 정도 선한 것이다. 실존적 차원에서 완전히 선하거나 완전히 악한 것은 없다. 언제나 선해 보이는 것도 언제나 어느 정도 악하다. 이것이 실증법이 추구하는 선이다. 분명히 선해 보이고, 대부분 선한 결과를 만들어 낼 것이지만, 그럼에도 불구하고 다른 측면에서는 분명히 악한 결과를 낼 것임을 인정하는 것, 이것이 실증법의 정의다. 이것을 실증법의 한계라 부를 순 없다. 이것은 실존적 차원에 있는 모든 것들의 '보편적' 속성이다.

우리에게 필요한 지혜는 실증법을 적용한 결과가 의도적으로 악한 결과를 초래한 것인지, 실존적 속성에 따른 필연적인 결과인지 구분하는 것이다. 실증법이 의도적으로 초래하는 악은 끊임없이 자기반성적 과정을 통해 수정돼야 한다. 그리고 지금 필연적인 결과라 생각되는 것도 끊임없이 자기반성을 통해 수정돼야 한다. 이런 점에서 실증법은 공시적이지 않으며 통시적이다. 현재 이 순간에 존재하는 실증법은 이러한 자기수정의 역사적 결과의 연장으로 존재한다.

그리고 바로 그렇기에 이 순간에 존재하는 실증법은 분명 정의롭다. 실증법이 지금 이 순간에 존재하는 이유는 그것이 이미 '어느 정도' 정의로운 결과를 초래함이 역사적으로 입증됐기 때문이다. 법으로 정해진 것은 이런 의미에서 선하다.

대형사고가 터져 사람을 구하겠다는 이유로 절차를 지키지 않는다면 그것은 실증법을 어긴 것이기에 정의롭지 못하다. 세 명의 사람이 살아남기 위해 죽어가는 한 명을 살인한 것은 실증법을 어긴 것이기에 정의롭지 못하다. 노동자들이 자신의 목적을 달성하기 위해 불법적인 파업을 한 것은 실증법을 어긴 것이기에 정의롭지 못하다. 절차를 어긴 모든 행위는 그에 따른 책임을 져야 마땅하다. 지금 이 순간에 실증법에 따른 판단은 분명 보편적이지 않다. 그래서 언제라도 앞으로 수정될 수 있다. 하지만 적어도 지금 이 순간에 관련된 실증법은 존재하고 있으며 그것을 지키지 않는 것은 정의롭지 않다.

법은 감정을 배제해야 한다

하지만 끊임없이 우리는 특정 사람의, 특정 집단의 행위를 보편적으로 선한 것이라 주장하며 실증법을 무시하고자 한다. 그들에겐 여전히 특정 행위가 당연히 선한 것으로 보인다. 하지만 당연히 선한 것으로 보이는 그 어떤 것도 다른 이에게는 악한 것이 될 수 있다. 둘 중에 무엇이 더 중요한지는 어느 누구도 결정할 수 없다. 하지만 우리의 감정은 둘 중에 무엇이 더 중요한지 결정할 수 있다고 착각하게 만든다. 누구는 돈이 더 많기 때문에, 누구는 더 성공했기 때문에, 누구는 더 유명하기 때문에 자신만의 수많은 주관적인 요소로 가치판단을 할 수 있다고 착각하게 만든다. 감정은 때론 이렇게 우리의 실존을 가린다. 법은 고고히 감정을 배제해야 한다. 정의는 절차다.

참고문헌

- 존 롤즈, 〈정의론〉, 황경식 옮김, 이학사, 2013
- 로버트 노직, 〈아나키에서 유토피아로: 자유주의 국가의 철학적 기초〉, 남경희 옮김, 문학과지성사, 2014
- 임마누엘 칸트, 〈실천이성 비판〉, 백종현 옮김, 아카넷, 2002
- 임마누엘 칸트, 〈판단력 비판〉, 백종현 옮김, 아카넷, 2014
- 헤겔, 〈법철학〉, 임석진 옮김, 한길사, 2010
- 스피노자, 〈에티카〉, 강영계 옮김, 서광사, 2014
- 마이클 센델, 〈정의란 무엇인가〉, 이창신 옮김, 김영사, 2010

1912년 조선 민사령 공포(公布): 한국 근대의 출발

배민
숭의여자고등학교 교사

조선 민사령 이전에도 갑오개혁 당시 일본으로 유학을 간 한국인들 중 법학을 공부한 이들은 이후 일본의 법학 지식을 국내에 번역 소개하였으며, 이들에 의해 조선에는 서구의 근대법적 관념이 미약하게나마 소개되고 있었다. 이러한 일본이라는 창을 통한 서구 법과의 접촉은 구한말 이전의 조선 사회에는 매우 생소했던 민법이라는 새로운 법 영역과 한국인들이 조우하는 결과를 가져오기도 하였다. 많은 현대 법학자들이 한국 최초의 근대적 재판소로 보고 있는 한성재판소의 경우 사법과 행정이 분리되는 당시의 정치 사회적 개혁의 실험 장소이기도 하였다. 물론 근대적 법학을 교육받은 전문 재판관들이 배치되긴 했지만, 한국인 재판관들은 대부분 일본법을 국내에 적용하는 수준에 머물렀던 한계도 있었다.

조선 민사령 이전과 이후

구한말에 도입된 새로운 재판 제도는 그 가장 기본적인 틀로서 민사와 형사의 분리, 그리고 상소 절차를 분명히 하는 것 등을 핵심으로 하였다. 실제로 구한말 판결문들을 보면 판결서에 그 법적 판단 근거를 명시하는 노력 등이 나타나, 많은 법학자들은 이를 이전의 전통적 사송(詞訟)의 관행으로부터 벗어나기 시작한 증거로 인식하기도 한다. 하지만 조선 민사령 이전의 재판에는 그 외형상의 절차적 진보는 이루어졌지만, 근대 민법 정신의 본질을 구현할 수 있는 조건을 대한제국의 국법 질서의 틀 속에서는 기대하기 힘들었다. 역사적으로 과도기로 볼 수도 있지만, 대한제국은 국가 철학의 큰 틀에서 볼 때 조선의 국법 정신을 그대로 이어받은 나라였고 그 속에는 개인주의의 정신이 존재할 수 있는, 자유주의의 원칙이 기능할 수 있는 공간은 없었기 때문이다.

가령 조선 사회에서도 사적 재산권에 대한 인식은 존재했다. 하지만 성리학의 민본주의적 통치 명분을 앞세운 관리와 양반들의 자의적 결정에 대항하여 백성들은 자신들의 재산권을 지키기 힘든 경우가 비일비재하였다. 자유주의의 정치 관념이 부재했던 대한제국 시절에도 그 본질은 다르지 않았다. 이와 비교한다면 이후의 조선총독부는 토지를 포함한 개인의 재산권을 법에 의해 등기하는 민사령의 원칙을 실제적인 행정 조치들을 통해 보장하였다. 즉, 조선이나 대한제국 시절 기대할 수 없었던 개인의 재산권 보장과 사적 권리들, 즉 자유주의 사상이 본질로 규정하는 법 규정들이 조선 민사령과 조선 총독부가 시행한 행정 조치들에 의해 비로소 확립되었다는 사실은 분명하다.

근대 민법의 토대

근대 민법은 기본적으로 개인주의를 기본 철학으로 하는 정치 경제적 체제를 지향한다. 사적 소유권 절대의 원칙, 사적 자치의 원칙, 자기 책임의 원칙은 그 가장 핵심적인 원칙들이었다. 20세기를 거치면서 집단주의에 기반한 정치 경제적 민주주의 요소들을 강화하며 그러한 원칙에 수정이 가해지긴 하였으나, 역사적으로 그러한 개인주의적 행위 원칙은 근대 법철학의 근본 요소였다.

오늘날 우리가 쉽게 얘기하는 개인주의라는 용어는 19세기, 20세기를 거치며 개인과 사회, 자유주의와 전체주의 사이의 이데올로기적 대립의 이원론적인 한 극단에 위치한 핵심 개념이다. 사회주의와 전체주의가 그 나름의 철학과 도덕을 그 이론과 개념 속에 주장하고 있듯이, 개인주의 역시 자유주의의 핵심 개념으로서 그 안에 철학과 도덕을 담고 있다.

개인주의(individualism)라는 용어 자체는 19세기 초반 프랑스에서 구 지배질서를 지지하는 반혁명주의자, 가톨릭 보수주의자들과 사회주의자 등이 개인의 권리와 자유를 들먹이는 소수의 지식인들을 폄하하고 비판하기 위해 만들어낸 개념이었다. 하지만 일단 개인주의라는 용어가 생기게 되자 그 이전까지 이미 존재해 왔던 개인 중심의 사고 관념이 실체를 갖추고 그 본 모습을 드러내기 시작했다. 가까이는 프랑스의 바스티아와 독일의 슐라이어마허 등 동시대 사상가들부터 좀 더 멀리는 로크와 칸트 등 계몽주의의 도래를 알렸던 철학자들, 더 멀리는 종교개혁과 과학 혁명의 시기에 관념과 인식의 굴레를 탈피하고 극복하고자 했던 선구자들의 글과 말들이 소환되어 이 새로운 관념에 실체가 형성되어 갔다. 특히 19세기를 거치면서 공리주의의 영향, 사회학의 방법론적 영향, 경제학에서 한계 효용 이론의 영향 등을 통해 구체적인 정치 경제적 토대를 구축해 나갔다. 이데올로기의 극심한 대립이 기승을 부리던 19세기에 이러한 치열한 지적 토대 구축을 위한 노력이 이루어진 것은 전혀 놀라운 일이 아니었다.

이러한 철학적, 사회과학적 이론화 과정을 거치며 다양한 영역에서 새로운 개념으로 재창조되어 나간 개인주의는 개인과 사회의 이원론적 대립 구도를 상정하고 그 구도 속에서 개인에게 초점을 두는 태도를 견지함으로써 제2차 세계대전 후 사회주의의 전세계적인 확산에 대항하는 정치 이데올로기의 철학적 토대로서 기능하였다. 학계의 전반적인 친맑시즘적 경향 속에서 오스트리아 경제학파 등 소수의 학자들이 바로 이러한 개인주의를 바탕으로 사상의 전면전에 나섰던 것이 20세기 후반, 1980년대의 영국과 미국에서 각각 대처와 레이건으로 대표되는 고전 자유주의 정신의 부활 작업이었다. 이른바 1960, 1970년대 신좌파, 그리고 여기에 대응한 1980, 1990년대 신자유주의로 불리는 우파의 새로운 부활은 그 본질에 있어서 결국 사회와 개인의 대립 구도를 바탕으로 하고 있었다. 즉 신좌파는 기존의 공산주의에 비해 개인의 의미를 강조하고 신자유주의는 기존의 고전 자유주의에 비해 국가의 역할을 강조함으로써 각각 중간 지대로 좀 더 옮겨 와서 계속 대립하는 양상을 보여주는 양상이었다.

조선 민사령의 근대사적 의미

고대 로마법에 역사적 기원을 두는 근대 민법의 발달도 원래부터 개인주의와 자유주의를 바탕으로 한 것은 아니었지만, 서양에서는 르네상스, 종교개혁 등의 역사적 과정을 거치며 개인주의의 본격적 성립 이전에 이미 개인에 대한 인식이 발전해 나갔던 사회적 배경이 있었다. 이러한 배경을 바탕으로 19세기 초 나폴레옹 법전으로 대표되는, 자유주의 정치 경제적 원리를 바탕으로 한 근대적 민법 정신의 구체화가 시작될 수 있었으며, 19세기 동안 이러한 근대적 민법 정신의 구체화와 맥을 함께 하며 발전해 나간 것이 바로 개인주의의 철학적, 도덕적 토대 구축이었다. 즉 서양 근대의 민법의 발달은 곧 개인주의의 발달이기도 하였다.

반면, 20세기 초까지 조선과 대한제국은 자본의 형성과 시장의 발달이 미약했던 집단주의적 농업 사회(촌락 공동체 사회)였다. 그리고 이러한 사회에서 개인주의가 상정하는 그러한 개인과 사회의 이원론적 대립 구도는 존재하기 힘들었다. 개인에게 집단에, 사회에, 국가에 '저항'하는 저항권의 개념 자체가 사실상 존재하지 못했으며 개인이 가질 수 있는 '권리'의 인식 자체가 불투명하였다는 사실은, 집단 정치적 권력을 가진 개인(권력 집단에 속한 개인)과 힘 없는 개인 간의 대등하고 공정한 권리의 경쟁과 다툼을 사회적으로든 법적으로든 기대할 수 없었음을 의미한다.

단순히 백성들 개개인 간의 이기심이 촉발시킨 분쟁을 조정하는 개념의 민법이 아닌, 개인주의의 도덕과 철학을 바탕으로 사적 자치와 권리의 주체로서 개인을 인식하는 민법 정신은 갑오개혁 당시 일본에 유학하여 근대법을 공부한 한국인 재판가들에게 기대하기도 무리였다. 또 이들이 그러한 정신을 가졌다 한들 조선 민사령 이전에는 사법과 행정 체계가 뒷받침되어지지도 않았다. 이러한 관점에서 볼 때, 조선 총독부 치하에서 1912년부터 시행에 들어간 조선 민사령을 통해 한국인들은 형법 중심의 구 동아시아적 법률 체제를 본질적으로 벗어날 수 있었고, 비로소 힘 없는 개인들도 자신들의 경제적 선택의 권리 및 그에 따르는 책임이 안전하게 보장 받게 된 중요한 계기를 마련하였다.

역사철학의 관점에서 볼 때, 1912년 조선 민사령의 공포는 한국사에서 개인주의가 도입되기 시작한 중요한 하나의 배경 사건이다. 쉽게 말해 개인주의의 역사적 관점에서 보면 한국사에서 가장 중요한 사건 중 하나가 바로 조선 민사령의 공포였다. 조선 민사령의 역사적 의미는 단순히 한국인 개인의 법적 권리를 성문법적 형태로 규정한 최초의 시도였다는 법제사적 의미로 그치지 않는다. 전술한 바대로 서구 근대성의 핵심에 개인주의가 자리잡고 있음을 기억하면, 조선 민사령의 공포로부터 진정한 한국의 근대 정신이 출발하게 되었음을 말하는 것도 무리가 아니다.

3

신뢰와 화폐안정: 건강한 사회의 신용 질서

인플레이션, 보이지 않는 증세
초인플레이션이 부른 로마제국 몰락의 교훈
양적완화라는 신기루
모기지론과 선택할 자유

인플레이션,
보이지 않는 증세

황상현
상명대학교 교수

2022년 벌어지고 있는 인플레이션은 근본적으로 2008년 글로벌 금융위기와 2020년 코로나19 확산에 대응하는 과정에서 경기부양을 목적으로 화폐량을 증가시켜 온 것에서 기인한다. 우리나라 국민들은 이전과 다르게 고물가로 경제생활에서 고통을 받고 있다.

초인플레이션 비극의 교훈:
짐바브웨와 베네수엘라

짐바브웨는 1980년에 영국으로부터 독립한 국가로서

1990년대 초까지 높은 농업 생산력, 풍부한 광물 자원, 경제개발 계획을 바탕으로 연평균 4% 이상 꾸준히 성장했다. 그런데 짐바브웨 경제는 1990년대 말 본격적으로 흔들렸다. 1990년대 중반 극심한 가뭄에 따라 경제가 악화되자 짐바브웨 정부는 아무런 정책을 내놓기 시작했다. 짐바브웨 정부는 독립해방군 출신 퇴역 군인들에 대한 보너스로 당시 GDP의 3%에 해당하는 막대한 지출을 결정했고 콩고 내전 개입으로 계획 없던 지출을 했다. 또한 토지개혁 하에 백인들로부터 땅을 빼앗아 흑인들에게 팔아넘겨, 농업 생산성은 하락하고 서방 국가와의 관계 악화로 의존하던 대외 원조도 끊어지게 되었다.

이때 짐바브웨 정부는 적자를 메우기 위해 돈을 마구 찍었고, 그 결과로 짐바브웨는 전쟁 또는 내전 중인 국가가 아닌데도 2004~2009년 역사상 가장 극단적인 초인플레이션을 경험했다. 짐바브웨의 인플레이션율은 짐바브웨 정부 발표에 따르면 2008년 1~7월에 2억 3000%였고, 워싱턴포스트 등에 의하면 2008년 말에 897해(897×10^{20})%였다. 2007년 말 미국 달러 1달러가 200만 짐바브웨 달러까지 치솟으면서 지폐 액면가가 인플레이션을 따라가지 못하여 짐바브웨 중앙은행은 1000만, 2500만, 5000만 짐바브웨 달러 지폐를, 2009년 초에는 100조 짐바브웨 달러 지폐를 수차례 새로 발행하기도 했다. 당시 짐바브웨에서는 상점의 가격표가 하루에 몇 번씩 새로 바뀌었고 사람들은 돈을 수레로 날랐으며 100조 짐바브웨 달러 지폐를 내면 계란 3개를 받는 대혼란의 상황이었다. 결국 짐바브웨는

2009년에 자국 통화인 짐바브웨 달러를 포기하고 미국 달러를 공식화폐로 채택했고, 현재 미국 달러, 남아공 랜드, 보츠와나 풀라, 영국 파운드, 호주 달러, 중국 위안, 인도 루피, 일본 엔 등 8개국의 화폐가 법정화폐로 통용되고 있다.

남아메리카에 위치한 베네수엘라는 세계 최대 산유국으로 2010년대 초반까지만 해도 부유한 나라였다. 베네수엘라는 1970년까지 유전이 총 57개나 발견되는 등 세계 최대 매장량을 가지고 당시 전 세계 석유의 10분의 1을 생산하며 미국과 엇비슷한 수준의 1인당 GDP를 누리게 됐다. 베네수엘라 경제에서 절대적 의존도를 가진 석유는 수출의 4분의 3을, 재정수입의 반을 차지했다. 그리고 이 같은 베네수엘라 부의 근원되는 석유를 둘러싸고 권력계층과 부패가 발생하기 시작했다.

차베스 대통령은 1998년 대선 시 무상의료와 무상교육을 제공하고 무상주택을 공급하며 석유도 무상으로 사용하는 등의 무상복지 포퓰리즘을 통해 권력과 부에서 소외된 국민들의 전폭적인 지지를 얻었고 1999년 취임 이후 국제유가의 상승과 함께 무상복지 정책을 운이 좋게 시행하였다. 석유를 팔아 생긴 돈은 무상복지에 사용되었고 국민들은 그 돈을 나누어 가지며 흥청망청 소비하기에 바빴다. 국민들은 일을 하지 않고도 잘 살았다.

그러나 국제유가는 2008년 7월 배럴당 150달러의 정점에 도달한 뒤 5개월 후 40달러 이하로 급락하자, 무상복지 시스템은 제대로 작동되지 않았고 쓸 돈이 부족해졌다. 베네수엘라 국민들은 선심성 돈에 중독돼 있었고 정부는 부족한 돈을 해외로부터 차입했다. 그것도 모자라서 돈을 찍어내기 시작했다. 그 결과, 베네수엘라의 인플레이션율은 2016년 255%, 2017년 438%, 2018년 6만 5374%로 치솟았고 베네수엘라 경제와 사회는 인플레이션이 시작되면서 극심한 혼란과 불안에 싸이게 됐다. 초인플레이션이 지속되면서 베네수엘라 국민들은 경제적 고통과 사회적 범죄를 피해 고국을 탈출하여 국경을 마주하고 있는 브라질 등 인근 국가들로 이주하고 있다. 2019년 현재 하루 평균 5천500명의 베네수엘라 국민들이 국경을 넘고 있으며 유엔난민기구는 고국을 탈출하는 베네수엘라 국민들이 2019년 말까지 530만 명에 달할 것으로 예상했다.

인플레이션 조세와 비용

이같이 짐바브웨와 베네수엘라 등은 왜 그렇게 많은 돈을 찍어내어 화폐의 가치가 급속히 하락하는 초인플레이션을 발생시켰는가? 그 이유는 이 국가들이 정부지출을 위한 자금조달 방법으로 돈을 찍어내기 때문이다. 보통의 경우에는 정부가 자금조달 방법으로 세금을 부과하거나 국공채를 발행한다. 세금 부과는 국민들의 조세저항이 있으며 국공채 발행은 미래 세대에 부담을 지우게 된다. 그러나 자금조달 방법으로 필요한 만큼 돈을 찍어낼 수 있다. 정부가 화폐 증발로 정부수입을 증가시킬 때 인플레이션이 야기되어 일반적인 세금과 같은 작용을 하는데 이를 인플레이션 조세(inflation tax)라고 한다. 즉 정부가 화폐량을 증가시키면 물가수준이 상승하여 화폐의 가치가 이전보다 떨어져서, 인플레이션 조세는 화폐를 보유한 모든 사람에 대해 부과되는 세금과 같다. 인플레이션 조세는 국민들의 직접적인 조세저항이 없고 미래세대에 부담을 지우는 것도 아니기 때문에 정부가 자금조달을 위해 쉽게 사용할 수 있는 방법이 된다.

대부분의 다른 세금과 같이 인플레이션 조세도 유인 체계를 왜곡하여 사람들이 세금 부담을 피하기 위한 행동을 하도록 유도하고 희소한 자원을 낭비하도록 강요하여 사회 전체에 경제적 순손실을 초래한다. 예컨대 인플레이션으로 인해 화폐의 가치가 하락할 때 은행의 저축예금 계좌에 이자가 붙는 돈을 더 많이 넣어두고 은행에 자주 감으로써 화폐의 보유를 줄이면 인플레이션 조세를 피할 수 있다. 이와 같이 인플레이션에 따라 화폐 보유를 줄이는 데 드는 비용은 은행에 자주 갈수록 구두창이 더 빨리 닳는다는 의미에서 구두창 비용(shoeleather costs)이라고 하는데 화폐 보유를 줄이기 위해 시간을 투자하고 불편을 감수해야 하는 실질적인 비용을 뜻한다. 그러므로 중앙은행이 인플레이션을 낮추게 된다면 이 같은 시간과 노력을 더 생산적인 곳에 사용할 수 있을 것이다.

한편 특정 재화나 서비스에 세금이 부과되어 다른 재화나 서비스에 대한 상대가격이 변화되는 것과 마찬가지로, 특정 재화나 서비스에 인플레이션이 반영될 경우에 다른 재화나 서비스에 대한 상대가격이 변화하여 자원 배분에 왜곡이 발생할 수 있다. 사람들은 여러 가지 재화나 서비스 중에서 가격을 비교하여 특정 재화나 서비스를 선택하는데, 인플레이션으로 인해 상대가격이 왜곡되면 사람들의 의사결정이 왜곡되어, 시장에서 희소한 자원이 효율적으로 배분될 수 없다.

또한 세금은 경제적 유인을 왜곡하여 사람들의 행동을 변화시켜 효율적인 자원 배분을 저해하는 부작용을 초래하는데, 세법은 인플레이션을 반영하지 않는 경우가 많기 때문에 인플레이션이 발생하면 이 같은 부작용은 더욱 심화된다. 예를 들면 세법은 자본이득과 이자소득에 대해 인플레이션을 감안하지 않고 과대평가하여 과중한 세금을 부과할 수 있다. 이에 따라 인플레이션이 발생하면 조세 왜곡 효과는 더욱 커지고 저축을 저해하게 된다. 저축은 경제성장을 위한 투자로 연결되기 때문에 인플레이션은 저축에 대한 세금 부담을 높여 경제성장을 저하시킬 수 있다.

그리고 세금 부과로 인해 사람들 간에 부가 재분배되는 것처럼, 예상치 못한 인플레이션으로 인해 채무자와 채권자 사이에 부가 재분배될 수 있다. 초인플레이션이 발생할 경우 원리금의 실질가치가 하락하기 때문에 채무자는 이득을 보고, 채권자는 손해를 보게 된다.

정부, 신뢰를 기반으로 화폐안정에 최선의 노력을 다해야

이처럼 인플레이션은 보이지 않는 증세로 사람들에게 경제적 고통을 주고 다른 세금과 같이 사회 전체에 비용을 초래한다. 따라서 시장경제가 잘 작동하여 사람들에게 경제적 풍요를 선사하는 데 안정된 화폐가 필수적이다. 이를 위해 정부는 국민들로부터 신뢰를 얻어야 하고 이를 기반으로 화폐안정에 최선을 다해 노력해야 한다.

초인플레이션이 부른
로마제국 몰락의 교훈

설윤
경북대학교 교수

　　　　　　고대에는 정복을 통한 부의 수탈과 전쟁포로로 유지되는 노예경제가 국가 경제의 버팀목이었다. 노예경제를 기반으로 그리스와 로마에서는 민주정 사회가 출현했으며, 전쟁을 통해 확보된 노예는 로마제국의 경제관인 농업의 기본 노동력을 제공하였다. 하지만 빈번한 전쟁으로 그때마다 보병으로 출정한 자영 농민들의 피해는 커져간 반면, 전쟁에서 이기고 개선하는 장군과 귀족들은 새로운 영지를 늘려가며 더욱 부유해졌다. 결국 농민층은 점차 몰락해졌으나 봉건영주 세력은 점점 더 커져 부의 양극화가 심해졌다. 이로써 중산층 농민들이 붕괴되면서 농업 기반이 흔들리기 시작했다.
　로마제국은 새 정복지가 생길 때마다 군대 주둔 유지비가 크게 증가하여 만성 재정적자에 봉착하게 되었다. 이를 충당할 목적으로 로마 황제들은 여러 정복지로부터 금은 등 귀금속을 세금으로 거둬 들여 조폐소에서 돈을 찍어냈다. 스페인 지역에서만 기원전 206년 부터 10년 동안 거둬들인 금이 1.8t, 은이 60t이나 되었다. 기원전 3 세기 로마제국의 기축통화는 데나리온 은화였다. 기원전 211년 제2 차 포에니전쟁 중 로마 원로원에 의해 발행되기 시작한 데나리온은 로마 외에도 각지에서 대량으로 만들어져 지중해 지역의 중요한 통 화가 되어 활발한 무역을 가능케 했다.

카이사르 시대까지만 해도 로마제국의 금화나 은화는 세계 어디에서든 기꺼이 환영받는 기축통화였다. 하지만 로마 황제들은 프랑스와 스페인의 금 광산을 24시간 채굴토록 해 화폐를 단기간에 너무 많이 발행했다. 당연히 화폐 유통량이 급속히 많아져 인플레이션이 발생되었으며, 이로 인해 주화 가치가 지속적으로 하락했다. 당시까지만 해도 로마 화폐는 순도 100%의 금화와 은화였다.

은화에 구리 섞다 초인플레이션 발생

로마제국의 화폐가치가 본격적으로 추락하기 시작한 것은 1세기 네로 황제 시절부터였다. 네로는 세금징수 규칙을 공표하고 세금을 내지 못하는 시민에 대한 징수권을 1년이 지나면 소멸시켜 세금을 탕감해 주는 일종의 포퓰리즘 정치를 시행하였다. 세수가 줄어들어 국가재정이 어려워지자 64년 네로는 로마 대화재 재건을 위한 재원 확보를 위해 금화와 은화에 약간의 구리를 섞어 유통시켰다. 로마재정이 고갈되자 네로는 금 함유량을 4.5%, 은 함유량을 11% 줄였다. 화폐공급량이 늘자 화폐가치가 떨어지면서 물가가 상승하였다. 당시 로마제국의 은 부족은 중국과의 무역적자가 원인이었는데 기원전부터 로마제국은 유대인에 의해 중국과의 무역이 발달해 있었다. 중국이 은본위제였기 때문에 중국과의 무역적자가 지속되면서 유럽에서 은이 고갈되어갔다. 네로를 로마제국 몰락의 원흉으로 꼽는 이유는 여러 가지지만, 가장 큰 문제는 바로 화폐가치 하락에 불을 댕겨 로마 경제를 돌이킬 수 없는 늪으로 몰아넣었다는 점이다. 결국 걷잡을 수 없는 인플레이션이 발생해 시민들이 화폐를 불신하고 물물거래를 하기 시작했다. 시민들이 화폐거래 대신 물물거래를 하자 화폐가 완전히 기능을 잃었다.

은화의 은 함유량의 감소는 다음 황제로 지속되었다. 117년 로마 역사상 가장 대규모 군사활동을 이끌었던 트라야누스 황제는 은화의 은 함유량을 15% 줄였으며, 이후 180년 아우렐리우스 황제 시대에는 25%가 줄었다. 그 뒤 셉티미우스 황제 때는 45%, 카라칼라 황제 때는 50%까지 줄였다. 그 뒤 세베루스 알렉산데르 재위 때 데나리온 은화의 은 함유량은 25% 정도였다. 이런 악순환은 지속되어 고티쿠스 황제 시절인 244년에는 데나리온에 함유된 은의 양이 20분의 1에 불과했다. 그 뒤에도 은함유량이 계속 줄어 초인플레이션이 발생했다.

284년 디오클레티아누스 황제는 기축통화인 데나리온 은화를 폐지하고 순수 은으로 주조한 아르겐테우스를 발행했지만, 통화공급에 필요한 은을 확보할 수 없었다. 디오클레티아누스는 인플레이션을 억제하기 위해 인류 최초의 가격통제에 나섰다. 하지만 수많은 품목의 가격이 정해져 공급과 수요라는 측면을 무시한 가격통제였기 때문에 시장기능이 마비되었다. 이 가격통제는 후임 황제에 의해 즉각 폐기되었다. 콘스탄티누스 황제는 새 금화 솔리두스를 주조하여 화폐계혁을 단행했다. 하지만 솔리두스는 세금 징수에만 통용되었고, 일반 상거래에 사용되는 기존의 통화는 여전히 다량으로 발행되었다.

통화 붕괴가 서로마제국 멸망으로 이어져

고대 로마의 물가는 누적된 다량의 통화공급에 의해 서서히 상승하였다. 군복의 비용은 1세기와 2세기 사이에 166배나 올랐으며, 밀 가격은 2세기 동안에 200배나 상승했다. 220년 무렵 밀 1부셸(약 27kg)이 200데나리온이었는데 344년에는 200만 데나리온이 되었다. 무려 1만 배나 되는 초인플레이션이 일어난 것이다. 이방인들은 상품대금으로 데나리온을 받지 않았으며, 로마군대조차 주둔경비로 데나리온을 받지 않았다. 데나리온은 돈으로 인정받지 못해 교역이 줄어들었다. 260년 갈리에누스 황제 재위 시 환전상들은 로마 은화를 거절해 사실상 은행이 기능을 상실하고 문을 닫

앗다. 이로써 경제에 가장 중요한 돈이 돌지 않아 화폐 순환이 멈추고 경제가 마비되었다. 데나리온의 가치가 너무 떨어져 심지어 발행한 정부마저 이를 세금으로 받지 않고 순은을 요구했다. 정부가 거둔 은은 다시 가치 없는 데나리온을 만드는 데 사용되어 나중엔 은의 함유량이 심지어 0.02%까지 떨어졌다.

4세기부터 게르만족이 이동을 시작하면서 로마제국은 영토수호 전쟁을 치러야 했다. 황제들은 전비를 마련하기 위해 저마다 통화를 발행했으며, 영토 보전에 집중했다. 군인이 모자라 용병을 썼는데 용병들에겐 금화를 지불하고, 로마군에게는 구리로 만든 데니라우스를 지불했다. 통화량 증가는 식량가격을 폭등시켰다. 301~305년 사이에 이집트의 밀 가격은 아르티바(단위) 당 330데나리였으나, 335년에 2만1,000데나리로 올랐고, 338년엔 3만6,000데나리로 상승하였다. 30년 사이에 무려 100배 이상 오른 것이다. 342년 밀값은 7만 7,000데나리, 350년엔 50만 데나리로 상승하였다.

로마제국의 불행한 운명은 시작되었다. 이국땅에 주둔한 로마군대를 지원할 수 없게 되자 로마제국의 영향력은 줄어들기 시작했다. 게다가 금과 은을 소유한 사람들은 통용되는 화폐 사용을 꺼려 사실상 화폐공급이 중단되어 통화시스템이 붕괴되었다. 교역이 위축되면서 유통 상품이 줄어들자 인플레이션이 더 심해졌다. 해적들이 다시 등장했고 상업이 쇠퇴하자 거래가 중단되면서 시장은 사라졌다. 더 이상 군인들에게 봉급을 지불할 수 없게 되자 마지막에는 용병이었던 바바리안들이 로마의 도시를 침략해 약탈했다. 결국 로마제국은 476년 멸망했다. 그리스처럼 로마제국의 멸망도 전적으로 잘못된 통화정책 때문이었다. 이로써 찬란했던 고대 그리스·로마 도시 문명이 끝나고 암흑의 중세 장원제도가 시작되었다.

로마의 멸망으로부터의 교훈

고대 로마제국의 몰락은 우리에게 몇 가지 교훈을 알려준다. 첫째, 인플레이션은 국가를 멸망시킬 정도로 위험하다. 구리를 섞은 불량화폐의 대량주조로 인한 인플레이션이 화폐 신뢰도를 떨어뜨리고 통화시스템이 붕괴되어 경제에 피가 제대로 돌지 못한 것이다.

둘째, 국가 경제의 파탄은 인플레이션을 야기한 주요 원인이다. 국가재정의 취약성, 과중한 세부담, 중간계층의 몰락으로 인한 양극화 심화, 그리고 경작지의 황폐 등은 인플레이션을 야기하는 주요 요인임을 발견하였다. 어떤 국가나 정부도 경제가 제대로 돌아가지 않으면 정치도 존립할 수 없다는 점을 역사로부터 확인하였다.

셋째, 막스 베버는 로마제국의 멸망은 물물교환 경제를 이루고 있는 경제적 하부구조에 화폐경제로 이루어진 정치적 상부구조가 더 이상 적응하지 못한 결과로 붕괴되었다고 보았다. 곧 시장경제의 파탄이 정치적 붕괴로 연결되었다는 것이다.

글로벌 금융위기로부터 시작된 대규모 양적완화는 코로나19로 인해 지속되어 저금리하의 통화팽창은 전세계적으로 파급되었다. 2022년 초 발발한 러시아 우크라이나 전쟁은 이에 기름을 부어 인플레이션을 촉발시켰다. 이미 인플레이션은 우리 앞에 고통으로 다가와 있다.

양적완화라는 신기루

지인엽
동국대학교 교수

지금 우리 정책당국은 양적완화의 결과로 나타난 자산가격 거품, 빠르게 증가하고 있는 가계대출, 급격한 인플레이션에 대응하느라 분주히 움직이고 있다. 신흥국발 경제위기 가능성을 논하는 전문가들도 나오고 있는 것으로 보아 심상치 않은 국면으로 전환되고 있는 것 같다. 양적완화는 신기루(망상)였을까?

양적완화란 무엇인가?

지난 십수 년간 매체에 등장했던 수많은 경제용어 중 '양적완화'라는 말만큼 자주 나오는 용어도 찾기 어려울 것이다. 양적완화는 영어 'Quantitative Easing(QE)'를 번역한 것이나, 사실 오랜 연구의 산물로 정립된 용어는 아니다. 이 용어는 '신용의 양적 이론'이라는 분야를 연구해온 독일 경제학자 리차드 워너(옥스퍼드대 경제학 교수)가 1995년에 처음 사용한 것으로 알려져 있다. 워너 교수는 일본의 사례를 들며 금리인하, 확장재정, 확장통화, 경제구조 개혁 등의 정책으로는 명목 GDP 성장을 촉진할 수가 없으므로, 이러한 전통적인 확장정책보다는 신용의 확대를 통해 경기회복을 시도해야 한다고 주장했다. 그는 이런 맥락에서, 중앙은행의 부실채권 매수, 건전성 규제 완화, 신용창조 과정의 점화 등 양적완화의 구체적인 지침을 제시했다.

실제로 일본은 오랫동안 매우 확장적인 통화정책을 사용했으나, 그전까지만 해도 워너 교수가 의도한 양적완화를 실행한 적은 없었다. 2008년에 와서야 미국 연방준비제도(이하 연준)가 국제금융위기에 대응하느라 금융시장에 직접 개입하면서 진정한 의미의 양적완화를 단행했다. 당시 양적완화를 진두지휘한 연준 의장 벤 버냉키(프린스턴대 경제학 교수)가 이후 그 시기를 회고하며 '행동하는 용기'라는 한 권의 책을 집필했을 정도로 양적완화는 매우 많은 논쟁을 불러일으켰다. 해당 정책을 고안했던 워너 교수 또한 양적완화를 '새로운' 통화정책으로 인식하여 신(New) 통화정책이론이라는 용어를 사용했다. 이렇듯 양적완화는 화폐공급이나 금리 등을 수단으로 사용하는 전통적인 통화정책이 아닌 전혀 새로운 정책이다. 장기간에 걸친 연구가 진행되어 왔지만 전문가들 사이에서 양적완화의 메커니즘이나 효과 등 정책의 타당성에 대한 컨센서스가 형성되지 못했다. 전통적인 정책들에 대해서도 주류경제학자들 간 이견이 있는 경우가 허다했음을 생각하면, 경제정책에 대한 컨센서스를 이끌어내는 작업이 얼마나 지난한 과정인지 알 수 있다. 하물며 이 과정마저 생략되었던 양적완화의 경우는 마치 새 상품을 구매하긴 했으나 사용법을 숙지하지 못한 채 바로 전원 버튼을 누른 것과 같은 상황이 되었다.

양적완화의 필요성, 규모, 명암

그럼에도 불구하고, 2008년 양적완화를 채택했던 배경에는 당시 상황의 위중함이 있었다. 미국을 비롯한 선진국들은 백년 이상 지속된 꾸준한 성장을 보여줌과 더불어 고도화된 금융기법과 거대한 시장 규모로 인해 금융 부문에서도 견고한 면모를 갖추게 되었으나, 느닷없이 미국에서 금융위기가 발발하여 세계를 충격에 빠뜨렸다. 게다가, 미국발 위기가 국제금융위기로 발전했다는 점에서 당시의 위기는 경악스러운 사건이었다. 이와 함께 잔존하던 대공황의 악몽도 한몫했다. 유럽에서 탄생한 자본주의는 1800년대 말과 1900년 초반 미국에서 본격화되고 있었는데, 급격한 물가상승이나 크고 작은 경기침체의 교훈을 통해 연준이 설립된 1913년 이후 1929년에 또 한 번 대공황을 맞은 기억이 있었다. 대공황의 원인에 대해서는 다양한 진단이 있었지만, 당시 위기가 고금리와 유동성 부족에서 기인하였다는 의견이 우세하였다. 이러한 역사적 인식이 양적완화 도입을 지지 또는 묵인하는 이유 중 하나였을 것으로 추정된다. 실제로, 양적완화를 대공황 때 실행했으면 경기 방어에 큰 효과가 있었을 것이라는 연구 결과도 보고된 적이 있다. 그리하여 실시된 2008년 양적완화의 결과는 상당히 성공적이었다. 대규모 경기침체를 피했고 2013년에는 경기회복의 기미가 뚜렷해지자 연준이 자산매입을 줄여가는 이른바 '테이퍼링'을 선언했다.

그러나, 성공한 만큼(또는 관점에 따라 그 이상으로) 대가를 지불해야 했다. 미국의 경우 양적완화 5년 만에 주가가 위기 이전으로 회복한 정도를 넘어 그 이상 올랐다. 경제성장률이 회복되지 않은 5년 사이에 자본가치는 예전보다 더 높아진 상황으로, 매우 설명하기 힘든 현상이다. 이 현상은 지역별로 정도의 차이만 있을 뿐 전 지구적으로 모든 자산시장에 광범위하게 나타났다. 선진국일수록 주가가 많이 오르고, 중진국과 개도국에서는 부동산 가격이 폭등하는 양상을 보였다. 상황이 이렇다 보니 주가수익률, 토지가격 등 통계를 엄밀하게 분석하는 시도 자체가 무의미해졌다. 우리나라만 해도 평범한 직장인이 근로소득으로 수도권에 내 집을 마련하겠다는 생각 자체가 요원한 꿈이 돼버렸다. 무분별하게 풀린 유동성은 생산성 있는 기업을 위한 구제자금으로 쓰이기보다, 이미 여유자금이 있어 부채를 더 일으킬 수 있는 개인들의 주머니로 흘러 들어가 투기자본으로 둔갑하는 일이 빈번하게 일어났다. 이는 명백한 자원배분의 왜곡이다. 최근 발표되고 있는 연구들은 양적완화의 부작용을 수리적으로 규명하고 있는데, 부작용에는 자산 불평등도 포함되어 있으므로 해당 연구들이 현실과 부합하는 결론을 얻고 있다. 그뿐만 아니라, 양적완화는 소득과 소비의 변동성을 확대해 후생 불평등을 심화시킬 수도 있다고 한다.

더 큰 문제는 양적완화에 관한 연구가 아직도 진행형인 가운데, 2020년 3월 WHO에서 코로나바이러스19를 팬데믹으로 선언하고 전 세계가 코로나 정국에 돌입한 이후 2008년을 능가하는 규모의 양적완화를 한 번 더 실시했다는 사실이다. 연준은 2008년 국제금융위기 때 처음으로 시행했던 양적완화 규모를 약 4조 달러까지 늘렸다가 이후 코로나 위기 때는 약 9조 달러까지 확대하여, 처음과 비교하여 두 배가 넘는 규모의 양적완화를 단행하였다. 우리나라 연간 GDP가 약 2조 달러가 안 되니 우리로서는 실감이 나지 않는 규모이다. 그 결과, 우리는 전례가 없는 자산가격 거품과 인플레이션의 후폭풍을 떠안고 있다. 연준이 최근 통화정책 정상화를 목표로 금리를 무려 0.75% 올리긴 했으나, 이 또한 여전히 완화적인 통화정책 스탠스이다. 지금 속도로 연준의 자산매입 규모를 줄인다고 해도 2019년 규모로 돌아가는 데만 수년이 걸릴 것이다. 즉, 우리는 당분간 양적완화의 그늘에서 살아야 하는 수밖에 없다.

생산성, 생산성, 생산성

이 시점에 우리는 무엇을 생각해야 할까? 바로 생산성이다. 다시 기본으로 돌아가자는 뜻이다. 경제운용의 가장 바람직한 방향성은 지속적인 성장이다. 지속적인 성장은 기본적으로 생산성에서 나온다. 물론, '모두가 코로나로 신음하고 있는 마당에 무슨 배부른 소리냐'고 반문할 수 있지만, 이럴 때일수록 장기 정책목표의 중심은 생산성이 되어야 한다.

여기서 말하는 생산성을 통한 성장은 '동아시아의 기적'의 주인공인 우리나라가 경험했던 이른바 압축성장과 같은 성장방식이 아니다. 동아시아의 성장은 기술집약적이기보다 자본축적량이 낮은 상태에서 자본투입을 증가시키는 성격이 강했다. 우리의 경제성장 역사를 폄훼하는 것이 아니다. 우리 성장방식이 모방적 기술진보와 자본축적으로 얻은 결과였으므로, 무조건 양질의 성장이었다고만 평가하거나 같은 방식으로 지속적인 성장을 달성하기엔 무리가 있다는 뜻이다. 노벨상 수상 경제학자 폴 크루그먼도 이 점에 근거해 동아시아 국들의 성장을 냉정하게 비판한 바 있다. 그의 주장대로 고도성장을 경험한 동아시아 경제는 최근 중국의 선전에도 불구하고 이미 저성장 단계로 접어들어 서구의 소득수준에 근접하지 못하고 있다. 따라서, 중견 국가에서 도약해야 하는 우리에게 생산성은 더욱 중요한 정책목표이다.

생산성 제고는 정치적 안정, 사회제도의 선진화, 법치주의, 자유

경쟁, 인적자본과 인프라 확충 등 혁신에 대한 강력한 유인을 제공할 때 가능하다. 역사적으로 볼 때 이러한 유인들이 작용한 결과로 증기기관, 방적기, 축음기, 조명기술, 냉장기술, 컴퓨터 등이 탄생했고 산업혁명이 가능했다. 우리나라의 맥락에서 본다면 고민해야 할 사안이 많다.

지면 제한으로 인해 몇 가지 대표적인 것들만 간략하게 언급하자면 첫째, 이념 편향적이거나 국가가 시장을 주도하는 경제정책들은 지양해야 한다. 예를 들어, 강사법은 오히려 강사들의 대량 실직을 초래했고, 최저 임금 인상은 제도로부터 보호받아야 할 저임금 노동자들의 실직으로 막을 내렸다. 도리어 자영업자와 알바생들 간 즉, '을'들의 갈등과 반목만 부추겼다. 기업 정책도 마찬가지다. 현재 우리나라는 연구자들의 유인은 무시한 국가 연구지원과 창업 자금지원에 막대한 정부예산을 쏟아붓고 있다. 과연 그런 방식으로 우리나라에서 구글이나 테슬라가 나올 수 있을까? 민간이 하는 일을 우리의 경우 이익집단에 휘둘려 정부가 하고 있는 건 아닌지 다시 생각해봐야 할 일이다.

둘째, 창조적 인적자본의 양산과 인적자본 거래 시장의 확충이다. 창조적 기술 진보를 위해 교육 과정의 중심이 지식의 재생산보다 창조성에 맞춰져야 하고, 그 유인을 제공하기 위해 창조성이 거래되는 시장이 필요하다. 우리 사법체제에 지적재산권 보호제도가 있지만 법률적 보호를 받지 못하는 지적재산도 생산되고 거래될 수 있는 환경을 만들어야 한다. 이런 부분은 국가가 개입할 수 있다. 일례로 최근 특허청 주도로 전 국민 '아이디어' 플랫폼이 출시된 것은 매우 고무적인 일이다.

셋째, 규제개혁이다. '기업 하기 쉬운 나라'라는 구호가 몇십 년째 난무하지만, 우리나라의 규제수준은 여전히 높은 편이다. 또한, 항상 망각되는 규제개혁은 시민을 위한 규제개혁이다. 소소한 민원을 처리하기 위해 등본, 초본 제출 등 너무 많은 관문을 통과해야 한다. 여기서 초래되는 경제적 비효율도 상당하다.

진짜 오아시스이었나

2008년과 2020년 양적완화는 대규모 장기침체가 예상되는 긴급한 경제상황에 대응하여 소기의 목적을 달성했다고 봐야 공정한 평가가 될 것 같다. 신기루라기보다 사막 한 가운데 생사의 기로에 있던 자들에게 오아시스의 역할을 한 측면이 분명히 있다. 그러나 그것만으로 목적지에 도달한 게 아니다. 오아시스의 물을 마신 대가로 우리에게는 이제 인플레이션, 비대해진 금융자산 규모로 나타난 금융불균형, 자산불평등, 중앙은행의 자산손실 가능성 등 수많은 고지서가 날아오고 있다. 이제 실물에서 성과를 내지 않으면 상상하지 못했던 위기가 초래될 수 있다. 지연될수록 위기는 커지고 길어질 것이다. 다시 한번 생산성을 생각하게 된다.

참고문헌

- https://professorwerner.org
- Wei Cui and Vincent Sterk, Quantitative easing with heterogeneous agents, 〈Journal of Monctary Economics〉 123, 68~90, 2021

모기지론과 선택할 자유

김영신
계명대학교 교수

모기지론(mortgage loan)은 주택담보대출을 의미한다. 주택이란 집(house)의 또 다른 표현이다. 그리스어에는 'oikos'란 단어가 있는데, 이는 집이라는 의미를 담고 있다. 영어 'Economy'에서의 'Eco'의 어원이다.[1] 다시 말하면 집이라는 것은 유형의 건물뿐만 아니라 무형의 자원과 시스템을 포함하는 것이다.

모기지론은 경제학에서 소비평활화(consumption smoothing)의 개념과 유사하다고 볼 수 있다. 소비평활화는 개인의 생애주기 상 노동시장 진입 전 또는 직후 소득이 없거나 적을 때 미래의 소득을 현재

---

1) 정해진, 〈재미있는 해양 생태학〉, 서울대학교출판문화원, 2022.

로 당겨와서 일정한 소비수준을 유지할 수 있게 하는 것이다. 즉, 미래소득을 담보로 대출을 받아 현재소비를 가능하게 하는 것이다. 그리고 생애주기 상 중년의 높은 소득 기간에는 과거의 대출을 갚고 저축을 통해 은퇴 후의 일정 소비수준을 할 수 있는 것이다. 결과적으로 소비평활화는 생애주기로 볼 때 개인의 효용(또는 행복) 수준을 급격하게 하락시키는 것 없이 일정하게 유지할 수 있도록 하는 것이다.

마찬가지로 축적된 재산이나 소득이 적은 젊은 시절에 모기지론을 통해 집을 구입함으로써 보다 안정적인 생활이 가능할 것이다. 은퇴이후에 모기지론을 다 갚고 줄어든 소득의 부족분을 역모기지론(reverse mortgage loan)을 통해 보충함으로써 안정적 소비와 일정한 삶의 수준을 유지할 수 있게 된다. 즉 모기지론과 역모기지론은 개인 및 가구의 생애주기상 주거생활의 불확실성을 완화시켜 주어 보다 안정적인 가정생활을 영위하고 경제활동의 다양한 선택을 가능하게 하는데 도움을 줄 수 있다.

집에 대한 개념과 활용의 시대적 변화

집은 인간의 기본 생활의 보장이 되는 중요한 요인이다. 원시시대에는 먹을 것을 구하기 위해 채집이나 수렵을 하면서 거주지를 이동하였다. 이때의 집은 거의 잠을 자는 것 외에는 큰 기능이 필요치 않았다. 이후 농경문화가 발생하면서 농업을 통한 수확량이 많아지고 가축사육 등 정주(定住)가 필요해지게 되었다. 농경문화의 발달은 필연적으로 인구증가를 가져오게 되었고 역설적이게도 그로 인해 주거공간의 부족으로 각종 불화들이 발생하게 되었다. 이 시대부터는 집이라는 재산의 개념이 생겨나고 싸움이나 약탈, 전쟁 등도 나타나게 되었다. 현대적 의미에서의 집은 보다 복잡하고 다양한 기능과 역할을 수행하고 있다. 먹고 자는 데 필요한 장소의 역할은 물론 여가 및 취미 생활의 공간으로도 이용된다.

집은 재산증식의 수단으로 적극 활용되기도 한다. 특히 부동산 개념으로서의 집은 학교, 병원, 백화점, 공원, 지리적 위치 등 사회간접자본(social overhead capital)과 매우 중요하게 관련되어 있다. 특히 우리나라의 경우에는 명문 학군 여부 또는 유명 입시학원가와의 거리 등도 집을 찾는데 매우 중요한 요인이 된다. 그렇기에 집의 위치, 그리고 단독주택, 다세대주택, 빌라, 아파트 등 집의 형태에 따라 집에 대한 시장가치는 크게 달라진다.

일반적으로 집이 기능하고 상징하는 것은 매우 중요하게 여겨진다. 정주 공간의 역할로서 집이 어디에 위치에 있는가, 다시 말하면 거주하는 집의 시장가격이 어떻게 되느냐에 따라 사회적으로 바라보는 시선이 달라지기도 한다. 흔히 말하는 고가의 커뮤니티에 거주한다고 하면 부유한 집안에서 태어났거나 전문직 고소득자, 사업가 등 사회적 성공과 부를 갖춘 사람들이 모여 그들만의 거주공동체를 만들어 산다고 보는 시선이 있다. 때때로 여타 사람들에게 부러움 또는 질시의 대상이 되기도 한다.

따라서 단순히 거주 목적의 집에서 사회적 성공과 부를 갖춘 사람으로 평가받기 위해 집을 투자나 재산 증식의 수단으로 구입하는 경우가 적지 않다. 따라서 거주할 목적으로써의 집과 소유할 목적으로의 집 수요는 다르게 나타난다. 거주할 목적의 집은 살기 좋은 환경을 갖춘 곳에 중점을 둔다면 소유할 목적의 집은 투자 목적의 집이라고 볼 수 있다. 특히 거주할 목적의 집에 대한 수요도 마찬가지겠지만 투자할 목적의 집을 구입할 때는 미래의 시장가치 상승에 더욱 관심을 가지게 된다.

모기지론을 통한 집 구입

현실적으로 거주목적이든 투자목적이든 집을 구하기 위해서는 적지 않은 목돈이 필요하고 이를 가능하게 하는 것이 모기지론이다. 부모나 친척, 또는 가까운 지인으로부터 집 구입자금을 증여받거나 빌려 주택을 구매하기도 하지만, 대부분의 사람들은 모기지론을 이용한다. 모기지론은 부동산을 담보로 은행과 같은 금융회사나 기관이 장기주택자금을 대출해 주는 제도이다. 대개는 원리금 분할 상환이 방식으로 최장 30년 만기를 제공한다. 이 때 은행은 대출자의 구입 주택을 담보로 주택저당증권(Mortgage Backed Securities: MBS)을 발행하여 이를 중개기관에 매각하여 대출자금을 미리 회수하기도 한다. 중개기관은 MBS를 일반 투자자에게 판매하고 그 대금으로 은행들에게 자금을 지급한다. 예를 들어, 현금 1억 원을 가지고 있는 개인 또는 가구가 5억 원의 주택을 구매하고자 할 때 4억 원의 돈을 은행으로부터 대출받아 주택가격을 지불하는 것이다. 주택, 즉 집을 구하게 되면 상술한 것처럼 가구원들과 음식을 나누고 함께 생활하는 거주 공간이 확보되는 것이다. 직장 또는 사회생활과 구분된 가정생활을 통해 마음의 안정을 도모하고 쉼을 통해 활력을 재충전할 수 있는 기회를 갖게 되는 것이다. 집은 주택이라는 유형의 공간가치뿐만 아니라 가정이라는 무형의 가치에 대한 경계(boundary)를 제공해 줄 수 있다. 다시 말하면 집은 우리에게 보다 다양한 선택과 행동을 가능하게 해 준다.

모기지론의 불확실성과 위험

개인의 선택이 다양해지고 보다 안정되고 자유로운 삶이 가능하게 해 주는 모기지론에 대한 접근성은 개인마다 상이하다. 즉 일정 수준 이상의 재산 그리고/또는 안정적인 소득이 있는 사람의 경우에는 모기지론을 받을 수 있지만, 그렇지 않은 사람들은 모기지론을 받기가 용이하지 않다. 또한 모기지론을 받을 수 있는 사람들도 개별 신용도에 따라 모기지론의 규모와 이자수준이 달라진다. 모기지론 대출자의 재산, 소득, 직업 등의 요인이 고려된다. 모기지론 대출자의 신용도가 높을 경우에는 상대적으로 낮은 금리가 적용되지만, 신용도가 낮은 대출자의 경우에는 비교적 높은 금리가 적용된다. 역설적이게도 신용도가 높게 평가되는 대출자는 모기지론 이자를 안정적으로 갚을 가능성이 상대적으로 높은 상황에서 모기지론 이자수준이 낮기 때문에 모기지론에 대한 부실이 발생할 가능성도 상대적으로 낮다. 반면 신용도가 낮은 대출자는 상대적으로 높은 모기지론 이자를 갚아야하기 때문에 모기지론에 대한 부실 가능성이 높다고 볼 수 있다.

실제 2008년 글로벌 금융위기를 촉발했던 미국의 리먼브라더스(Lehman Brothers) 사태는 서브프라임(subprime) 모기지론에서 기인했다고 볼 수 있다. 당시 미국의 4대 투자은행(investment bank) 중 하나였던 리먼브라더스는 모기지 관련 투자가 많았었다. 1998년부터 2006년까지 급격하게 상승했던 미국의 주택가격이 폭락하면서 서브프라임 모기지론과 관련된 신용디폴트스왑(Credit Default Swap: CDS)에 투자했던 금융회사들이 파산위기에 몰렸다. 서브프라임은 금융회사의 대출자를 분류할 때 신용등급이 낮은 비우량대출자를 의미하는 것이다. 미국의 금융회사들은 부동산 가격 상승기에 서브프라임 등급자들에게 무분별한 대출을 했었다. 심지어 반려동물 명의로도 모기지론을 대출해 줄 정도였다. 모기지론의 증가와 함께 주택저당증권을 담보로 묶어 유동화시킨 부채담보부증권(Collateralized Debt Obligation: CDO), 그리고 이를 보증하는 신용파생상품인 신용디폴트

스왑도 급증하였다.[2] 문제는 여기에 서브프라임 모기지 부실증권들이 복잡하게 섞여 있었다는 것이다. 부동산 경기가 꺾이자 담보가치가 하락하면서 부실이 크게 발생하였고, 관련 금융회사들이 이를 숨기는 등 문제를 확산시켜 결국 글로벌 금융위기의 도화선을 작용하였다.

모기지론을 통한 선택의 확대

우리는 모기지론과 역모기지론을 통해 집 구입과 매각 등에 대한 선택지가 확대되었다. 이를 통해 보다 안정적인 주거생활 및 경제생활을 도모할 수 있게 된 것이다. 그러나 유념할 것은 모기지론은 대출수요자의 신용과 금융회사들의 신뢰의 바탕위에서 이루어진다. 모기지론은 대출자의 신용도를 엄밀하게 파악해서 매우 신중한 대출이 이루어져야 할 것이다. 또한 단기적 이익만을 추구하기 위한 금융회사들의 방만한 부실대출도 제한되어야 할 것이다. 모기지론의 대출 수요자와 공급자의 도덕적 해이로 인한 금융이나 실물의 경제위기가 재현돼서는 안 될 것이다.

모기지론과 역모기지론 활용하여 생애주기 동안 안정적인 생활

---

[2] 안재욱·김영신, 〈경제학: 시장경제의 원리〉, 박영사, 2022.

을 도모하여 삶의 질을 일정하게 유지할 수 있는 선택이 보다 자유로워야 할 것이다.

4

개방과 자유무역: 더 넓고 열린 세상을 향해

대항해시대, 동서양 역전의 시작
르네상스와 개인의 자유
자유와 관용의 포용적 경제: 박정희 정부의 수입자유화
이승만, 미국으로 유학을 떠난 조선청년
신뢰를 품은 플랫폼 기업

대항해시대,
동서양 역전의 시작

남정욱
작가

19세기는 '유럽의 세기'였다. 유럽에서 온 배가 일곱 대양을 누비고 다녔고 유럽에서 나온 물자와 정보들이 세상을 휩쓸었다. 갑자기 불쑥 벌어지는 일은 없다. 영광의 주역으로 우뚝 서기 전 유럽은 차근차근 단계를 밟았다. 17세기 과학 혁명과 18세기 계몽주의의 시대다. 그리고 그 출발에 15세기와 16세기를 아우르는 대항해 시대가 있었다. 시작은 너무나 단순했다. 진격의 오스만 제국이 지중해 남쪽과 동쪽을 막아버리자 포르투갈과 에스파냐가 "지중해만 바다냐. 대서양도 바다다." 외치며 지중해 반대편으로 빠져나가 버린 것이다. 어쩌면 당연한 전개다. 꼭 오스만의 봉쇄가 아니었더라도 애초부터 지리상의 문제로 지중해 무역에서 소외되어 있던 두 나라가 살 길은 서쪽 바닷길과 남쪽 바닷길밖에 없었다. 그러니까 대항해시대는 다만 시기상 혹은 기술상의 문제였던 셈이다.

엔리케 왕자와 종교적 신념

역사는 자연과학적 필연과 확률적 우연의 결과물이다. 어려운 말로 들리지만 전혀 그렇지 않다. 자연과학적 필연이란 일어날 일은 어차피 일어난다는 얘기다. 확률적 우연은 그게 누구에게 일어나느냐 하는 거다. 후보는 둘이다. 노력하는 사람과 운이 좋은 사람. 어느 쪽일까. 둘 다. 노력하는 사람이 대부분 운이 좋다. 15세기 포르투갈이 딱 그랬다. 포르투갈의 두 번째 왕조를 개창한 주앙 1세의 가장 큰 업적은 뛰어난 아들들을 생산한 것이다. 5명 중 4명이 역사에 길이 남을 인물로 성장했고 그 중 톱이 셋째인 엔리케 왕자다. 그는 포르투갈의 운명을 바꿔놓았다. 1418년 엔리케 왕자는 포르투갈 최남단에 복합 해양 기지를 건설한다. 이 기지에 그는 유럽 각지에서 지리학자, 천문학자, 수학자와 탐험가들을 불러 모은다. 이들은 바다에 대한 정보를 수집하고 연구했다. 그 바다는 지중해가 아니라 나중에 대서양이라고 불리게 될 바다였다. 대서양과 지중해는 차원이 다르다. 대서양에 비하면 지중해는 호수다. 당연히 배의 개량 작업부터 이루어졌다. 내구성을 강화했고 바람을 이용하기 위해 돛대의 수를 늘린 후 거대한 돛을 달았다. 참고로 지중해는 노잡이 배로도 항해가 가능하다. 이 과정은 쉽지 않았다. 포르투갈 내부에서도 반대의 목소리가 컸고 예산은 아슬아슬했다. 1444년부터 엔리케 왕자는 본격적으로 남쪽 그러니까 아프리카 서쪽으로 함대를 내려 보내기 시작한다. 탐험대는 원주민들을 잡아왔고 이때부터 포르투갈의 노예무역이 꽃핀다. 아프리카인들에게는 지옥문이 열린 셈이지만 국가 재정을 허공에 뿌리고 있다는 비난이 잠잠해진 것도 수익이 발생한 이 때부터다. 그는 총 4천 킬로미터에 달하는 서아프리카 해안선을 포르투갈 지도에 추가했다. 엔리케 왕자는 자신이 무엇을 하고 있는지, 자신의 행동이 유럽의 세계 진출을 앞당기는 것이었다는 사실을 알고 있었을까. 몰랐을 것이다. 그는 전형적인 중세 사람이다. 가톨릭 세계관으로 중무장되어 있었고 항해의 가장 큰 목적은 조국 포르투갈의 영광과 종교적 신념이었다. 종교적 신념이란 가톨릭의 전파와 전설의 기독교 왕국 군주 프레스터 존을 만나 그와 함께 십자군 전쟁을 재개하는 것이었다(좀 깬다). 엔리케 왕자는 1460년 세상을 떠날 때까지 자신이 건설한 해양 기지에 머물렀다. 무려 40년간. 결혼도 하지 않은 채.

에스파냐의 복병, 콜럼버스

엔리케 왕자의 해양 탐험 승계자는 주앙 2세다. 그는 귀족들의 씨를 말려 왕권을 강화했고 자신의 선명한 업적을 위해 바다로 눈을 돌렸다. 주앙 2세의 특명을 받은 것은 캉이라는 탐험가였다. 캉은 유럽인으로는 처음으로 콩고 강 입구를 통과했고 오늘 날의 앙골라에 위치한 산타 마리아 곶까지 내려갔다. 2차 항해에서 캉은 나미비아의 케이프크로스까지 남하했지만 선원들의 회항 요구로 눈물을 머금고 귀국한다. 교체된 선수는 디아스였다. 디아스는 희망봉을 통과한 뒤 아프리카를 돌아 인도양 앞에 도달한다. 주앙 2세에게 인도로 가는 길이 열리기 직전 복병이 등장했으니 크리스토퍼 콜럼버스라는 인물이었다. 콜럼버스는 주앙 2세가 발로 차버린 행운이기도 했다. 1484년 서른 세 살의 콜럼버스는 항해 계획서를 들고 주앙 2세를 알현한다. 그의 기획안은 항해 검토 위원회로 넘겨졌고 1년여에 걸친 심사 끝에 반려된다. 콜럼버스의 계획안에 들어있는 아시아까지의 항해 거리가 너무나 짧다는 것이 이유였다. 그는 카나리아 제도에서 일본까지의 거리를 2,400마일로 계산했다. 그러나 실제 그 거리는 1만 600마일로 무려 네 배나 차이가 난다. 그는 아메리카 대륙의 존재를 몰랐고 자연히 그 넓이만큼이 빠져있었던 것이다. 실망한 콜럼버스는 에스파냐로 터전을 옮긴다. 에스파냐라고 실패한 기획자 콜럼버스에게 친절할 리 없었다. 그러나 기적이 일어났으니 1492년 이슬람 세력을 몰아낸 이사벨 여왕이 그의 기획을 전격 승인한 것이다.

위대한 착각

출항 후 한 달 후 콜럼버스의 선단은 카나리아 제도를 통과한다. 여기서부터는 그야말로 미지의 세계다. 나침반 하나와 모래시계 그리고 몇 개의 조잡한 천문관측기구만을 이용해 망망대해를 헤쳐 나가야 하는 것이다. 콜럼버스가 잘못 계산한 탓에 금방 나온다던 육지는 코빼기도 비치지 않았다. 선원들의 불안은 불만으로 진화했다. 콜럼버스는 불만을 누그러뜨리기 위해 꼼수를 썼는데 그것은 항해한 거리를 실제보다 적게 기록하는 것이었다. 사기와 기만의 한 달. 기약 없는 항해 동안 콜럼버스의 속은 까매졌고 선원들은 손에 몽둥이를 들고 회항을 외치기 시작한다. 불만 폭발 직전의 어느 새벽, 누군가 "육지다!"를 외친다. 10월 12일이었고 카나리아 제도를 지난 지 33일 만이었다. 육지는 바하마 제도의 한 섬이었다. 해안에 상륙한 콜럼버스는 왕실 깃발을 꽂으며 섬의 이름을 산살바도르(성스러운 구세주라는 뜻)로 명명한다. 2주 후에는 에스파뇰라 섬을 발견했는데(현재 서인도 제도의 도미니카) 그게 콜럼버스 1차 항해의 마지막 발견이었다. 콜럼버스는 계산을 잘못했고 그 착오를 감추기 위해 속임수를 썼다. 그 착각과 속임수가 아니었더라면 항해는 완성되지 못했을 것이다. 가령 서울에서 안성까지 걸어가는 조건으로 10만 원 준다고 하면 독하게 마음먹고 가는 사람 분명 있다. 그러나 부산까지 10만 원에 걸어가라면 아무도 안 간다. 콜럼버스는 부산을 안성 정도 거리로 속여 선원들을 몰고 간 셈이다. 적절하고 좋은 비유는 아니지만 대략 그렇다는 얘기다.

대항해 시대 그리고 세계사 혹은 지구사의 탄생

탐험가의 시대가 끝나면 모험가의 시대가 이어진다. 코르테스, 피사로 등이 그 이름들이다. 남미는 고통의 시간이었다. 유럽에서 온 질병으로 지금의 멕시코와 페루에서 제국 여러 개가 날아가고 인구는 급감한다. 그러나 문명의 전파는 슬프게도 폭력적이다. 남미에서 금과 은이 유럽으로 흘러들어가는 동안 남미에는 유럽에게 건너간 돼지, 양, 소, 말이 자리를 잡는다. 가톨릭이 전파되고 미신과 무속이 사라진다. 유럽이 남미를 인식하기 시작한 것처럼 남미도 유럽이라는 대륙과 문명에 눈을 뜬다. 콜럼버스와 마젤란 이후 유럽인들의 시야는 넓어졌다. 이들이 등장하고 비로소 유럽이라는 지역 역사는 세계사와 지구사로 발전한다. 1400년부터 1600년까지 유럽은 광대한 비유럽 세계의 정복과 식민지를 통해 가난한 대륙에서 세계를 주도하는 세력으로 발돋움했다. 물론 이 시기에도 물질적인 부와 군사력 그리고 과학기술은 중국과 이슬람 세계가 우위에 있었다. 그러나 둘은 '아무것도' 하지 않았다. 중국은 스스로 바다의 길을 접었으며 이슬람은 구닥다리 종교적 이념에 침잠한 끝에 폐쇄적 지역 왕국으로 고착했다. 자유로운 개인의 당당한 이익 추구와

이에 따른 제반 개혁으로 가난뱅이 유럽이 19세기를 지배했던 것과 정반대의 행로다. 자유의 나침반이 작동하는 나라와 멈춰버린 나라의 운명은 그렇게 갈렸다.

르네상스와 개인의 자유

이혁우
배재대학교 교수

피렌체라는 화려한 도시

피렌체의 산타 마리아 델 피오레 성당 얘기는 흥미롭다. 건물은 몇 차례의 건축과 중단, 재건축을 거쳐 완성됐지만 돔을 지을 수 있는 기술이 없었다. 이때 돔 공사를 맡은 이가 바로 브루넬레스키이다. 그는 산 조반니 세례당 청동문 설계 경쟁에서 기베르티에 지고, 로마로 가 건축을 배웠다. 1419년, 이 둘은 돔 제작 공모에서 다시 붙었고 이번엔 브루넬레스키가 이겼다. 피렌체 어디서나 눈에 띄는 대성당의 거대한 돔은 그렇게 완성되었다. 착공 후 140년만의 일이다. 미켈란젤로가 천국의 문이라 불렀던 기베르티의 청동문도 여전하다.

르네상스 대표도시 피렌체는 이런 예술천재의 이야기로 가득하다. 평생 사랑한 베아트리체를 보고도 말도 못 건넸다는 단테 이야기, 소년 미켈란젤로의 길거리 조각에 감동받은 로렌초 데 메디치가 그를 교육시켰다는 얘기, 우피치 미술관 외벽을 두르고 있는 당대 대가의 석상들과 이를 지원한 각 길드 이야기. 베로키오가 제자 레오나르도 다빈치의 재능에 붓을 꺾었다는 예수의 세례 그림 이야기.

지금 보면 600년쯤 전 이 정도 도시가 만들어졌다는 것이 놀랍다. 이탈리아 토스카나 중부, 로마가도를 우회하는 별로 특별할 것 없는 도시는 오늘날 르네상스의 발상지로 일컬어진다. 조토와 미켈란젤로, 다빈치와 라파엘로를 보러 오는 도시, 메디치가의 예술 후원주의에 경의를 표하는 도시, 대성당 꼭대기에 올라 옛 도시의 스카이라인을 직관하고 사진도 찍는 전 세계 사람을 불러 모으는 도시가 바로 피렌체이다.

르네상스 정신, 자유와 번영

피렌체를 제대로 보려면, 예술작품과 이야깃거리에만 머물러선 안 된다. 이 도시는 왜 르네상스 최초의 도시란 이름을 갖게 되었을까? 이 정도 화려함이 있으려면 경제적 번영은 필수이다. 하나하나가 대작인 이 도시의 건축과 미술작품은 예술가의 혼도 있었겠지만 이들을 후원한 이들이 있어 가능했다. 피렌체는 예술이 모이기 전에 돈이 모이던 도시였던 것이다.

그렇다면 이 도시의 경제적 번영은 어떻게 가능했을까. 도시발전의 조건은 다양하다. 전쟁에 이겼을 수도 있고, 황제가 사는 곳이어서 국부가 집중되는 곳이었을 수도 있다. 큰 강을 끼고 있어서 교역의 중심지였을 수도 있다. 그것도 아니면, 금은이 많이 나는 곳, 토지가 기름져 농사가 잘 될 수도 있다. 그렇다면 피렌체는? 다 아니다.

이탈리아를 넘어 유럽에서도 가장 거대한 도시 중 하나였던 피렌체는 다른 도시에는 있는 세습귀족은 없었고 개인과 자유는 있었다. 1293년, 르네상스가 움트던 시절, 피렌체는 이미 상인으로 구성된 시민정부를 수립했다. 권력의 중심이던 7개의 큰 길드와 그 외 크고 작은 길드에서는 원래 상인과 귀족이 공존했었다. 그러나 공화정이 수립되면서는 귀족들의 정치활동은 금지되었다. 피렌체 인구를 절반으로 줄인 14세기 초 발생한 흑사병은 혈족집단인 귀족의 정치적 재개를 불가능하게 만들었다. 피렌체는 이제 명실상부한 상인중심, 시민주도 도시정부가 되었다. 14세기 중엽의 일이다.

상인의 정신은 개인과 자유로 요약된다. 개인이란, 세상사람 하나하나의 개체성을 인정한다는 뜻이다. 모든 사람은 자기의 것을 주장할 권리가 있고, 거래할 수도 있고, 권리를 침해받았을 때 따질 수도 있다. 개인의 출현은 사람들이 계약의 자유를 가질 때 가능해진다. 그러려면 누구에게도 종속되지 않은 권리의 주체로서의 개인이 전제되어야 한다. 르네상스 시대 상인계급의 등장은 이것을 보여주는 징표였다.

애써 벌어들인 부를 가지고, 화려한 교회를 짓고, 최고의 화가에 그림을 의뢰하며, 성모마리아와 예수님을 경배하며 하나님의 구원을 청하는 것. 개인이란 자유를 얻은 피렌체의 상인은 이것을 추구했다. 우피치 미술관 벽을 두른 르네상스 거장의 조각상 하나하나는 길드의 후원을 받아 세워졌다. 피렌체의 르네상스에서 그렇게 중세의 성(聖)과 근대의 속(俗)이 만났다. 메디치가로 대표되는 상인계급과 이들이 주도한 피렌체의 번영을 이해하려면, 피렌체가 당대 어느 곳보다 개인과 자유가 번성했던 지역임을 이해해야 한다. 교황 보나파스 8세가 피렌체 사람들을 새로운 제5의 원소[1]라고 했던 것도 이 때문이었다.

이제 개인과 자유의 눈으로 피렌체를 다시 보자. 중세라면 당장 목이 잘리고, 화형을 당했을 성스럽지도 않고 고통스러워하는 아담과 이브를 그린 마사초, 인체를 도드라지게 표현한 나체의 비너스를 그린 보티첼리가 있었다. 신과 성경만을 그린 중세의 비싼 모자이크와는 달리 서민적인 프레스코화를 대중화시킨 조토도 있었다. 라파엘로가 그린 교황청 내 아테네 학당도 르네상스 시대의 일이다. 그리스 시대 철학을 교황청에 그려 넣는다는 것은 중세라면 상상도 못했을 일이었다. 오직 신과 그 거룩함이 세상의 기준이었던 중세엔 개인은 없고 한줌 지배계급 수도자와 귀족만 있었다.

---

[1] 제4의 원소는 아리스토텔레스가 세상을 구성하는 물질로 본 물, 불, 흙, 공기를 일컫는다.

피렌체는 또 달랐다. 세습귀족이 없으니 사회적 계급이동성이 컸다. 교황, 수도사, 귀족, 평민으로 고착화된 중세계급이 와해되기 시작한 것이다. 메디치가의 조상은 평범한 중산층이었고, 레오나르도 다빈치는 변호사 아버지와 농민 어머니 사이의 혼외아들이었다. 1300년대의 피렌체는 평민이 성공해 공화정의 유력세력이 될 수도 있는 개방성을 가진 사회였다. 이런 피렌체의 정신은 베네치아로 옮겨져 혐오집단 유대인까지 끌어안는 포용사회를 만들어 냈다. 이 도시에서는 1492년 스페인 레콩키스타 이후, 유대인을 추방하던 흐름 속에서도, 유대인을 게토에 몰아넣어 출입규제를 가했을지언정 결코 쫓아내지 않았다.

반동에서도 살아남은 자유주의

르네상스 시대의 자유가 오늘날의 보편적 자유주의로 진화한 것은 결코 단선적 과정이 아니었다. 번영이 있으면 반동이 있다. 로렌초의 죽음 이후, 사보나롤라가 등장했다. 기독교도들이 그리스-로마 문화에 너무 많이 빠져있었다고 믿은 그는 종교적 엄숙주의를 내세웠다. 피렌체의 예술품을 몰수해서 광장에 모아 불태웠다. '허영의 화형'. 보티첼리도 자신의 그림을 불태우고, 우아함이 사라진 답답하고 어색한 구도의 그림을 그렸다. 로렌초가 죽은 지 2년만인 1494년 메디치 은행이 파산했다. 경제가 어려우면, 다시 강한 국가가 등장하는 법. 피렌체 정부는 1540년 가격을 고정, 길드의 폐쇄권한을 강화하는 법령을 만들었다. 자유와 개방으로 꽃피웠던 피렌체는 제도적 경직성과 특권을 강화하는 이런 일련의 조치로 망가져갔다. 마침 트리엔트 공의회(1545~1563)에선 종교개혁 요구를 묵살하고 개신교를 이단으로 몰아세우는 '다시 종교주의'의 움직임도 있었다.

그런데 피렌체의 쇠퇴는 끝이 아니었다. 르네상스 정신은 살아남았다. 개인과 자유는 마약과 같아서 억눌린 중세시대엔 태어나서 죽을 때까지 농노로, 평민으로 사는 게 당연했지만 이젠 아니었다. 계급이 아닌 개인이, 억압이 아닌 자유가 슬슬 커져갔다. 개인 하나하나가 느낀 자유의 맛은 그렇게 달콤했다. 메디치가 이후, 독일지역에선 푸거가를 비롯한 금융업이 등장했다. 베네치아도 번성했다. 종교적 권위의 모순에도 대놓고 저항했다. 1517년 루터는 비텐베르크 대학 교회에 붙인 95개조 반박문을 붙였다. 성 베드로 성당을 짓겠다며 면죄부를 파는 교황청의 모순을 지적한 것이다. 교황과 종교에 대한 의문, '개인'으로서의 인간과 그 '자유보장'이라는 르네상스가 발견한 씨앗은 그렇게 꺼지지 않고, 살아남았다. 아니, 1618년, 최초의 세계대전인 신교와 구교의 충돌, 30년 전쟁을 거치면서는 유럽전역에 걸쳐 더욱 확고하게 자리 잡았다.

〈자발적 복종〉을 쓴 프랑스 청년 라 보에시는 절대군주가 휘두른 절대 권력에 의문을 품었다. 1548년쯤 일이다. 책 속에서 '수백만이나 되는 사람들이 힘센 척 하는 한 인간에 비천하게 복종할 것은 아니다' 는 격문을 만난다. 그렇게 피렌체로부터 시작된 르네상스의 개인과 자유의 사상은 베네치아로, 독일로, 네덜란드로, 프랑스로 옮겨갔다. 그리고 100년쯤 지나 홉스와 로크에 의해 제도화되기에 이르렀다. 사회계약론, 이로부터 저마다 다른 생각을 가진, 각기 다른 개성을 가진 개인들의 자유를 보장하면서도 사회를 안정적으로 통치할 정치권력은 어떻게 정당화 될 수 있는가라는 질문이 정리되었다.

드디어 중세시기, 절대왕조 시기, 한줌의 황제와 귀족, 수도사의 명령으로 모든 문제가 깔끔하게 해결되곤 하던, 천년 넘게 이어진 독재의 폭력적 억압을 당연시하던 익숙함이 걷어지고 새로운 사회 운영의 동학이 등장했다. 절대군주의 권력도 종국에는 시민으로부터 나오는 것이라는 홉스의 철학, 사회계약을 무시한 정치권력에는 저항할 수 있다는 로크의 시민주의 철학은 절대주의와 엄숙주의, 계급주의 사회로의 회귀를 불가능하게 만들었다. 보통사람 개인을 인정하고 이들이 가진 천부인권으로서의 자유를 보장하는 것만이 번영의 토대일 뿐만 아니라, 그런 사회가 바로 정당한 사회라는 철학이 확실히 자리 잡게 된 것이다.

르네상스는 바로 이것을 가능케 해준 단초이자 거대한 전환의 출발점이었다.

참고문헌

- 엔티엔 드 라 보에시, 〈자발적 복종〉, 심영길·목수정 옮김, 생각정원, 2015
- 양정무, 〈난처한 미술이야기〉 5~7권, 사회비평, 2018~2022
- 김상근, 〈천재들의 도시 피렌체〉, 21세기북스, 2010

자유와 관용의 포용적 경제:
박정희 정부의 수입자유화

한정석
미래한국 편집위원

〈국가는 왜 실패하는가〉의 저자 애쓰모글루 교수에 의하면 한 나라의 경제 성장은 지리적 요건이나 부존 자원의 여부로 결정되는 것이 아니라 '포용적 경제(Inclucive economy)제도'에 의해 이뤄진다. 이때 포용적 경제란 경제 활동에 수반되는 자원을 특수 그룹이 배타적으로 점유하고 운용하는 방식이 아니라 국민 모두가 자유롭게 접근해서 이를 활용해 수익을 얻을 수 있도록 자유와 관용을 부여하는 시스템이다.

아울러 여기에 사유재산을 제도로서 보장하는 법률을 가지고 있다. 그러한 점에서 박정희 정부의 수입자유화는 바로 애쓰모글루 교수가 말하는 '포용적 경제'에 해당하는 정책이라고 할 수 있다.

애쓰모글루 교수에 의하면 쿠테타와 같은 군사혁명이 발생한 나라에서는 대개 군부가 경제 자원을 독점하고 군부 내 인맥을 기업 책임자로 내려 보내 이익 독점 카르텔을 형성하는 것이 보통이다. 대개 아프리카와 중동과 같은 나라들에서 흔히 벌어지는 현상이며 그는 이러한 경제를 '비포용적 경제'라고 정의했다.

1961년 쿠테타로 집권한 박정희 군사혁명 세력은 충분히 애쓰모글루 교수가 지적한 '비포용적 경제'의 운용자가 될 수 있었다. 하지만 박정희 군사정부는 정치와 경제를 분리했고 기존의 기업들을 신뢰했으며 특히 능력이 있는 기업들이 자발적으로 경제 정책을 제안하고 주도하도록 경영과 생산의 자율권을 부여하고 격려했다. 그러한 점을 종합해 볼 때 박정희 정부는 자유 시장경제를 제도적으로 수용했다는 것을 알 수 있다. 그러한 박정희 정부의 수입자유화 정책은 시장을 지향하는 수출 정책과 동전의 양면이라 할 수 있다. 한마디로 자유와 관용의 철학이 담긴 정책적 선택이었던 것이다.

경제정책 그 이상의 의미를 가졌던 수입자유화

박정희 정부의 수출 정책 성공신화는 우리에게 잘 알려져 있는 반면, 수입 자유화 정책의 의미와 그 의의는 잘 알려져 있지 않다. 결론부터 이야기한다면 1976년부터 시작된 수입자유화 정책은 우리 경제가 처음으로 다자간 무역 질서인 가트체제에 들어섬으로써 대한민국의 위상이 국제적으로 고양되고 경제규모가 세계

10위에 이르는 초석을 마련한 계기라고 평가할 수 있다. 뿐만 아니라 수입자유화를 통해 국내 기업들의 체질이 해외 기업들과 경쟁해야 하는 단계로 상승했고 수출과 외화가득으로 인한 인플레이션을 잡는 중요한 역할을 했다. 하지만 이 모든 것보다 더 중요한 사실은 수입자유화라는 말이 시사하듯이 이후 정부들에서 경제 자유화와 민영화 등이 추진되는 중요한 당위와 규범을 이 수입자유화 조치에서 찾게 되었다는 사실이다. 수입자유화는 한편으로는 경제민주화의 성격을 띠기도 했다. 당연히 처음부터 순탄한 것만은 아니었다.

1971년 금본위제 브레튼우즈 체제의 붕괴에 1973년 1차오일쇼크로 침체를 겪었던 한국 경제는 1975년 하반기부터 경기가 회복세를 보이기 시작하더니 1976년에 이르면 경제성장률이 급속히 높아지고 경상수지도 개선되기 시작했다. 무엇보다 이 시기에 중동 붐에 의해 엄청난 달러가 국내에 들어오면서 통화가 증발되고 경기과열이 일면서 인플레이션 압력이 증가했다.

여기에 중화학공업과 건설업이 붐을 이루면서 임금은 치솟았고 인플레이션은 그만큼 더 기승을 부리는 상황이었다. 결국 부동산과 주식 시장도 과열되기 시작했다.

박정희 정부는 이 문제를 해결해야 하는 숙제를 안게 되었지만 성장 위주 정책을 펴온 입장에서 적실한 대책을 수립하는데 애를 먹고 있었다.

당시 미국에서는 보호주의에 대한 선호가 증대되고 있었다. 여기에 한국 경제를 국제 질서에 편입하고자 하는 미국과 IMF가 박정희 정부에게 수입개방을 촉구하고 있었지만, 민족주의 성향과 수출 지향의 박정희 정부 안에서는 이 문제를 '외래품 범람'이라는 관점에서 거부감이 높았다. 그런데 이를 설득한 관료가 있었다. 1980년대 한국경제의 성공신화를 이뤄낸 주인공, 자유주의 경제 관료인 김재익 경제 수석이었다. 당시 그는 경제기획원에서 기획국장을 맡고 있었다. 김재익 국장은 김정렴 대통령비서실장에게 '자유화 정책의 결여는 무역 전쟁이나 한국 수출에 반발을 불러 올 수 있음'을 설득하는 한편 '수입자유화로 국내 공급을 늘리면 인플레이션이 해결되면서 동시에 국내 기업들의 경쟁력 강화와 국민 후생도 늘릴 수 있다'는 점을 설명했다. 김정렴 실장은 이를 이해하고 박정희 대통령에게 보고해 재가를 득하게 된다.

흥미로운 점은 일단 수입자유화가 결정되자 한국 정부가 미국 카터 행정부보다 더 적극적으로 이를 밀어 부쳤다는 사실이다. 당시 카터 행정부는 GATT와 같은 다자간 무역질서를 선호하고 있었지만 미국 내에서는 보호무역을 지지하는 여론이 월등히 높아서 미국 정부는 한국에 수입자유화를 강력하게 요구하지는 못하는 상황이었다. 하지만 김재익 당시 기획국장과 장예준 상공부장관, 그리고 김정렴 대통령비서실장은 카터 정권이 교체될 경우 미국에 보호무역주의가 불어닥칠 것이고 이때 대미무역에서 흑자 폭이 큰 한국이 타겟이 될 수도 있다는 점을 중시했다. 이미 미국 정부는 한국의 철강을 비롯해 몇몇 부분에서 보복관세를 부가하려는 조치들을 취하고 있었기 때문이다.

1977년, 박정희 정부는 수입자유화에 착수하기 시작했다. 김정렴 대통령비서실장은 그 해 2월 스나이더 주한대사에게 "한국은 올해 단계적인 무역자유화 정책을 개시할 것을 약속한다"고 말했다. 이어서 4월 장예준 상공부장관은 대미구매사절단을 이끌고 미국을 방문하면서 선진국의 보호무역주의에 대한 우려를 밝혔다. 하이라이트는 여기에 동행한 스탠퍼드대 경제학 박사 출신인 김재익 기획국장이었다. 그는 뉴욕에서 개최된 세미나에서 프레젠테이션을 통해 한국정부가 무역자유화를 원칙적으로 결정했다고 표명했다. 이 사건은 아이러니했다. 미국으로서는 보호무역주의 바람이 거세게 일어나는데 한국이 자유무역을 결정해 수입개방을 한다는 것은 미국으로서는 이익이 되는 것이 분명하지만, 국제질서의 정당성에 비춰 볼 때 한국이 미국보다 국제경제 레짐의 정당성과 합리성, 호혜성에서 앞섰다는 의미이기 때문이다. 한마디로 한국이 미국보다 자유와 관용의 제도적 이념이 한 차원 높다는 평가이기도 했다.

　이러한 점은 당시 김재익, 장예준, 김정렴과 같은 관료들의 안목과 수준을 말해주는 것이기도 했다. 이들은 한국 경제가 당면한 인플레이션 문제를 수입 자유화로 해결하는 지혜를 발견하고 미국에서 곧 기승을 떨칠 보호무역주의 공세에서 한국이 타겟이 되지 않는 묘수를 실행해 낸 것이다. 실제로 1977년에 시작된 수입자유화 정책은 1980년대 일본을 상대로 한 미국의 거센 무역적자 반발과 저항으로부터 한국이 비켜가는 길을 예비하기도 했던 것이다. 이 문제는 한미 관계에서도 매우 중요한 기여를 한 것으로 평가받을 필요가 있다. 1978년 4월, 박정희 정부는 제1차 133개 품목, 9월 제2차 299개 품목, 12월 제3차 349개 품목을 수입자유화 품목으로 선정했다. 국민들은 이 시기에 해외로부터 수입된 제품들을 구매하면서 소비자 후생과 안목이 높아지기 시작했다. 대표적인 사례로 그동안 수입 금지로 국산만 공급되던 치약에 충치를 예방하는 불소가 없었다는 점이 회자되기도 했던 것이다.

성공신화의 이유

박정희 정부의 경제적 성공신화는 우리에게 익숙하다. 그럼에도 불구하고 여기에는 잘 해결되지 않는 논쟁이 존재한다. 과연 박정희 정부가 시장경제에 충실한 결과로 경제가 발전한 것인가, 아니면 국가주도의 계획경제에 의해 경제가 성장한 것인가에 대한 논쟁이 그것이다.

이러한 논쟁은 자유주의 시장경제가 과연 유일한 경제 성장의 제도적 수단인가라는 질문을 내포하고 있음은 물론이다. 동시에 경제 운용에 정부 개입의 정당성을 주장하는 논리로도 종종 동원되는 것도 사실이다. 그렇다면 박정희 정부는 자유 시장경제가 아닌 국가주도 경제 모델로 한강의 기적을 달성한 것일까.

자유시장경제란 자유자본주의 경제를 의미하는 것인데, 박정희 군사정부 시기에 자본은 민간에 축적되어 있지 못했다. 이 때문에 정부가 외자를 도입해 이를 민간에 자본으로 불하한 것이 박정희 경제 개발의 시작이라 할 수 있다. 따라서 민간과 기업에 충분한 자본이 축적되기 이전의 민관협력 경제 운용에 대해 이를 시장경제나 관치경제의 어느 한 관점에서 분석한다는 것은 비현실적이며 따라서 국가 안에 배태된 시장으로 분석하는 제도주의 접근이 본질을 더 잘 설명해 준다고 할 수 있다.

그러한 점에서 박정희 정부의 수입자유화 조치는 시장제도로서 자유와 관용의 본질을 잘 보여주는 사례라 할 수 있다.

참고문헌

- 대런 애쓰모글루·제임스 A. 로빈슨, 〈국가는 왜 실패하는가〉, 시공사, 2012
- 〈GATT, MTN 협상대책〉, 등록번호 10066, 1976년
- 〈무역진흥확대회의〉, 전 3권 v.1 제1~4차, 등록번호 11019, 1977년
- 〈GATT(관세 및 무역에 관한 일반협정) MTN(다자간 무역협상)교섭 정부의 수입자유화 조치 활용문제〉, 등록번호 12285, 1978년

이승만, 미국으로 유학을
떠난 조선청년

손수조
차세대미래전략연구원 연구위원

단 한 번도 자유를 가져본 역사가 없는 나라. 조선왕조 500년은 붕당정치로 점철돼왔고, 무너져가는 대한제국은 주변 강대국의 먹잇감이 되고 있었다. 성리학을 기반으로 온 국민이 농사만을 일생의 업으로 여기고, 외국인은 그저 우리를 해치러 오는 자들로만 여긴 채 닫혀 살 던 때였다. 세상에서는 이러한 우리를 '산중처사국(山中處士國:산속에 은둔해 있는 사람들의 나라, 즉 은둔국)'이라 불렀다고 한다.

이러한 은둔국에서 '개방'과 '자유무역'을 외치는 자가 있었으니, 바로 24세의 청년 이승만이다. 그는 6살에 천자문을 모두 외웠고, '도강'이라는 종합시험에서는 장원을 자주 할 정도로 똑똑했다. 18세에 우리나라 최초 근대 서구식 사립학교인 배재학당에 입학, 6개월 만에 영어에 능숙해 영어 선생님이 된다. 하지만 영어보다도 그를 더 매료시켰던 것은 바로 미국이라는 나라와 그 나라의 '자유'라는 가치였다. 대한의 독립은 다름 아닌 이 '자유' '민주주의'를 쟁취하는 과정이어야 한다는 확신, 그래서 '외교'가 필요하다는 청년 이승만의 깨우침은 실제로 지금의 자유민주주의 대한민국을 있게 해준 역사적 사건이다.

독립주의의 긴요한 조목: 실천 6대 강령

자유의 기치를 내걸고 언론사를 세우고 만민공동회를 주관하는 등 독립운동에 헌신했던 그는 23살 어린 나이에 한성감옥에 갇히게 되고, 종신형을 받기에 이른다. 하지만 그에 굴하지 않고 그 감옥에서 펴낸 수많은 책과 논설들이 그의 미래를 설계하는 데 큰 밑그림이 되었고 이것은 곧 지금의 대한민국이 설립되는 토대가 된다. 그 중 청년 이승만이 쓴 독립주의 실천 6대 강령에는 그중 가장 첫 번째로 "마땅히 세계에 개방하고 통상해야 한다"고 쓰고 있다.

천하 만국에 통하지 않는 나라는 없으며, 만국 만민에 깨이지 못할 자는 없다.
서편에서 일어나는 햇빛같이 들어오는 새 빛(서양 문명)을 우리가 홀로 막을 수는 없는 것이다.
통상하는 것이 피차에 이익 됨을 깨달아야 한다.

이웃의 범위가 넓을수록 내가 쓸 수 있는 물건들은 더욱 정교해지고 풍족해지며, 내가 만든 물건들도 귀해지고 널리 쓰이게 될 것이고, 사람들의 견문과 지식도 더욱 넓어질 것이다. 이것이 곧 온 천하만국과 서로 이웃이 되어 문호를 열고 풍속을 고치며 물화를 교환하는 이유이다.

그렇게 하지 않으면 앞집은 뒷집과 막히고, 북도는 남도와 막히며, 서양은 동양과 막혀서, 이 집에 불이 나도 저 집에서 모른 체하며, 함경도에 흉년이 들어도 경상도에서는 남아도는 곡식을 썩히면서도 팔지 못할 것이다.

청년 이승만은 이때에 이미 '개방'과 '자유무역'은 마치 햇빛처럼 피하려 해도 피할 수 없는 세계적 추세임을 파악했다. 그리고 서로 개방하여 물건을 사고파는 것이 결국은 그 물건의 질을 높여 서로가 더욱 풍족해지고 이익이 된다는 것을 설파하고 있다.

오늘날 세계에서 영국이 가장 부강하다고 하는데, 그 본국의 토지를 보면 조그마한 섬 덩이 세 조각에 불과하다. 백성들은 제조 공장을 설립, 운영하는 법에 대해 잘 알아서 물건을 만들어 세상에 내다 팔고, 정부에서도 그들의 활동을 극히 보호하여, 그 나라 상인이 한둘만 가 있는 곳이라도 곧 군함을 보내어 그들의 권리를 안전하게 보호해 주므로 천하에 그 나라 상인이 가 있지 않는 곳이 없으니 어찌 영국이 부유하지 않겠는가.

개방하고 자유무역을 하지 않았을 때에 나라에 어떤 피해가 있고, 어떻게 망해가는 지도 설명하고 있다. 또한 영국을 예로 들며, 개방, 자유무역에 나라가 어떻게 제도적으로 뒷받침하고 있는지 설명하며, 그랬을 때에 나라가 얼마만큼 부강해지는지도 설명하고 있다. 29세 청년 이승만은 좁은 감옥에 갇혀 언제 죽을지 모르는 상황에 처해 있으면서도, 천리를 내다보고 이 나라의 나아가야 할 미래에 대해 아주 세밀하게 설계하고 있었던 것이다. 한성감옥에서 청년 이승만이 몰래몰래 쓴 독립정신은 이승만 미국 유학 후 LA에서 처음 발간된다. 국민의 독립정신 실천 강령 중에 '세계와의 통상'을 첫째로 꼽은 이승만의 논설을 읽는 경제학자들은 '한국의 애덤 스미스'라며 경탄을 금치 못하고, 자유민주 정체론에 대하여는 존 로크, 토마스 홉스의 이론에 견주어 높이 평가한다.

미국으로 직접 간 이승만

감옥에 있는 이승만을 구한 것은 미국 선교사들이었다. 이들은 "이승만이라는 인재를 평생 감옥에서 썩히는 것은 국가적인 손실입니다. 나라의 장래를 위해 살려 주시오" 라며 고종에게 목숨을 걸고 간청했고, 이들에게 빚이 있었던 고종은 그 청을 들어준다. 누가 조선을 차지하느냐를 두고 치열한 러일전쟁이 한창일 때, 이승만은 감옥에서 풀려난다. 그리고 고종은 미국에 조선의 독립을 도와달라는 간청을 하기 위해 외교사절을 찾는데, 조선 팔도에 미국을 가장 잘 알고 영어를 잘 하는 이는 이승만 뿐이었다. 그래서 이승만은 감옥에서 나온 지 3개월 만에 고종의 밀사 자격으로 미국의 루스벨트 대통령을 만나러 간다.

하지만 이승만이 루스벨트 대통령을 만나기 불과 며칠 전인 1905년 7월, 가쓰라-태프트 밀약이 체결되고, 나라를 지키기 위한 노력은 성과 없이 끝나 버렸다. 하지만, 조선이 독립할 길은 외교밖에 없다는 것을 절실히 깨달은 이승만은 미국에 남아 공부를 하게 된다. 조지 워싱턴 대학교에서 학사과정 2년, 하버드 대학교에서 석사과정 1년, 프린스턴 대학교에서 박사과정 2년. 지금의 우리들이라도 쉽지 않았을 이 과정. 그 당시 청년 이승만에게도 미국 유학길은 만만치 않았던 것 같다. 학비는 장학금으로 받는다 해도, 생활비는 각종 강연회를 다니며 벌어야 했고 건강도 좋지 않았으며 급기야 한국에서 데려온 아들 봉수가 병에 걸려 사망하는 등 어려운 상황을 맞는다.

그러한 상황 속에 그의 학업은 프린스턴대 박사과정을 끝으로 마무리되는데, 당시 그의 논문 제목은 "Neutrality as influenced by United States(미국의 영향력에 힘입은 중립)". 18~19세기 전쟁 또는 분쟁 중 해양무역의 전시 중립과 미국의 영향력을 분석한 것이었다. 그의 박사 논문은 프린스턴 대학교에서 단행본으로 출판할 정도로 탁월했다. 제1차 세계대전이 일어났을 때 중립을 지켰던 미국에 무역 문제가 생겼을 때 어디에도 속하지 않은 바다 위의 중립국 무역 문제에 관해 윌슨 대통령이 의회에서 연설을 했는데, 연설 중에 '닥터 이승만의 연구에 의하면' 이라고 이승만의 연구 결과를 인용할 정도로 이승만의 논문은 세계적으로 인정받았다. 하지만 그의 졸업 사진을 보면 왠지 전혀 기쁜 표정이 아니다. 그가 모든 학업을 끝낸 그 시점이, 한일병합조약이 맺어진 시기였기 때문이다. 청년 이승만은 졸업식 날 일기장에 "내 나라를 지키기 위해 열심히 공부했는데, 박사 학위를 받고 나니 내 조국이 더는 나의 나라가 아니었다" 라며 침통한 마음을 남겼다.

한국을 개방과 자유시장경제로 이끌다

자유시장경제를 토대로 한 대한민국이 설립된 데에는 이승만 대통령의 공을 빼고는 설명할 수가 없다. 어린 시절 학당에서 깨우친 미국이라는 나라와 그 나라의 자유시장경제체제는 이승만의 인생은 물론 대한민국의 운명을 통째로 바꾸었다. 훗날 북한 공산주의 체제주의자들과 맞서고, 미국을 상대로 한국의 독립을 끈질기게 주장할 때에 그 모든 저력은 바로 청년 이승만의 미국 유학 시절에서 비롯되었다고 해도 과언이 아니다. 외교에 대해 전혀 무지했던 당시, 직접 학문을 연구하고 미국 상류층과 교류하기 위해 몸을 던진 노력 아니었다면 맥아더 장군의 인천상륙작전도 없고, 한미 군사동맹도 없을 것이다. 아니 어쩌면 지금 한반도 전체가 세계 유일무이한 공산국가로 다 같이 가난에 굶주리고 있을지도 모른다. 작지만 강한 나라 대한민국을 만든 힘은 개방과 자유시장경제로의 치열한 전환이었다.

참고문헌

- 이승만, 〈독립정신〉, 비봉출판사, 2018
- 인보길, 〈이승만 현대사 위대한 3년〉, 기파랑, 2020
- 정현채, 〈엄마가 들려주는 이승만 건국 대통령 이야기〉, 보담, 2020

신뢰를 품은 플랫폼 기업

이웅희
한양대학교 교수

　　　　　　　시장경제의 확산이 우리의 삶을 풍요롭게 한다는 점은 이제는 누구나 수긍하는 사실이다. 사람들간에 활발한 거래가 많아지면 많아질수록 우리 사회의 생활수준은 향상되고 풍요로와 진다. 하지만 우리 삶을 진보시키는 시장경제의 확장을 제한하는 큰 걸림돌이 있는데 그것은 바로 거래당사자 간의 '신뢰'이다. 시장에서 상대방과 거래하고 싶어도 상대방의 신용이 불투명하면 선뜻 접촉하기 어렵다. 사업가의 경우에도 생판 모르는 업체와 처음 거래를 트는 것은 항상 위험을 동반한다. 거래가 많아질수록 삶이 좋아지는 시장경제의 세계에서, 거래를 어렵게 만드는 주 원인은 바로 미지의 거래상대방에 대한 신뢰부족인 것이다.

　중국의 '꽌시'는 이런 신뢰의 문제를 해결하기 위해 제도화된 문화적 산물이다. 사실 거의 모든 나라에서 이런 류의 신뢰확보 메커니즘은 존재한다. 그러나 꽌시 같이 개인 인맥에 의존하는 시스템의 가장 큰 단점은 그것을 구축하는데 시간이 많이 걸린다는 점과 확장성이 제한될 수 밖에 없다는 점이다. 암만 자신이 마당발이라고 자부하는 사람도 그가 진정 신뢰하는 인맥은 고작 몇백 명 수준일 것이다. 사회의 신뢰수준이 높아지면 시장거래가 늘어나서 분명 경제가 좋아질 텐데, 과연 어떻게 하면 사람들간의 신뢰수준을 높일 수 있을까?

플랫폼, 신뢰의 제약을 파괴하다

이런 신뢰의 제약을 획기적으로 파괴한 것이 비로 '플랫폼'이다. 우리 사회에서 플랫폼에 대한 논의는 사람들의 이목을 끄는 혁신적인 비즈니스 모델의 소개나 플랫폼의 규제에 관한 정책적 이슈 등으로 흐르는 경향이 있다. 그런데 보다 근본적으로 생각해보면, 플랫폼은 시장경제 확산의 걸림돌이던 '신뢰'의 문제를 획기적으로 해결하여 시장에서의 거래가 활성화 되는데 아주 큰 기여를 한 일등공신이다. 한마디로 플랫폼 이후 시장경제는 한 차원 업그레이드 된 것이다. 예를 들어 온라인 플랫폼 알리바바에서는 서로 전혀 모르는 사람간에 하루에도 수조 원의 거래가 성사된다. 꽌시가 중요한 중국에서 도대체 어떻게 이런 일이 가능해 진걸까? 중국인들은 이제 꽌시를 포기한 것일까? 또한 미국의 에어비앤비, 우버도 마찬가지이다. 10년전만 해도 자기 집에 전혀 모르는 사람을 재워주는 것은 위험한 일로 생각되었다. 반대로 전혀 모르는 사람의 집에서 하루를 묵는 것도 사실 꺼려지는 일이다. 그런데 이 모든 것을 에어비앤비가 바꾸어 놓았다. 이제 낯선 나라에서 현지인의 집을 이용하는 것은 고급호텔에서의 숙박보다 더 이국적인 대안으로 인식하게 되었다. 자동차 공유의 에어비앤비라고 볼 수 있는 튜로(Turo)의 사례도 같은 경우이다. 어떻게 전혀 모르는 사람에게 자신이 소중하게 여기는 차를 빌려줄 수 있을까? 눈에 보이는 흠집 뿐만 아니라 눈에 안보이지만 자동차 성능에 이상이 생길수도 있는데? 도대체 어떻게 이런 신뢰의 변화가 생긴걸까?

플랫폼은 어떻게 신뢰를 구축했는가

신뢰 전문가로 잘 알려진 레이첼 보츠먼은 '신뢰이동'(2017)이란 책에서 사람들 간의 신뢰가 지역적 신뢰, 제도적 신뢰, 그리고 분산적 신뢰의 순으로 이동해 가고 있다고 주장했다. 중국의 경우, 꽌시 같은 제도적 신뢰가 알리바바와 같은 플랫폼을 매개로 '분산적 신뢰'로 이동했다는 것이다. 꽌시를 통한 신뢰의 범위는 한계가 있으나, 플랫폼을 신뢰하면서 부터 거래는 개인의 인맥수준을 넘어 기하급수적으로 늘어나게 되었다. 물론 지금은 우리가 여러 플랫폼의 서비스들을 당연한 듯 여기지만, 초기 플랫폼 창업자들은 하나같이 '신뢰'의 장벽을 넘어야 했다. 그들은 어떻게 초기의 신뢰문제를 극복할 수 있었을까? 크게 세가지 요인이 플랫폼 기반의 신뢰형성에 기여했다고 본다.

첫째, IT/GPS 기술혁신을 통해 상대방에 대해 많은 정보를 알게 된 점이다. 홈페이지를 통해 상대방과 제품에 대한 실시간 정보가 많아져 직접적인 정보비대칭이 현저하게 줄어들고 인터넷 평점시스템에 의해 불안감이 많이 해소되었다. 평점이란 것이 완벽하지는 않지만, 분명 거래 상대방에게 정직하게 행동하게 하는 압박을 주는 효과가 있다. 또한 우버와 같은 서비스는 상대방의 실시간 위치정보를 알려주는 GPS 기술이 없었다면 불가능한 서비스였을 것이다.

둘째, 결제에 관한 제도적 혁신으로 인해 거래의 불확실성이 감소하였다. 제3자가 거래대금을 보장하는 에스크로 서비스와 같은 제도적 장치가 대표적이다. 그러나 이런 업계 공통적 제도 외에도 각 플랫폼들은 각자의 서비스 상황에 맞는 고유의 제도혁신을 통해 소비자와 공급자의 신뢰를 확보해 왔다. 예를 들어 자동차 공유 플랫폼인 블라블라 카(Blarblar Car)는 시행착오를 거쳐 선불제 도입과 예약 취소 시 벌금을 부과한 후 취소율이 35%에서 3%로 떨어졌다. 에어비앤비는 고객의 신뢰도가 높은 우수한 호스트를 '슈퍼 호스트'라고 구분하는 제도를 도입하여 차별화를 시도했고 이는 플랫폼에 대한 신뢰를 더 높이는 효과를 가져왔다.

마지막 세번째는 아이러니하게도 플랫폼의 높은 자연독점적 특징 때문이다. 이미 많은 분석을 통해 알려졌듯, 플랫폼은 네트워크

효과로 인해 빠르게 성장할 수 있는 구조를 갖고 있다. 더욱이 플랫폼의 네트워크 효과는 단일시장이 아닌 양면시장에서 발생하므로 대략 단일효과의 2배의 빠르기로 진행된다고 볼 수 있다. 이런 급속한 성장이 독점 규제의 필요성에 대한 논의를 불러오기도 했지만, 뒤집어 생각해보면 급속히 성장했다는 것은 많은 소비자들이 선택하는 기업이라는 측면에서 '신뢰'를 상승시키는 요인이 된다. 한마디로 시장 지배력이 큰 기업은 소비자의 신뢰를 얻을 수 있기 때문이다. 여러분이 암만 아마존을 독점기업이고 탐욕스러운 기업이라고 비난할 지라도, 막상 자신이 인터넷에서 고가 제품을 구매할 때에는 이름도 모르는 인터넷 판매처 보다는 아마존 같이 크고 검증된 업체로부터 사고 싶은 것이 인지상정일 것이다. 더욱 재밌는 것은 아마존은 소비자에게 낮은 가격에 팔리는 집착 때문에 입점업체들에게 부당한 가격하락 압력을 행사했다는 것으로 규제당국의 눈총을 샀다는 점이다. 그 입점업체들에게는 미안하겠지만, 아마존은 소비자에겐 더할 나위 없이 신뢰할 수 있는 기업 아니겠는가? (어떻게 보면 아마존은 협력업체의 노력으로 소비자의 신뢰를 얻었을 수도 있겠다)

2022년 현재 시가총액 기준 세계 10대 기업에 플랫폼 기업이 5개나 된다. 이들은 애플, 마이크로소프트, 알파벳(구글), 아마존, 그리고 메타플랫폼(페이스북) 이다. 반면 15년 전인 2007년에는 이 리스트에 마이크로소프트 하나만 있었다. 앞으로 10년 후 플랫폼이 어떤 형태로 더 성장할지는 모르겠으나 소비자와 협력업체 모두에게 신뢰를 받는 기업으로 진화하기를 기대한다.

제한된 정부: 작은 정부가 만드는 역동적인 사회

5

미국 최고의 수출품은 연방헌법
스웨덴 복지국가의 비밀: 재정 및 연금개혁
베를린의 부동산 임대료 규제: 월세상한제
누구를 위해 규제하는가
태양을 거부하는 양초업자들: 바스티아

미국 최고의 수출품은 연방헌법

작은 정부는 왜 성공할 수밖에 없나

곽은경
자유기업원 기업문화실장

미국이 세계 최고의 강대국으로 성장할 수 있었던 비결은 무엇일까? 많은 미국인들은 자국이 부국강병 할 수 있었던 가장 주요한 이유로 헌법을 손꼽는다. 그렇다. 민주주의 국가라면 모두가 가지고 있는 바로 그 헌법이다. 한 국가를 이 시대 최고의 국가로 만든 핵심 요소가 고작 헌법이라는 사실에 의아함을 가지는 사람이 많을 것이다.

대체 미국 헌법에는 어떤 탁월함이 있기에 그런 평가를 받을까? 미국 건국의 아버지들은 그들의 헌법에 한 국가가 성공할 수밖에 없는 결정적 비책을 담았다. 그 비책은 비교적 단순한 내용인데 왕이나 권력자만 자유를 가지고 권력을 누리는 것을 원천적으로 차단하는 것이었다. 미국인들은 권력이 무한정 커지면 개인의 자유를 위협한다는 사실을 인식했고, 이를 막을 수 있는 장치를 헌법에 담았다. 정부가 너무 커져서도 안 되고 의회나 사법기관 또한 비대해져서도 안 된다는 삼권분립의 원칙을 분명히 한 것이다.

이 특급비법은 사실 지금 기준으로 보면 그다지 특별할 것도 없다. 행정부, 입법부, 사법부가 각각 서로를 감시하고 견제하는 내용은 모든 자유민주주의 국가에서는 당연한 일이기 때문이다. 그러나 18세기 말 제정 당시 기준으로 보면 이러한 내용을 국가 통치 기틀로 삼은 것은 인류 역사상 최초의 시도였고, 엄청난 진보의 순간이었다. 이후 대다수 선진국이 미국의 헌법을 근간으로 제정되었기 때문에 '개인의 자유'가 당연한 것이 될 수 있었다.

모든 권력은 견제되어야 한다

인류는 고대 그리스-로마 시대부터 개인의 자유를 확보하기 위해 노력해왔다. 왕의 지배를 받던 고대인들은 왕만 누리던 권력에 의문을 제기했고, 그 결과 왕 뿐만 아니라 모든 인간은 자유로우며, 동일한 법을 적용받아야 한다는 생각에 이르게 된다. 그리스인들이 주장한 '이소노미아(Isonomia)'의 개념이나, 로마의 12표법이 그러한 고민의 흔적이다. 두 개념 모두 모든 시민은 왕의 자의적인 통치 대신 공통된 법을 적용받아야 함을 의미했으며, 이를 통해 법 앞의 평등이 곧 자유의 시작이라는 간단하면서도 가장 근본적인 아이디어가 싹틀 수 있었다.

고대인들의 이러한 정신을 이어받아 제도로 발전시킨 나라가 영국이다. 영국인들은 국가의 모든 것이 왕의 소유물이고, 개인은 재산을 가질 수 없다는 현실에 자유롭지 못함을 느끼기 시작했다. 결국 시대의 철학자 존 로크가 모든 시민은 사유재산을 가질 수 있다고 주장하기에 이르렀다. 자유로운 시민들은 더 이상 왕의 충성스러운 신하가 아니며, 국가는 시민의 재산을 보호하는 일에 충실해야 한다는 그의 주장은 왕의 권위에 도전하는 충격적인 아이디어였다. 덕분에 영국인들은 왕만 가지던 재산뿐 아니라, 왕만 휘두르던 권력도 제한되어야 한다는 생각을 할 수 있게 되었고, 마침내 명예혁명과 권리장전을 통해 왕으로부터 개인의 자유를 돌려주겠다는 약속을 받아냈다.

개인의 자유는 아테네, 로마제국이 번영할 수 있었던 이유이자, 영국이 해가 지지 않는 나라를 건설할 수 있었던 원천이기도 했다. 하지만 시간이 지나면서 개인의 자유를 축소시키고 국가의 권력을 강화시킨 결과, 그리스는 로마에 주도권을 빼앗겼으며, 이후 로마 또한 같은 이유로 인해 멸망의 길로 들어섰다. 왕에게서 개인의 자유를 돌려받았던 영국이 미국에 경제패권을 넘겨주었던 이유도 이와 다르지 않다.

미국의 탄생, 자유의 계보를 잇다

　　　　　　미국을 건국한 초기 청교도인들은 영국인의 정체성을 지니는 동시에 개척자였다. 종교적 박해를 피해 목숨을 걸고 대서양을 건너왔다는 이유로 '필그림 파더스(Pilgrim Fathers)'라 불리기도 한다. 이들은 영국을 고국(Home)이라고 부르며 영국인이라는 자부심을 가지고 황무지에 공동체를 건설했다. 필요에 의해 자치정부를 꾸렸고 미국에서 발생하는 여러 갈등과 문제를 해결해나갔다. 이런 관계가 150년간 무리 없이 유지되고 있었다.

　식민지인들이 부당함에 저항할 수밖에 없는 사건이 발생했다. 영국 본토가 7년 전쟁, 프렌치인디언 전쟁 등 계속된 전쟁으로 재정이 고갈나자 식민지에 과도한 세금을 부과하기 시작한 것이다. 커피와 비단, 포도주, 사치품에 세금을 매기고, 영국 군대 주둔 비용을 지불하게 했다. 각종 문서와 계약서에 영국 정부의 인지를 사도록 인지세법을 강요하는가 하면, 타운센트법으로 영국에서 식민지로 수출하는 종이, 납, 차 등의 수출품에 높은 관세를 부과하기도 했다. 타인의 부당한 간섭으로부터 자유를 찾기 위해 저항했던 개척자들은 영국 본토의 무리한 간섭에 침묵하지 않았고, 저항했다.

　식민지인들은 식민지 자치주 대표가 영국 의회에 가서 자신들의 권익을 대변할 수 있게 해달라고 요구했다. 그러나 영국 본토는 거부했고, 과도한 세금에 대한 대응책을 논의하려던 자유의 움직임은 독립전쟁, 독립선언서 채택을 거쳐 새로운 국가, 미국의 건국으로 이어졌다. 이로써 미국이 그리스-로마-영국 다음으로 자유의 계보를 이어나가게 되었다.

연방정부의 탄생과 지방자치의 원리

독립 초기 13개 주 대표들은 강력한 연합정부에 부정적이었다. 정부가 커지면 영국의 왕이 식민지에 횡포를 부렸던 것처럼 개인들의 자유가 억압받을 수 있다는 우려 때문이었다. 이미 미국이라는 나라가 건국되기 전부터 13개 주가 존재했고, 각 주들은 독립적인 '국가(state)'로서 독자적 정부와 의회, 법률을 갖고 있었다. 이들에게 독립이란 영국 국왕의 폭정에 대응할 수 있는 느슨한 형태의 연합체를 구성하는 것을 의미했다. 이러한 배경으로 국가의 이름도 United States of America로 짓고, 연합체를 운영하기 위한 연합규약을 만들었다. 개별 주들의 자유로운 통치를 보장하는 동시에 연합국가의 형태를 가진 미합중국이 탄생하게 된 것이다.

안타깝게도 느슨한 형태의 연합국가는 10년 만에 한계에 직면했다. 주 간의 무역분쟁이나 영토분쟁이 빈번한 가운데, 외교 활동에서도 하나의 목소리를 낼 수 없었다. 심지어 각종 문제를 해결하는 데 필요한 재정, 공통의 화폐, 군대가 없는 각자도생의 상태였다. 각 주들은 느슨한 형태의 연합국가 체제가 국가가 직면한 문제 해결에 효과적이지 않다는 결론을 내리게 된다. 그 과정에서 연방주의자와 반연방주의자의 논쟁이 시작되었고, 정부의 형태에 대한 치열한 토론이 이루어졌다.

갈등이 봉합된 시기는 1786년 매사추세츠에서 일어난 세이즈 반란 무렵이었다. 주 정부의 무리한 경제정책에 반발한 농민들이 납세 거부운동을 벌였고, 그 외에도 곳곳에서 반란과 폭동이 발생했다. 영국의 무리한 세금정책에 반발해 독립을 쟁취한 국가가 같은 실수를 반복하는 것이 아닌가 하는 우려가 만연했다. 다시 각 주의 대표가 모였고, 연방정부에 어느 정도의 힘을 실어주는 합의안을 도출하기에 이르렀다.

물론 합의는 쉽지 않았다. 남부와 북부, 인구의 많음과 적음, 노예제 유지와 폐지 등 정치·경제적 이해관계가 매우 달랐기 때문이다. 그러나 큰 틀에서 개인의 자유를 보호하기 위해서는 주들의 자치권한을 일부 연방정부에 양보하는 형태의 국가가 필요하다는 점에 동의했고, 그 과정에서 자유의 헌법을 위한 위대한 합의가 도출될 수 있었다. 이들은 영국의 불문헌법이 개인의 자유를 지켜주지 못했다는 성찰 아래 성문화된 헌법을 만들었다.

미국 헌법은 모든 통치 권력을 제한하는 것을 헌정주의를 분명히 하고 있다. 이 헌정질서 하에서 의회 권력도, 정부의 권력도 제한받는다. 권력 분립의 수단으로서 행정부를 관할하고 의회와 사법부를 견제할 수 있는 대통령제가 탄생할 수 있었던 배경이다. 또 대통령과 연방정부의 권력을 제한하기 위해서 의회가 예산편성권을 행사하도록 했다.

연방정부의 필요성은 인정하되, 자치의 원리를 강화한 것도 특징적이다. 연방과 의회가 서로 견제를 하지만, 각 주정부 역시 팽창하려는 연방정부를 견제하는 역할을 할 수 있다. 특히 자치의 원리는 주정부의 권력이 무한정 커지는 것을 방지하는 역할도 한다. 각 주는 지역주민들이 다른 주로 이사를 가지 않도록 막기 위해 세금을 줄이고, 더 좋은 제도를 제공하기 위해 경쟁한다. 자치의 원리 역시 자유 수호의 역사와 권력균형의 원리를 분명히 하는 헌법정신과 맥락을 같이 하고 있는 것이다.

프랑스혁명이 놓친 것

미국의 헌법정신에서 나타난 '자유'는 프랑스혁명이 주창한 '자유'와 명백한 차이를 보인다. 미국인들은 모든 종류의 권력, 심지어 국민들의 권력마저도 연방이라는 틀 아래 제한을 가했다. 반면 프랑스인들은 왕으로부터 권력을 빼앗는데 급급해 대중의 권력이 개인의 자유를 해칠 수 있다는 점을 간과했다. 이들은 미국과 마찬가지로 개인의 자유, 권력분립, 법치확립을 목표로 했지만, 왕으로부터 자유를 되찾은 군중권력의 폭주를 막지 못했다. 대중의 무질서는 도리어 개인의 자유를 해치는 결과를 초래했고, 결국 자유를 증진하려는 혁명의 노력이 실패하고 말았다.

새로운 미국이라는 국가가 스스로에게 부여한 헌법은 모든 독단적 강제로부터 개인을 보호해야 한다는 자유의 원리를 천명한다. 법에 의한 통치, 즉 법치주의는 의회가 개인의 자유를 침해하는 입법을 함부로 하지 못하도록, 최상위 법인 헌법으로 제한을 하는 것을 의미한다. 동시에 연방정부의 권력을 의회와 사법부가 견제·제한하고, 더불어 군중 권력마저 제한함으로써 개인의 자유를 수호할 수 있도록 하고 있다. 이는 국민들을 그들의 권력을 대리하는 입법자로부터 보호하기 위한 것이자 국민 자신들이 살아갈 질서의 보편적 특징을 결정지을 수 있는 효과적인 수단이 된다.

정부는 작을수록 좋다

미국 독립의 정당성을 주장한 토마스 페인(Thomas Paine)은 그의 명저 〈상식(Common Sense)〉에서 미국의 자유주의 정신을 잘 보여주고 있다.

> 모든 주(州)들에게 있어 사회는 축복이지만 정부는 아무리 최상이라 할지라도 필요악에 불과하다. (…) 최소 비용과 최대 이익으로 우리에게 안전을 가장 잘 보장할 수 있는 국가 형태야말로 다른 어떤 국가 형태보다 바람직하다.

개인의 자유를 헌법으로 보장하는 법치국가의 성과는 놀라웠다.

미국인들은 개인의 자유를 단순히 선언하는 것에만 그치지 않았으며, 그 자유의 헌법을 실제 국가 운영에 적용했다. 국가는 최소한의 역할을 했고, 정부가 작아진 만큼 개인의 자유는 확장될 수 있었다. 시민들은 정부의 간섭 없이 각자 자신의 삶을 위해 노력했고, 그 결과 정치, 경제, 문화 모든 분야에서 눈부신 발전을 이루게 되었다.

세계대전, 대공황, 글로벌 금융위기, 최근의 코로나19 등을 겪으면서 미국 뿐 아니라 각국의 정부가 비대해지는 움직임을 보이고 있다. 국가의 영역이 확장될수록 개인의 자유는 침해받을 수밖에 없다. 그리스, 로마 뿐 아니라 모든 국가가 번영하고 쇠퇴한 역사에는 자유의 원칙이 중요한 역할을 했음을 부인할 수 없다. 미국 건국의 아버지들이 헌법을 만들어 낸 근본정신을 생각하며 작은정부로의 움직임을 강화할 시점이다.

스웨덴 복지국가의 비밀: 재정 및 연금개혁

박지우
작가

　　스웨덴은 1990년대 초 부동산 버블 붕괴로 금융위기를 맞았다. 위기를 극복하는 과정에서 구제금융 방식으로 은행에 납세자들의 세금이 투입되고 노동자들의 대량실업에 재정이 투입되자 정부의 재정건전성이 심각한 위협을 받게 되었다.

　스웨덴 정부는 위기 상황 극복을 위해 재정건전성 확보에 대한 사회적 합의를 이룬 후 1997년 재정흑자 목표, 지출 상한을 골자로 한 재정준칙을 도입했다. 이러한 지출 구조조정은 1993년 GDP의 11%에 달했던 스웨덴의 재정적자를 1998년 흑자로 돌리는 등 재정수지와 국가부채 흑자 달성 측면에서 매우 성공적인 결과를 이뤄냈다.

　한편 비슷한 시기 스웨덴에서는 공적 연금의 역할을 축소하는 내용을 골자로 하는 국민연금 개혁안이 마련됐다. 인구 고령화로 인해 재정 불안정이 심화되자 장기적으로 재정 균형을 유지할 수 있도록 급여 수준이 조정된 것이다. 이처럼 1990년대 스웨덴의 재정 및 연금 개혁은 국가 재정과 운용의 효율성을 높여 경제 위기를 극복하고 복지 모델의 지속가능성을 높인 대표적 성공사례로 꼽히고 있다.

재정건전성을 지키기 위한 세 가지 목표

스웨덴 정부가 재정건전성 기조를 효과적이고 일관되게 유지하기 위해 삼고 있는 재정준칙(fiscal rule) 목표는 크게 세 가지로 나뉜다. 재정흑자목표(surplus target), 지출상한제도(expenditure ceiling), 채무고정목표(debt anchor)가 바로 그 것이다.

우선 재정흑자 목표는 중앙정부 예산 편성 시 재정 수지가 목표한 비율만큼 흑자로 관리할 수 있도록 의무화한다. 이 목표가 처음 제시되었던 1997년에는 국내총생산(GDP) 대비 재정 수지 흑자 비율을 1% 이내로 유지하도록 했으나 2019년부터는 0.33% 수준으로 완화된 바 있다.

스웨덴 정부는 또한 향후 3년 간의 정부 명목지출에 대해 상한을 미리 설정하는 내용의 지출상한제도를 마련했다. 1997년 재정개혁의 일환으로 도입된 이 제도는 세출을 영역별로 분류한 후 개별 영역마다 지출상한선을 설정하도록 했다. 적용범위는 채무에 대한 이

자지출을 제외한 전 범위로, 노령연금 분야까지 포함시켰을 정도로 예외적 조항을 두지 않아 정부가 준칙을 회피할 유인을 사실상 차단했다. 뿐만 아니라 2007년에는 재정정책위원회(Fiscal Policy Council ; Finanspolitiska radet)가 설립돼 재정수지 흑자 목표나 지출상한제도와 같은 정부의 재정준칙 준수 여부를 종합 평가하고 있다.

2019년부터는 채무고정 목표(debt anchor)가 새롭게 도입됐다. 스웨덴은 이미 1995년 EU 가입 당시 마스트리히트 조약(Maastricht Treaty)에 의거하여 국가채무비율을 GDP 대비 60% 이내로, 재정적자비율을 GDP 대비 3% 이내로 유지하는 재정준칙을 채택한 바 있다. 그러나 그럼에도 불구하고 국가채무를 더욱 엄격히 관리해 구속력을 높여야 한다는 목소리가 높았다. 이에 따라 스웨덴 정부는 GDP 대비 국가채무비율을 마스트리히트 조약이 제시한 준칙보다 훨씬 엄격한 수준인 35% ±5%p 범위 내로 설정했다. 그리고 이를 벗어날 경우 정부가 직접 문제가 발생한 원인을 분석하고 향후 대응방안을 국회에 제시하도록 했다.

스웨덴의 재정준칙은 강제성을 띠고 있지 않다. 위반을 하더라도 이를 실질적으로 제재할 방법이 없다. 그럼에도 불구하고 코로나 팬데믹 등 극히 이례적인 상황을 제외하고 현재까지 재정당국이 재정규율을 위배한 경우는 드물다. 재정의 지속가능성 확보는 여전히 스웨덴에서 구속력을 지닌 채 주요 국정과제로 채택되고 성공적으로 이행되고 있다. 그리고 그 배경에는 정부와 국민 간 투명성을 기반으로 형성된 신뢰가 있다.

시대 변화에 탄력적으로 대응하는 연금제도

우리보다 앞서 저출산 고령화 문제에 직면했던 스웨덴은 1980년대 중반부터 일찌감치 국민연금고갈 위기를 맞았다. 그리고 그 이후 연금개혁위원회를 구성하여 15여 년간 국민적 컨센서스를 모은 끝에 1998년 6월 연금개혁을 마무리할 수 있었다.

스웨덴의 구연금제도는 기초정액연금과 부가적인 소득비례연금으로 이원화된 구조였다. 이 중 기초정액연금은 젊은 시절 소득활동을 하지 않은 이들에게도 거주 요건만 충족하면 일괄적으로 지급되었으며 장기가입자가 수급하는 연금과 실질적으로 큰 차이가 없어 가입자들의 근로 의욕을 박탈한다는 문제가 있었다. 구제도는 또한 저출산, 고령화가 지속되는 인구구조 변화에 취약했다. 연금을 계속 지급하기 위해서는 젊은 세대가 과도한 부담을 떠안아야 하는 구조였다.

1998년 덜 내고 더 받는 구조에서 낸 만큼 받는 구조로의 전환을 위한 구조적 개혁이 시작됐다. 보편적 제도였던 기초정액연금은 저소득계층 노인에게만 지급되는 최소보장연금으로 그 규모가 축소됐으며 기존의 확정급여형 DB에서 확정기여형 DC로 설계방식을 전환해 보험료율을 고정시키는 대신 급여수준을 조정해 나가도록 했다. 기존에 고용주가 전액 부담했던 보험료율은 노사가 절반씩 나눠 18.5%를 마련하는 방식으로 변경됐으며 이 중 16%는 명목확정기여방식(NDC, notional defined contribution scheme) 방식의 소득비례연금

(income pension)에, 그리고 나머지 2.5%는 완전적립식 개인저축 계정 방식의 부가연금(premium pension)의 재원으로 사용하도록 했다. 특히 개인저축 계정방식의 부가연금은 은행, 투자회사 등 민간이 운영하는 연금펀드에 계정을 만들어 투자되기 때문에 펀드판매사 간 경쟁을 촉진하는 등 자유시장원칙에 따른다는 특징을 갖고 있다.

신제도는 또한 장기적으로 유지 가능한 연금제도를 구축하는 것을 기본 목표로 삼았다. 그래서 경제상황이 악화되거나 연금수급자의 평균수명이 늘어날 때 지급액이 자동으로 감소하도록 만드는 자동재정균형장치(automatic balancing system)를 도입했다. 이러한 장치 아래에서는 동일한 기여금을 납부하더라도 퇴직할 당시의 환경변화나 세대별 기대수명에 따라 급여가 차등적으로 조정된다. 그리고 이처럼 재정적 리스크를 개인이 전적으로 부담하는 구조는 연금의 지속가능성을 높이게 된다.

공짜 점심은 없다

경기침체에서 회복하기 위한 목적으로 정부가 재정지출을 늘리면 투자와 고용창출에 도움이 될 수 있다. 그러나 반짝 성장은 마치 성장률이 좋아진 것 같은 착시효과에 불과할 뿐이다. 오히려 장기적으로는 재정 건전성 악화로 인한 국가신용등급 하락, 자본 유출, 통화가치 급락 등 금융불안을 야기할 수 있다. 이로 인해 국제 금융시장에서 국채금리가 상승하면 다른 금리도 끌어올려 소비와 투자활동을 위축시키고 성장잠재력을 끌어내린다. 공격적인 재정 확정의 결과는 결국 세수 충원을 위한 증세로 이어지고 이 모든 부담은 미래세대의 몫으로 돌아간다.

그래서 스웨덴을 포함한 대다수 선진국은 무분별한 정부 지출을 막기 위해 재정준칙을 활용하고 있다. 국가 재정과 관련된 제도적 통제장치를 마련하는 것은 정책운용의 사전적 방향을 국민들 앞에 제시하고 이를 바탕으로 재정 운영의 투명성과 책무성을 높이겠다는 뜻이다. 그리고 인기에 편승해 표를 얻으려는 정치인들의 포퓰리즘 정책을 차단하고 나라 살림살이를 거덜 낼 공짜 복지공약을 막겠다는 뜻이다.

국민연금의 자동안정화 장치 역시 연금 수지를 균형으로 관리하는 제도라는 점에서 재정준칙과 비슷한 취지를 지닌다. 사회 여건에 따라 급여나 은퇴연령을 조절해 관리하면 연금의 지속가능성을 높일 수 있다. 그리고 연금 재정을 제대로 관리해 세대 간 형평성 문제를 막을 수 있다.

과다한 정부지출로, 혹은 과다한 연금급여 지출로 재정이 바닥을 드러내는 것은 원칙을 제대로 지키지 않은 대가다. 파티가 끝나면 어김없이 청구서가 날아온다. 세상에 공짜 점심은 없다.

참고문헌

- 이정희, 〈재정준칙 해외사례 비교 및 국내도입 방안〉, 한국경제연구원, 2020
- 양태건, 〈복지시대의 국가재정 건전성 강화를 위한 법제 개선 방안 연구〉, 한국법제연구원, 2020
- 스웨덴 정부 홈페이지(www.government.se)

베를린의 부동산 임대료 규제: 월세상한제

김강식
한국항공대학교 교수

베를린의 주거 사정

독일은 자기 소유 주택에 사는 사람보다 월세로 사는 사람이 더 많다. 독일 통계청 자료에 따르면, 2018년 기준 자가주택 소유자는 42.1%인 데 비해 월세로 사는 세입자는 57.9%이다. 세입자가 더 많은 데는 독일 부동산 시장의 특성이 작용한다. 독일은 부동산 값이 비교적 안정적이고, 월세를 과도하게 올리지 않는 관습이 오래된 데다, 세입자의 권리가 매우 강해 입주 후 웬만하면 장기간 거주가 보장된다. 집을 사용하는 데 별다른 제약이 없기 때문에, 대출을 받고 목돈을 들여 집을 사는 것보다 월세로 사는 것을 선호하는 경향이 크다.

그런데 지난 몇 년간 이러한 전통에 큰 파열을 가져올 정도로 월세가 상승했다. 월세 거주자가 전체 주민의 85%에 달하는 베를린은 월세가 독일에서도 가장 크게 상승해서 기존 거주자들을 도시 밖으로 내모는 젠트리피케이션(Gentrification)의 문제를 심각하게 앓아왔다. 독일 중앙부동산협회는 베를린의 평균 월세가 2013년에서 2019년까지 6년 동안 27% 올랐다고 발표했는데, 실제 시민들이 체감하는 인상 수준은 그 두 배 이상이었다.

베를린 월세상한제의 내용 및 문제점

사민당, 녹색당, 좌파당의 3개 좌파정당의 연정으로 구성된 베를린 주 정부는 2020년 2월 23일 베를린 월세상한제를 시행했다. 이 제도는 베를린 전체 주택의 90%에 달하는 약 150만 채 주택의 월세를 2019년 6월 수준으로 5년간 동결하는 것을 골자로 한다. 그리고 이 법이 제시한 기준에서 현재 월세가 과도할 경우, 세입자는 임대인에게 월세를 낮춰 달라고 요구할 수 있다. 2020년 11월 23일부터는 신규상한선보다 20% 비싼 월세는 아예 법으로 금지시키는 한편, 임대인인 집주인이 이를 위반할 경우 최대 50만 유로(한화 약 6억 5천만원)의 벌금을 추징하도록 했다. 단, 시장을 위축시키는 부작용을 방지하고 동시에 신규 주택 건축도 장려할 목적으로 2014년 이후에 지어진 새 아파트들은 적용 대상에서 제외시켰다.

그렇지만 베를린의 월세상한제는 다음과 같은 몇 가지 문제를 내포하고 있었다.

첫째, 5년간 주법의 적용범위에 해당하는 베를린의 주택임대인은 개량조치 또는 가혹한 사정에 해당하여 월세 인상이 불가피한 경우 등과 같은 일정한 예외에 해당되지 않는 한 세입자와의 합의에 의한 인상의 방법조차도 행사할 수 없게 된다. 이와 같은 전적인 제한은 사적 자치의 중대한 제한이다. 더 나아가 세입자와의 합의 가능성 역시 제한하는 역기능이 발생할 수 있다. 즉, 월세 동결을 통하여 달성하고자 하는 목적과 그로 인하여 발생하는 기본권 침해의 수단이 서로 비례성을 유지하고 있다고 보기 어렵다.

둘째, 수요공급의 기본적인 경제원칙에도 불구하고 사회적으로 경제적 약자인 세입자 보호는 필요하다. 즉, 수입이 충분하지 않아 지불가능한 주택에서 거주할 수 없는 세입자에 대한 배려는 중요하다. 그러나 베를린의 월세상한제는 경제적으로 어려운 사정에 대한 구분 없이 모든 세입자에게 일률적으로 월세 인상 제한이 적용되므로 역차별의 문제가 발생하게 된다.

셋째, 사적 자치에 대한 개입은 비례성의 원칙에 따라 적합하여야 하는데 5년이라는 기간은 단기간이라 할 수 없으므로 이에 비추어 볼 때 상당하지 않다. 더욱이 5년 이후 그동안의 월세 인상 제한의 '뚜껑'이 다시 열릴 때의 급격한 월세 변동의 부작용 역시 크게 된다.

월세상한제의 효과

월세상한제 실시 이후 베를린의 임대료가 하락하는 효과가 나타났다. 독일 공영방송 도이체벨레(DW)에 따르면 베를린의 평균 임대료는 지난 1년간 7.8% 떨어졌고, 독일경제연구소(DIW)는 베를린 내 규제 대상 주택의 임대료가 약 11% 떨어졌다는 조사 결과를 내놨다.

그러나 베를린의 부동산 시장은 시간이 지날수록 정책 방향과 반대로 움직이기 시작했다. 월세상한제가 시행되자 주택임대료는 안정을 찾는 듯했으나, 임대시장의 주택공급이 크게 감소했다. 주택공급이 57.5%나 감소해서 베를린의 주택난이 훨씬 심각해졌다. 월세상한제로 월세를 제대로 못받게 된 집주인들은 세입자를 받기보다 주택을 직접 사용하거나 매매에 나섰고, 심지어 공실로 비워두고 있는 경우도 많았다. 베를린의 부동산 투자회사들은 월세수익이 종전 같지 않고 규제가 엄격해지자 대부분의 주택공급계획을 중단시켜버렸다.

결국 부동산 시장도, 건축경기도 침체기를 맞게 되었다. 이는 많은 세입자들에게 또 다른 고통을 가져다줬다. 직장 변경과 개인적 사유로 주택을 옮겨야 하는 경우 매우 어렵게 되어버린 것이다. 싼 아파트의 경우 세입자를 구하는 광고를 올리면 수백명이 연락을 하고, 순번을 매겨가며 집주인과 인터뷰 약속을 잡아야 하는 상황이 되어버렸다.

특히 새로 베를린으로 이사를 온 사람들이나 아이가 생겨 더 큰 집으로 이사해야 하는 사람들은 집을 구하는 게 훨씬 더 어려워졌다. 서민들은 살 집을 구하지 못해 점차 시 외곽으로 밀려나게 되었고 베를린을 둘러싸고 있는 브란덴부르크주로 풍선효과가 발생해서 포츠담을 비롯한 인근지역의 주택임대료가 20% 이상 상승하는 부작용이 발생했다. 정부의 섣부른 개입이 임차인들을 시내 밖으로 몰면서 월세 부담은 그대로 지게 하는 악수로 작용한 것이다.

월세상한제 실시 1년 후 언론의 평가는 매우 혹독했다. 영국 이코노미스트지는 "베를린의 임대료 통제 실험은 실패했다"는 제목의 분석 기사를 게재했고, 블룸버그통신은 "베를린 임대료 규제는 재앙으로 판명됐다"는 칼럼을 냈다.

헌법불합치

월세상한제 시행 2개월이 채 되지 않은 2020년 5월 기민/기사당, 자민당 연합 교섭단체는 연방헌법재판소에 베를린 월세상한제에 대해 위헌소송을 제기했다.

월세상한제 시행 14개월이 지난 2021년 4월 15일 독일 연방헌법재판소는 베를린 월세상한제를 위헌으로 결정했다. 위헌으로 판단한 기준은 중앙정부와 지방정부의 권한이었다. 독일 헌법에 따르면, 주택정책 수립은 연방정부의 권한으로, 지방정부는 중앙정부 차원의 정책이 없을 때 권한을 가질 수 있다. 대법원은 연방정부가 내놓은 2015년 점진적 월세상한제가 있음에도 불구하고 베를린이 독자적으로 월세 동결책을 실시했다고 보았다. 즉 정책의 강도 면에서 중앙정부와 베를린의 두 정책이 상충할 소지가 있기 때문에, 대법원은 지방정부가 별도의 규정을 만들 권한이 없다고 판단한 것이다.

설익은 제도는 실패하기 마련

볼프강 슈타이거 독일기민당(CDU) 경제위원회 사무총장은 헌재 결정에 대해 "주택시장 문제를 해결하기 포퓰리스트의 상징적 정책 대신 실제적이고 효과적인 정책이 필요하다"고 언급했다. 이어 "수도권 유입 인구는 아파트 신축을 통한 공급 증대를 통해서만 흡수할 수 있다"며 "신규 주택 허가 절차를 빠르게 만드는 게 월세 안정에 더 도움이 될 것"이라고 주장했다.

베를린의 월세상한제는 주택 임대차시장에서 정부의 섣부른 규제가 어떤 부작용을 낳는지를 보여 주는 대표적 사례의 하나이다. 임대료가 가파르게 오르자 베를린시는 5년간 임대료 동결 정책을 강행했다. 이를 어기면 고액의 벌금을 물리는 강력한 규제 정책이었다. 매년 4만명씩 인구가 유입되면서 주택 수요가 크게 증가한 상황에서 시가 공급대책이 아닌 손쉬운 월세동결 카드를 선택함으로써 실패를 자초한 것이다. 베를린시 사례는 우리나라에서 2020년 임대차 3법 시행 뒤 이어진 전세 실종 사태와 비슷한 측면이 있다.

당시 우리나라 정부·여당은 전세계약갱신청구권과 전월세상한제 시행을 전후해 베를린의 월세상한제 실험을 홍보하는 데 앞장선 바 있다. 국토교통부는 배포한 자료를 통해 "독일·미국 등 해외 주요국은 세입자의 주거권 보장을 위해 계약갱신청구권과 임대료 규제제도를 활용하고 있으며, 최근 다시 강화하고 있는 사례가 많다"고 강조했다. 특히 "독일은 베를린, 쾰른 등 대도시를 중심으로 임대료가 급등하자 주변 시세의 10%를 초과할 수 없도록 규정하는 초기 임대료 규제제도를 운영 중이고 베를린시는 2020년 1월부터 5년간 임대료를 동결했다"고 상세하게 안내했다.

설익은 제도를 도입한 결과도 독일과 판박이다. 지난 정부에서 도입된 전월세상한제가 임대차계약갱신제와 맞물려 전월세시장을 대혼란에 빠트린 바 있다. 집주인들이 전세 매물을 거둬들이면서 세입자들은 전셋집을 구하기 위해 줄을 서야 했고 '차라리 집을 사자'는 수요가 늘어나면서 집값이 폭등했다. 정부의 어설픈 정책 실험이 서민의 고통만 가중시킨 것이다. 베를린 사례는 당시 독일 현지에서도 부작용이 클 것이란 지적이 제기되고 있었다. 그렇지만 당시 한국 정부는 그런 얘기는 쏙 빼놓은 채 정책을 홍보하기 위해 베를린 사례를 들먹였던 것이다. 베를린 월세상한제나 한국의 전월세상한제와 같이 정부가 엉터리 규제 정책을 만들면 서민만 고통받게 된다.

참고문헌

- 이도국, 최근 독일에서의 주택임대차 차임 규정과 시사점 – 'Berliner Mietendeckel'을 중심으로. 〈법학논총〉 37(1), 2020
- 한국지방행정연구원, (독일) 베를린 월세상한제의 폐지 과정과 시사점, 〈세계지방자치동향〉 제21호, 2021
- Anja M. Hahn, Konstantin A. Kholodilin and Sofie R. Waltl, Forward to the Past: Short-Term Effects of the Rent Freeze in Berlin(Revised Version), DIW Berlin, 2022

누구를 위해 규제하는가

김성준
경북대학교 교수

정부규제란 무엇인가? 규제학(regulatory studies)에서는 정부규제를 "바람직한 경제사회 질서의 구현을 위해 정부가 시장에 개입하여 기업과 개인의 행위를 제약하는 것"으로 정의하고 있다(최병선, 2006). 물론 규제의 개념에 대해 학자마다 국가마다 그들이 지향하는 사회의 모습에 따라 다소 차이가 있다. 하지만 공익실현을 목적으로 정부가 시민의 자유를 제한하고 행동을 제약한다는 점은 공통적으로 찾아볼 수 있다. 여기서 도대체 '공익(公益)'이 무엇이고 바람직한 경제사회질서란 무엇인지에 대한 논의는 차치하고 보다 더 근본적인 질문을 해보자. 규제의 목적이나 이상과 달리 현실적으로 규제가 누구에 의해서, 누구를 위해서, 어떻게 만들어지고 시행되느냐 하는 것이다. 많은 정부정책이 기대하는 목표와 실제 효과와의 차이가 있게 마련인데, 특히 규제정책에서의 괴리가 가장 크다. 왜냐하면 규제는 본질적으로 반자유적, 반시장적이기 때문이다.

규제는 왜 만들어지는가

후생경제학자들은 특정 재화와 서비스가 비경합적이고 비배제적인 공공재의 속성을 갖거나, 긍정 혹은 부정적인 외부효과가 존재하고, 독점적 시장구조와 정보의 비대칭성 등이 존재할 경우 시장이 자원을 효율적으로 배분할 수 없다고 주장한다. 이러한 소위 '시장실패론'은 정부가 규제를 통해 정책적으로 시장에 개입하여 이를 치유할 수 있다는 주장에 이론적 근거를 제공한다. 하지만 이들은 정부를 자애롭고 전지전능한 존재로 가정하고 정부정책이 정치과정을 통해 만들어진다는 사실을 간과하는 과실을 범한다. 구체적인 의제가 설정되고 관련 규제정책이 만들어지고 집행되는 일련의 경로는 정치적 과정(political process)을 통해 진행되기 때문에 여기에 어떤 이해관계가 반영되고 핵심적인 의사결정을 누가하는지는 규제정책을 이해하는 열쇠이다.

일반인은 물론 다수의 지식인들조차 공정한 사회질서와 효율적인 시장을 유지하기 위해 정부규제는 반드시 필요하고 이를 통해 시민의 삶이 더욱 나아질 것이라고 믿는다. 그런데 규제가 이 같은 믿음을 배신할 수 있다고 생각하는 사람이 있었다. 그가 바로 1982

년 노벨경제학상 수상자인 미국의 경제학자 조지 스티글러(George Stigler, 1911~1991)이다. 그는 당시 전기요금이 지나치게 높다고 판단한 정부가 가격을 낮추고자 전기산업을 대상으로 시행한 가격규제가 어느 정도 효과가 있었는지 실증적으로 연구한 결과, 규제효과가 없다는 것을 발견했다.

이후 스티글러는 다양한 산업분야의 연구를 통해 규제가 본래의 의도와 달리 현실에서는 피규제자를 통제하는 것이 아니라 오히려 그들의 이익에 기여한다는 사실을 발견하였다. 그는 상식적인 예상과 달리 정부규제는 특정 산업에 의해 매수되고 그들의 이익을 위해 설계/운영된다고 주장한다(1971, Stigler). 스티글러는 이 같은 현상을 "규제포획(regulatory capture)"이라고 규정하고 경제규제이론과 포획이론을 발전시킨다. 포획이론에 따르면, 규제는 명목상의 취지와 달리 사회전체의 공익도 약자의 이익도 아닌 바로 규제대상인 피규제자의 이익을 위해서 만들어진다. 예컨대, 그는 피규제자가 시장에서 경쟁을 제한하는 수단으로 규제를 활용한다고 꼬집는다. 이는 정부규제에 대한 일반적인 기대와 상식에 반하는 것이다.

누구의 이해관계가 규제를 만드나

이제 '정부가 누구를 위해, 무엇을 위해 규제해야 하는가?'라는 규범적인 질문이 아니라 실제로 과연 '정부는 누구를 위해 규제하며, 누구의 이해관계가 규제정책을 지배하고 있는가?'라는 현실적인 질문을 해보자.

스티글러는 'The Citizen and the State: Essays on Regulation (1975)'에서 대다수의 경제학자들이 바람직하다고 생각하는 자유무역정책이 도대체 왜 정치권, 나아가 많은 대중들에게 무시당하고 있는지에 대해 의문을 제기했다. 그리고 그 수상한 이유를 정치적 결정과정에서 '특수이익집단'이 승리했기 때문이라고 꼬집는다. 스티글러에 따르면, 최저임금제와 같은 가격규제는 결코 정부와 사람들의 이타주의나 박애정신이 동기가 아니라 특정 지역, 특정 노동계층의 이해관계가 반영된 결과에 불과하다. 지금도 정부의 무리한 최저임금 인상이 소상공인과 자영업자를 비롯해 정작 임금인상의 수혜를 받아야 할 근로자들을 시장에서 쫓아내고 있음을 목도하고 있다. 그는 설령 좋은 의도로 만들어졌다 할지라도 상당수의 규제가 정책목적을 달성하지 못할 뿐 아니라 오히려 정반대의 효과를 초래한다고 주장한다. 올슨(M. Olson)이 주장한 특수이익집단이 규제정책과정에 적극적으로 개입하여 자신들의 이해관계를 관철시킨 결과가 바로 규제인 셈이다. 따라서 기존의 법체계와 정치제도의 근본적인 변화 없이 '공명심(公明心)'만으로 만들어지는 정부규제는 소수의 이익집단이 다수 시민의 이익을 착취하는 결과를 피하기 어렵다.

이와 함께 스티글러는 대중과 일반소비자는 기본적으로 무지하고 어리석기 때문에 이들을 보호하기 위해서는 똑똑하고 현명한 정부가 시장에 개입하여 규제해야 한다는 논리에 정면으로 반박한다.

정부가 시장에서 소비자가 직면하는 어려움을 지나치게 과장하고 있다는 것이다.

규제학자이자 정보경제학을 개척한 스티글러의 주장을 들어보자. 대부분 자동차 구매자들은 자동차에 대한 기술적, 공학적 지식이 거의 없거나, 생산자들에 비해 상대적으로 정보가 부족하다. 그 결과 시장실패의 요인으로 지목되는 '정보의 비대칭' 문제가 발생하게 된다. 하지만 시간이 지날수록 소비자는 자동차회사들이 더 편안하고, 안전하고, 연료효율적인 신뢰할 수 있는 자동차를 만드는 모습을 직접적인 경험이나 다른 이들의 평가를 통해 알게 된다. 궁극적으로 품질이 나쁜 제품, 신뢰할 수 없는 제품을 만드는 생산자는 시장에서 살아남을 수 없고 쫓겨나게 마련이다. 그것은 소비자 개개인이 정보와 지식이 풍부하고 유능해서가 아니라 경쟁이라는 시장의 원리 덕분이다. 한마디로 소비자 보호의 원천은 정부규제가 아니라 시장에서 기업들 간의 자유로운 경쟁이라는 것이다.

스티글러는 사람들이 정치적 혹은 사회적 자유에 비해 경제적 자유의 침해에 대해 소홀하다고 지적하면서, 특히, 시민과 소비자에 대한 규제의 심각성을 인식하지 못한다고 주장한다. 즉, 언론의 자유에 대한 위협을 경계하고 인종, 성별 등에 의해 차별받아서는 안 된다고 생각하면서도 경제 영역에서는 소비자 보호를 위해 언제든 개인의 자유를 제한하고 규제해야 한다고 쉽게 양보한다는 것이다. 그는 경제생활에 대한 정부규제는 최종적으로 개인의 경제적 자유뿐만 아니라 정치적 자유를 심각하게 위협할 것이라고 주장한다.

나아가 경쟁과 규제에 대해서 경쟁을 장려하기 위한 규제일 때만 서로 보완적 관계를 가질 수 있으며, 경쟁을 훼손하는 규제는 정당성을 잃는다고 보았다. 스티글러는 경제생활에 대한 정부의 지나친 통제는 전체주의의 도래를 유도할 것이라는 하이에크의 주장에 동의한다.

규제는 필요악

신을 제외하고 이 세상에 완벽한 것은 없다. 시장도 예외가 아니다. 따라서 시장에서 발생하는 문제 해결을 위해서가 아니더라도 건강한 사회질서를 유지하기 위해 규제의 역할은 중요하다. 어쩌면 규제 없는 사회는 "만인의 만인에 대한 투쟁"의 상황이 될 수 있다. 뿐만 아니라 규제가 적정하게 작동될 수 있다면 정부의 유용한 정책수단이 될 수 있다. 그러나 정부 역시 완벽하지 않다. 아니, 시장에 비해 훨씬 비효율적이고 불완전하다. 그래서 대부분의 규제정책은 정부가 의도한 목적을 달성하지 못한다.

지난 문재인 정부는 주택시장을 안정화시킨다는 명분으로 부동산규제를 20차례가 넘게 강하게 추진했지만 그 기간 부동산 가격은 역대급으로 상승했다. 부동산 가격을 잡는다고 난리법석을 치던 때를 벌써 잊었는지 이제는 부동산 거품이 꺼진다며 걱정하는 정부의 모습이 한편의 코미디를 방불케 한다. 지난 말 한 시간강사의 자살 사건으로 추진된 '시간강사법'은 소수에게는 고용안정과 지위 향상을 가져왔지만 다수 시간강사들의 일할 기회를 박탈하는 결과를 초래했다. "지옥으로 가는 길은 선한 의도로 포장되어 있다"는 격언을 다시 상기시키는 규제실패의 전형이다. 모두 시장의 힘을 무시하고 밀어붙인 정부의 오만함에서 비롯된 것이다.

규제는 필요악(necessary evil)이다.

규제는 그 속성이 '악'이기 때문에 불가피한 경우를 제외하고는 없는 것이 바람직하다. 설령 정부규제가 필요한 경우조차 다른 정책대안이 없는지 일차적으로 살펴보아야 한다. 그리고 모든 규제대상을 감시·감독한다는 것이 불가능하기 때문에 정부의 규제의지와 상관없이 시장의 힘은 늘 본연의 역할을 한다는 점을 잊지 말아야 한다.

참고문헌

- 최병선, 〈정부규제론〉, 법문사, 2006
- George J. Stigler, The Theory of Economic Regulation, 〈The Bell Journal of Economics and Management Science〉 Vol. 2(1), RAND Corporation, 1971
- George J. Stigler, 〈The Citizen and the State: Essays on Regulation〉, University of Chicago Press, 1975
- Mancur Olson, 〈The Logic of Collective Action: Public Goods and the Theory of Groups〉, Harvard University Press, 1965

태양을 거부하는
양초업자들: 바스티아

김이석
시장경제제도연구소 소장

끌로드 프레데릭 바스티아(Claude Frederic Bastiat, 1801~1850)는 19세기 프랑스 자유주의 경제학의 중심인물이다. 1801년에 태어나 안타깝게도 49세에 요절하기 전 10여 년간 맹렬하게 자유주의 저술과 정치 활동을 벌였다.[1] 그의 사상은 '법적 약탈'(legal plunder)에 대한 비판으로 요약될 수 있는데[2] 그의 위트가 넘치는 뛰어난 풍자의 글들은 미제스, 로스바드, 슘페터, 하이에크와 같은 경제학의 대가들로부터 칭송을 받았다. 바스티아는 경제학에도 중요한 유산을 남겼지만 그 유산은 안타깝게도 제대로 평가받지 못하고

---

1) 바스티아의 간략한 전기는 Powell Jim의 FEE글을 참고.
2) Rothbard(2006), pp. 444~448 참고.

있다.[3]

국내에서도 바스티아의 중요성을 인식한 이들이 그의 저서 〈법〉(김정호 역, 자유기업원)을 번역했고, 그의 사상이 집중적 조명을 받기도 했다.(민경국, 〈국가란 무엇인가〉 1부 2장) 또 바스티아의 관점을 적용해서 현재 한국의 상황을 비판적으로 살펴보는 글과 그의 사상을 소개하는 동영상들도 나와 있다.[4] 이처럼 바스티아의 글들은 보호주의의 폐해를 지적하고 있을 뿐만 아니라 민주주의 다수결 아래 입법이 개인의 재산권을 보호하기는커녕 '법의 옷을 입은' 집단적 약탈이 될 수 있음을 경고하고 있다.

양초제조업자들의 청원

간섭을 받지 않는 시장을 옹호한 바스티아의 진면목을 살펴볼 수 있는 풍자의 글이 바로 (태양을 거부하는) '양초제조업자들의 청원'이다. 바스티아의 이 글은 잘 알려져 있듯이 양초제조업자들이 낮 동안 도저히 따라갈 수 없는 강력한 경쟁자 태양의 빛을 막아줄 것을 의회에 청원하는 글이다. 빛의 소비자들에게 대낮에 '공짜' 태양빛을 소비할 수 없도록 만들겠다는 양초업자들의 청원은 너무나

---

[3] 특히 Hulsmann은 바스티아를 경제평론가가 아니라 경제학자로서 적극적으로 평가하고 있다.
[4] 배진영 참고. 자유기업원에 바스티아의 법과 그의 사상을 소개하는 동영상들도 올라와 있다.

터무니없다.

그러나 바스티아가 주장하려는 것은 현재 해외로부터의 경쟁을 막아 국내 산업과 그 고용을 보호하려는 목적으로 입법이 만들어져 있고 또 시행되고 있다면, 그리고 그런 입법을 했던 이유에 계속 충실하려면, 이처럼 터무니없는 양초제조업자들의 청원도 들어주지 않을 수 없다는 것이다. 달리 말하면 양초제조업자들의 청원이 터무니없다면, 기존의 해외의 경쟁으로부터 국내 산업을 보호하는 입법들도 모두 터무니없기는 마찬가지이므로 이런 입법들을 모두 철폐해야 한다는 것이 그의 요지다.

법적 약탈(legal pluder)

만약 양초제조업자들의 청원이 의회에서 받아들여져 태양의 빛이 집으로 들어갈 틈을 모두 막도록 강제하는 법률이 만들어진다면, 바스티아는 이것을 '법적 약탈'이라고 부를 것이다. 어떤 개인 A가 개인 B의 재산을 그의 동의 없이 또 대가 없이 빼앗아간다면 이는 약탈이다. 국가가 '법'을 통해 해야 할 일은 국가 이전에 존재했던 B의 자연권인 재산권을 A가 약탈하지 못하도록 하는 데 있다.

그런데 국가와 정부가 사람들의 인격과 자유 그리고 재산을 폭력으로부터 보호하는 소극적 의무를 넘어서 그것이 이런저런 것들을 하도록 강제하는 순간, 그런 강제로 인해 개인의 자유와 재산에 파괴적인 영향을 줄 수밖에 없다는 것을 바스티아는 강조했다.

이를 '양초제조업자들의 청원'의 경우에 적용해보면, 정부가 국내 산업과 거기에 고용된 사람들을 해외의 경쟁으로부터 보호하는 것은 결국 태양이라는 해외의 강력한 경쟁자로부터 양초제조업과 거기에 고용된 사람들을 보호해달라는 양초제조업자들의 청원을 들어주는 것과 전혀 다를 바 없다. 그러나 그렇게 하는 순간, 실은 태양빛의 소비자들, 즉 전 국민들로부터 그들의 재산을 양초제조업자들에게로 소비자들의 '동의 없이' 법적으로 약탈하도록 만드는 것이다.

국가는 거대한 허구

오늘날 의회가 '법 공장'으로 불릴 정도로 의회에서 이런저런 '법률'들이 다수결만 통과하면 어렵지 않게 만들어지고 있다. 그러나 바스티아는 우리에게 "법은 폭력"이라면서 법을 함부로 만들지 말 것을 경고한다. 타인의 인격과 재산을 약탈하는 '폭력'에 맞선 '폭력'이 정당화되듯이 법도 마찬가지로 "사람들이 해야 할 일을 적극적으로 지정하는 것이 아니라 타인에게 피해를 주는 것을 포기해야 한다는 소극적 의무를 부과한다"는 것이다.

만약 양초업자들의 청원이 받아들여져, 대낮에도 태양빛이 집으로 들어오지 못하도록 모든 창을 가리라는 법률이 만들어진다면, 이제 국가의 경찰은 이런 '법의 옷'을 걸친 약탈에 봉사하게 되어 개인의 재산권과 함께 빛의 소비에 관한 개인의 자유도 침해하게 되는 것은 물론이다. 경찰과 같은 국가의 강제력은 이제 국민들에게 각 개인의 재산권을 보호하는 서비스를 제공하는 게 아니라 법의 옷을 입은 '약탈'을 지원하기 위해, 약탈하는 이들을 돕고 여기에 저항하는 이들을 처벌하는 일을 하게 된다.

이런 법적 약탈이 만연해지면, 만인이 만인에 대한 법적 약탈에 열중하게 될 것이다. 그렇게 될 때 약탈을 꺼리는 '도덕 감정'조차 약화되지 않을 수 없다는 것이 바스티아의 통찰이다. 그래서 그는 이런 상황이 전개되는 국가를 "만인이 만인을 등쳐먹는 거대한 허구"하고 했다. 이런 바스티아의 '법적 약탈'의 이론은 다수결 민주주의 아래에서의 '지대 추구'를 이론화했던 현대의 공공선택이론에 앞서 1800년대 초반에 전개된 공공선택이론의 선구자라고 할 수 있다.

보이는 것과 보이지 않는 것

바스티아의 유명한 글로는 '양초제조업자들의 청원'과 함께 '깨어진 유리창'이 있다. 바스티아는 '깨어진 유리창'의 우화를 통해 당장 '보이는 효과'에만 매몰되어서는 사이비 경제학자가 될 수 있을 뿐이고 '보이는 않는 것'을 통찰할 수 있어야 진정한 경제학자가 될 수 있다는 교훈을 일깨웠는데, 이 '깨어진 유리창'의 우화는 케인지언주의가 등장하기 1세기 전에 케인지언의 이론을 논박한 것으로 평가되기도 한다. 1백만 부 이상 팔린 〈경제학 1교시〉(Economics in One Lesson)를 저술한 헨리 해즐릿은 자신의 저서를 바스티아의 '보이는 것과 보이지 않는 것'에 대한 통찰을 현대의 여러 이슈들에 적용한 것에 불과하다고 말한 바 있다.

장난꾸러기 소년이 상점의 유리창을 깨버렸다. 사람들은 그가 유리창이 깨져 재산상 손실을 본 것을 동정하지만, "1세기 후의 케인지언"과 같은 생각을 가진 이는 전혀 다른 주장을 내놓는다. 그는 유리창이 깨진 것이 겉보기와 달리 실은 경제적 축복이라고 주장한다. 그 가게 주인이 유리창을 갈아 끼우는 데 돈을 쓰게 됨으로써 경제에 '승수 효과'만큼 생산과 고용에 활력을 불어넣게 된다는 것이다.

이 때 바스티아와 같은 진정한 경제학자가 등장해서 그 가게 주인이 유리창을 갈기 위해 돈을 쓰지 않았더라면 가졌을 '잃어버린' 기회들을 보라고 주문한다. 이런 잃어버린 기회들은 잘 보이지 않지만, 이런 것을 제대로 고려하지 못한 채 결론을 내리면 올바른 결론이 될 수 없다는 뜻이다. 그 돈으로 할 수 있었을 일은 아마도 그 가게에 필요한 시설물일 수도 있고, 아니면 신발의 소비였을 수도 있다. 이것을 생산의 측면에서 바라보면, 깨진 유리창을 갈기 위해 들어간 새 유리창을 만들 노동력과 재료들이 절약되어 다른 것을 만들 수도 있었을 것이다.

바스티아, 유럽 자유무역 운동의 원천

바스티아에게 관세는 비효율적인 생산자가 소비자들로부터 '법적 약탈'을 가능하게 하는 것으로 교역을 어렵게 만드는 '도로 위의 진흙' 같은 것이다. 바스티아는 그런 약탈을 없애는 정치적 운동인 영국의 반곡물법 동맹에 큰 감명을 받고 직접 영국으로 건너가 그 운동을 주도한 리처드 코브던을 만나기도 했다.

바스티아의 강력한 글들과 이론 그리고 조직력에 힘입어 프랑스뿐만 아니라 벨기에, 이탈리아, 스웨덴 등에 자유무역을 위한 정치운동 단체들이 만들어졌다. 이탈리아에서 나온 자유무역단체는 그들이 펴내는 저널에서 영국의 반곡물법 동맹을 칭송하면서도, 반곡물법 동맹은 관세와 곡물법이라는 것에 대한 전쟁을 선포한 데 비해 프랑스의 경우에는 모든 것들을 포괄하는 자유 시장 입장을 견지했다는 것을 칭송하기도 했다.

바스티아의 위트가 넘치면서도 논리적인 풍자의 글들은 200여년이 지난 오늘날에도 자유시장의 의미와 법과 국가가 할 일을 다시 되새기는 데도 중요한 나침반 역할을 하고 있다.

참고문헌

- 배진영, "배진영의 책으로 세상 읽기: 프레데릭 바스티아의 〈법〉", 월간조선, 2022년 1월호
- 프레데릭 바스티아, 〈법〉, 김정호 옮김, 자유기업원, 2016
- 민경국, 〈국가란 무엇인가〉, 북앤피플, 2018
- Murray N. Rothbard, 〈An Austrian Perspective on the HIstory of Economic Thought〉 Volume II, Mises Institute, 2006
- Jörg Guido Hülsmann, BASTIAT'S LEGACY IN ECONOMICS, THE QUARTERLY JOURNAL OF AUSTRIAN ECONOMICS VOL. 4, NO. 4 (WINTER 2001): 55-70
- Jim Powell, Frederic Bastiat, Ingenious Champion for Liberty and Peace, FEE, June 1, 1997

6

관용: 사회통합을 위하여

건강한 사회의 지름길, 관용
칼뱅에 맞선 카스텔리오
〈래리 플린트〉: 표현의 자유, 한계가 존재할까
이슬람과 계몽주의
조지 오웰 〈동물농장〉 고찰
미국혁명과 프랑스혁명의 '두 자유'
마틴 루터의 종교개혁
내전의 시대, 조만식을 소환해본다
다가올 '초개인'의 시대 그리고 '초자유 상태'에 놓일 우리

건강한 사회의 지름길, 관용

최승노
자유기업원 원장

　　개인이 성공해야 나라가 번영한다. 다른 사람의 희생이나 도움으로만 유지되는 삶이나 조직은 지속가능하지 않다. 세상은 내가 만들어나가야 한다. 내가 하는 일에 정성을 기울이고 남을 돕는 일에 성공하는 만큼 그 대가는 커진다. 우리는 서로에게 도움을 주는 사회라는 협업 구조에서 살고 있기에, 나의 성공은 남을 얼마나 돕고 있는가에 따라 그 크기가 좌우된다.

　　사람들은 갈등을 해소하는 방법으로 소통을 주목하고 있다. 유튜브, 트위터, 페이스북, 카카오톡 등의 SNS로 대표되는 사이버 공간이나 오프라인을 막론하고 많은 곳에서 소통의 중요성이 강조되고 있으며 소통의 장 또한 점차 확대되고 있다. 의사 결정구조가 관료제 방식에서 TF형이나 네트워크형 조직 중심으로 변화하고, 사회가 권위주의적 모습에서 탈권위주의적 모습으로 변모해 갈수록 이러한 현상은 더욱 가속화될 것이다.

통합이 만드는 가치

개인 혹은 조직 간의 소통은 단순히 갈등을 완화하거나 해소하는 것을 넘어, 통합이라는 가치를 창출한다. 통합이라는 가치가 맺는 열매에는 지식 교류와 발전, 사회 문제 감소, 경제적 가치 증가 등이 포함된다. 이와 더불어 공동체, 나아가서는 한 사회가 유기체로서 시너지 효과를 발생시켜 효용이 된다. 작게는 가정, 학교 등 사회화 역할을 수행하는 곳에서부터 크게는 국회, 정부, 법원 같은 정치 제도와 언론 등이 사회 통합의 역할을 수행한다.

사회 통합의 가장 근본적인 요소는 단연 소통이다. 그런데 소통을 가로막는 요소가 많다. 관계 중심의 인간관계, 유교의 영향 그리고 군대 문화 등으로 인해 가정, 학교, 기업 등 사회 전반적인 요소에 경직적이고 권위주의적인 문화가 그것이다. 이런 문화에서는 인간관계가 개인 대 개인으로서 서로 존중하는 관계가 아니라 상하 관계 혹은 일방적 지시 관계가 되기 쉽고 자유로이 의견을 개진하는 것을 막는다.

자신을 존중할 줄 아는 사람은 타인을 인격체로 인정하여 개개인을 존중할 줄 아는 사람이다. 자신을 존중하지 못하면서 다른 사람을 존중하는 것은 불가능하다. 만약 그렇게 할 수 있다고 말하는 사람이 있다면 그것은 연기 혹은 위선일 것이다. 사회를 통합으로 이끄는 힘이 나에 대한 존중, 타인에 대한 존중에서 시작된다는 사실은 개인주의가 가진 관용의 힘이 얼마나 중요한 지 보여준다.

관용을 통한 상호 존중

타인에 대한 존중은 건강한 공동체를 이루는 핵심적 가치이다. 상호 존중이 바탕을 이뤄야 허심탄회한 의견 교환, 합리적 의사 결정, 조직의 발전이 가능해지기 때문이다. 반대로 존중의 문화가 약하면 공동체는 분열되고 경직될 가능성이 높다. 가정, 학교, 기업, 시민단체, 군대 그리고 정부 등 우리 사회의 다양한 공동체에서 존중의 문화가 좀 더 성숙할 필요가 있다.

이러한 존중을 다른 말로 하면 관용이라 할 수 있다. 관용은 하루 아침에 갖출 수 있는 덕목이 아니다. 관용의 정신을 함양하려면 동의하기, 인정하기, 격려하기, 주기, 듣기, 감사하기, 믿기 등의 행동들, 다시 말해 상대방으로 하여금 자신을 신뢰할 수 있게 하는 행동을 몸에 익혀야 한다. 반대로 따지기, 비난하기, 방어하기, 받기, 말하기, 불평하기, 의심하기 등의 행동들, 즉 '만인의 만인에 대한 투쟁' 같은 방식의 행동들은 지양해야 한다.

이해와 관용에 기초하여 서로를 배려하는 사회의 구성원들은 그렇지 못한 사회보다 상대방을 더 신뢰할 수 있다. 자신만 다른 사람을 배려하는 것이 아니라 상대방도 나를 배려할 수 있기 때문에 이들은 열린 마음의 소유자가 될 수 있고 따라서 '나만 손해 본다'라는 생각을 하지 않게 된다. 이러한 환경에서는 서로 주고받는 행동, 즉 계약이 성립할 수 있고 계약을 맺은 뒤에도 후회하거나 상대방을 의심하는 것이 아니라 믿고 웃을 수 있다. 계약은 익명의 사람들이 모인 도시의 사회 질서를 높은 수준으로 유지시킨다.

자유 사회에서 사람들은 다양하게 살아간다. 생각, 의견, 삶의 방식 모두 다르다. 사람들이 서로 다름을 인정하고 규칙을 지킬 때 개인은 자유로운 삶을 영위한다. 개인의 자유를 존중하고 집단적으로 개인을 억누르지 않는 사회는 번성하기 마련이다.

개인의 자유와 권리가 존중받지 못하는 상태에서 공동체가 개인에게 과연 어떤 의미가 있는가? 그저 강압하고 희생을 강요하는 껍데기에 불과하다. 공동체 내에서 개인의 자유와 권리가 존중받을 때 그 공동체는 건강성과 합리성을 유지할 수 있다. 사람들은 그런 공동체를 통해 더 나은 삶을 추구할 수 있다. 또 공동체가 개인주의에 입각해 운영될 때 그 공동체는 단순한 개인들의 합 그 이상의 성과를 낼 수 있다. 개인주의를 바탕으로 하는 공동체 원리가 지켜지면 사회는 번영한다.

다만 공동체 원리는 다양성에 대한 관용을 지향해야 한다. 공동체 중심 사고가 과도한 나머지 다양성을 인정하지 못하는 획일적 사고에 빠지는 부작용이 나타나기도 한다. 어떤 사람들은 생각의 차이를 인정하지 않고 자신 혹은 집단과 다른 생각을 가지면 무조건 비판하려 든다. 표현의 자유를 말하지만, 정작 자신이나 집단과 다른 의견이 나오면 매도하려 들기도 한다. 또는 의견이 다른 사람을 집단적으로 배제하기도 한다. 공동체 중시 사고는 개인이 집단을 위해서만 존재한다는 전체주의적 사고로 향할 수 있음을 우리는 경계해야 한다.

개인주의가 곧 자유를 이룬다

개인주의 수준이 높고 이것이 보편화된 국가일수록 국민들이 자유로움을 누린다. 한국 사회에도 개인주의를 정착시켜 보다 건강한 공동체를 이루어나갈 수 있게 해야 한다.

정치인들의 활동은 갈등을 유발할 수도 있고 사회 통합으로 나아갈 수 있기에 통합을 이끌어내는 리더의 역할이 중요하다. 민주 사회에서 문제를 해결하는 방식은 점차 성숙해졌는데 원칙을 준수하고 법을 지키며 그리고 다수결 원리 등의 방식을 채택하게 된 것이다.

정치가 성공하면 통합이 이뤄진다. 위대한 정치 지도자들은 그런 통합의 성취를 이루었다. 역사적으로 번영기를 누렸던 시기의 지도자는 통합 사회의 가치와 원칙을 가지고 있었다. 로마, 당나라, 네덜란드와 영국의 해양 문명, 그리고 미국으로 이어지는 세계 문명의 발달은 열린사회의 가치를 중심으로 번영을 이어갔다. 그런 성공을 통해 인간의 자유는 확대되었다.

　말 한마디가 천 냥 빚을 갚는다는 속담이 있다. 감사의 말 한마디가 관계를 우호적으로 만들고 좋은 관계를 만드는 윤활유가 될 수 있다. 꼭 말로 하는 감사가 아니더라도 바른 감사의 표시도 좋다. 이를 효과적으로 달성하기 위해서 고마움을 전달하는 표현 수단을 다양하고 심도 있게 발전시키고 격려할 필요가 있다.

　사회는 서로 다른 구성원 개개인의 성질에 따라 변화하는 역동적 존재이다. 그러므로 분명히 상호 갈등은 존재하며 이 갈등을 원만한 관계를 통해 해소해 나가는 것이 건강한 사회를 유지하는데 필수적이다. 그래서 관용은 이 갈등을 해소할 수 있다.

칼뱅에 맞선 카스텔리오

배진영
월간조선 편집장

　　　　　지금까지 지구상에서 살다 간 사람을 계산하면 약 1000억~1100억 명 가량으로 추산할 수 있다고 한다. 이들 중에서 우리가 '자유라고 여기는 환경'에서 살다 간 사람은 50억 명이 채 되지 않는다고 한다. 1780년 이후 미국에서 자유를 누린 인구 5억 5400만 명, 20세기에 자유국가가 된 나라들을 포함한 유럽 국가들에서 자유를 누린 인구 약 10억 명, 그리고 오늘날 자유국가에서 살고 있는 인구 30억 명을 포함한 숫자이다. 지금까지 지구상에 살아 온 사람들 가운데 불과 4.5%만이 '자유'를 누리며 살아왔다는 얘기다. 우리는 자유를 공기처럼 당연하게 생각하며 살고 있지만, 그런 삶은 결코 당연한 것은 아니었다.

　흔히 '생각은 자유'라고들 하지만, 그런 자유조차도 당연한 것은 아니었다. "각자의 의견을 발표하고 모든 문제를 토론하는 것은 좋은 것이며 결코 나쁜 일이 아니라는 점을 가장 계몽된 사람들에게 설득시키는 데만도 몇 세기가 걸렸다"는 영국의 역사학자 존 B.배리의 말은 결코 과장이 아니다.

'생각은 자유'라는 생각이 당연한 것으로 받아들여지기 위해 반드시 필요한 것이 관용(톨레랑스· tolérance)이다. '정치·종교·도덕·학문·사상·양심 등의 영역에서 의견이 다를 때 논쟁은 하되 물리적 폭력에 호소하지는 말아야 한다는 이념'이 관용이다.

아이러니한 것은 자기들이 사회적 소수자(少數者), 약자(弱者)일 때는 관용을 주장하던 자들일수록, 자기들이 권력을 쥐게 되었을 때는 표변하곤 했다는 사실이다. 로마제국의 탄압을 받던 시대에 '종교적 신념이 자발적이며 강제될 수 없는 것'이라는 이유로 관용을 호소했던 기독교(가톨릭)는 자신들이 지배적 위치를 차지하게 되었을 때에는 관용과 거리가 멀어졌다.

종교개혁 후에도 마찬가지였다. 존 B. 배리는 이렇게 꼬집는다.

"교회에 맞선 프로테스탄트 반란의 지적(知的) 정당화는 개인적 판단의 권리, 즉 종교적 자유의 원칙이었다. 그러나 종교개혁자들은 그것을 오로지 자신들만을 위해 주장했고, 자신들의 신앙 개조(箇條)를 형성하자마자 그 원칙을 실질적으로 거부했다. 이는 프로테스탄트가 취한 입장 가운데서 가장 눈에 띄는 모순이었다."

세르베토의 처형

그런 모순을 보여주는 대표적인 사건이 1553년 스위스 제네바에서 벌어진 미겔 세르베토(1511~1553)의 화형(火刑)이었다. 세르베토는 여러 해 동안 제네바의 종교적·정치적 지도자인 장 칼뱅(1509~1564)과 신학적 논쟁을 벌여온 인물이었다. 장 칼뱅은 기독교의 역사에서 지울 수 없는 위대한 종교개혁가였지만, 다른 한편으로는 자신과 다른 생각을 용납하지 못하는 편협한 인물이었다. 세르베토가 제네바를 찾아오자 칼뱅은 그를 불법적으로 체포하여 투옥했다. 그리고 세르베토를 고문하면서 자신의 생각을 철회하고 칼뱅에게 굴복하도록 강요했다(물론 이 모든 과정에서 칼뱅은 짐짓 뒷전으로 물러앉아 자신의 손을 더럽히는 일을 피했다). 하지만 세르베토가 굴복하기를 거부하자 칼뱅은 제네바시 당국을 조종해서 세르베토를 화형에 처하도록 했다.

이는 가톨릭의 압제에 대한 저항에서 출발한 종교개혁의 정신에 대한 난폭한 배신이었다. 후일 볼테르는 세르베토의 처형을 '개신교에서 일어난 최초의 종교적 살인'이라고 비판했다. 이는 또한 젊은 시절 〈기독교강요〉 초판에서 "이단자를 죽이는 것은 범죄행위이다. 쇠와 불로 그들을 파멸시키는 것은 인문주의의 모든 원칙을 부인하는 행동이다"라고 했던 칼뱅 자신의 원칙에 대한 배신이기도 했다. 한때의 민주화 투사였던 자들이 정작 정권을 잡고 난 후에는 자신들에 대한 비판을 권력과 홍위병들을 동원해서 야비하게 짓밟았던 것을 연상케 하는 대목이다.

'사상의 자유를 가장 신성한 기본법으로 요구한 유럽 최초의 문서'

당시 바젤대 교수였던 제바스티안 카스텔리오(1515~1563)는 칼뱅의 이런 폭거에 맞서 감연히 일어섰다. 세르베토가 죽었다는 소식을 접한 카스텔리오는 〈이단자를 억압해도 되는가, 그들을 어떻게 처리해야 하는가 - 신구교 권위자들의 소견을 제시함〉이라는 책자를 펴냈다. 카스텔리오의 전기를 쓴 오스트리아의 작가 슈테판 츠바이크(1881~1942)는 이 책자를 '사상의 자유를 가장 신성한 기본법으로 요구한 유럽 최초의 문서'라고 평가했다. 이 책자에서 카스텔리오는 "나는 우리 의견과 일치하지 않는 생각을 가진 모든 사람들을 우리가 이단자라고 부른다는 사실을 발견하게 된다"면서 이렇게 말했다.

"사람들은 자기 자신의 생각에 대해서, 혹은 자신의 생각이 옳다는 생각에 대해서 너무나도 뚜렷한 확신을 가진 나머지 오만하게 다른 사람을 멸시하기에 이르렀다. 이러한 오만에서 잔인함과 박해가 나온다. 오늘날에는 거의 사람 수만큼이나 다양한 견해가 있건만, 다른 사람이 자기와 견해가 같지 않다면 조금도 참으려 하지 않는다. … 오직 완고한 때문에 반항이 생겨나고 정신적으로 남을 인정하지 않기 때문에 잔인한 행동을 하려는 저 거칠고 야만적인 욕망이 생겨난다. 그리고 오늘날 이런 선동적인 비방에 수많은 사람들이 너무나 열을 올리고 있다."

이에 대해 칼뱅의 추종자인 제네바의 목사 테오도르 드 베즈(1519~1605)는 "양심의 자유는 악마의 학설"이라면서 카스텔리오를 공격했다. 칼뱅도 카스텔리오를 '개'라고까지 비방하면서, 세르베토를 처형한 자신의 입장을 옹호하고 카스텔리오를 비난하는 책자들을 잇달아 펴냈다.

이에 맞서 카스텔리오는 〈칼뱅의 글에 반대함〉이라는 공개 고발장을 펴냈다. 여기서 카스텔리오는 '국가는 내면의 양심 문제에 관해서는 아무런 권리가 없다'면서 이렇게 역설했다.

"신학의 학설을 옹호하는 것이 관청의 임무는 아니다. 칼은 학설과는 아무런 관계가 없다. 학설이란 오로지 학자들의 일일 뿐이다. 관청은 어떤 신체적인 불법행위가 이루어졌을 경우에만 기술자나 노동자, 의사, 또는 어떤 시민을 보호하는 것과 똑같은 방법으로 학자들을 보호할 수 있을 뿐이다. 세르베토가 칼뱅을 죽이려고 했다면 관청이 그를 보호하는 것이 옳았을 것이다. 그러나 세르베토는 글과 이성(理性)의 이유로만 싸웠기에 이성의 이유와 글 이외의 것으로 그에게 책임을 물을 수는 없다."

카스텔리오는 또 이렇게 말했다.

"당신 사람들에게 폭력과 박해의 권리를 빼앗으시오! 사도 바울이 요구한 것처럼 모든 사람에게 말하고 쓸 권리를 주시오. 그러면 당신은 자유가 강제에서 한번 풀려나면 지상에서 얼마나 많은 일을 할 수 있는지를 보게 될 것이오!"

카스텔리오의 고발에 맞서 칼뱅의 추종자 드 베즈가 '개'니 '야

수'니 하며 공격해오자 카스텔리오는 점잖게 응수했다.

"내가 몇 가지 점에서 당신의 가르침에서 벗어나는 것을 용납하라. 경건한 사람들 사이에서 의견 차이가 있다 해도 마음만은 하나가 될 수 있어야 하지 않겠는가?"

카스텔리오를 소환하는 이유

카스텔리오의 외침들은 신학적 논쟁의 형태를 띠고 있지만, 그것들이 '사상의 자유', '양심의 자유'와 이어진다는 것을 알아채는 것은 그다지 어렵지 않다. 그러나 카스텔리오의 주장이 현실에 자리를 잡는 데는 이후 400여년의 세월이 필요했다. 카스텔리오 자신도 칼뱅 일파의 위협과 가난 속에서 쓸쓸히 죽었다.

안타까운 일이지만, '체제 선택'의 문제를 놓고 피 흘려 싸워야 했던 해방공간과 6·25전쟁, 그리고 개발연대의 치열했던 생존 투쟁으로 이어진 대한민국의 역사에서도 '관용'이 설 땅은 극히 좁았다. 소위 민주화 이후에도 마찬가지였다. 관용과 화해의 메시지를 가득 담은 취임사로 출발했던 문재인 정권이 얼마나 비판자들을 가혹하고 야비하게 공격했는지는 아직도 기억에 생생하다. 대한민국이 다시 자유광복(自由光復)의 첫걸음을 떼는 지금 카스텔리오를 소환하는 것도 바로 그 때문이다. 카스텔리오는 이렇게 말했다.

"참되고 옳은 것이 마침내 정당성을 갖기까지 거듭 말하는 일은 절대로 필요하다."

참고문헌

- 슈테판 츠바이크, 〈다른 의견을 가질 권리〉, 안인희 옮김, 바오, 2009
- 존 B. 배리, 〈사상의 자유의 역사〉, 박홍규 옮김, 바오, 2006
- 크리스 스튜어트·테드 스튜어트, 〈자유의 역사〉, 박홍경 옮김, 도서출판 예문, 2012

<래리 플린트>: 표현의 자유, 한계가 존재할까

김민호
성균관대학교 교수

영화 <래리 플린트>가 던진 메시지

1997년에 개봉되어 크게 관심을 받지 못했던 <래리 플린트(Larry Flynt)>라는 영화가 최근 넷플릭스를 통해 다시 재조명을 받고 있다. 래리 플린트는 포르노 잡지 허슬러를 창간한 사람으로서 이 영화를 통해 그의 삶 또한 다시 주목을 받고 있다.

래리 플린트는 '미국인의 성생활을 그대로 보여드립니다'라는 슬로건을 내걸고 '허슬러'라는 포르노 잡지를 출간했다. 당시 기준으로는 파격적인 정사신을 그대로 노출하였으며, 잡지 속 풍자글은 등장인물들의 인격을 사정없이 뭉개고 모욕하였다. 이로 인해 래리 플린트는 당시의 보수적인 미국 법조계와 경찰에 의해 무수히 체포되고 풀려나기를 반복했다. 래리 플린트는 이러한 고초(?)로 위축되기보다는 오히려 자신을 비판하는 종교지도자들과 처절한 싸움을 선택했다. 기독교 원리주의자의 지도자 제리 폴웰(Jerry Falwell) 목사가 자신을 비판한 것을 계기로 그를 집중적으로 비난하기 시작했고 인격 모독도 서슴지 않았다. 플린트는 살해위협을 끊임없이 받았고 결국 총에 맞아 하반신이 마비되었다.

제리 폴웰 목사와 래리 플린트의 긴 법정 공방 끝에 법원은 "수정헌법 제1조는 공적 인물이 자신을 풍자하는 캐리커처나 만화 광고를 이유로 불법 행위의 책임을 부과하는 것을 인정하지 않는다."라고 판시하며 래리의 손을 들어주었다. 래리 역시 "나같은 쓰레기의 자유도 보장해주는 미국 헌법이라면 모두의 자유를 보장해줄 수 있을 것이다."라는 유명한 말을 남긴다.

이 영화, 좀 더 정확하게는 〈래리 플린트〉가 우리에게 던진 메시지는 무엇일까? 자신이 경영하는 포르노 사업의 계속성을 확보하기 위해, 또는 자기 스스로에 대한 정당성을 주장하기 위해 '표현의 자유'를 내세운 것인지? 아니면 진정 래리 프린터의 사상적 소신인지? 정확히 알기 어렵다. 하지만 래리 플린터가 우리에게 '표현의 자유'가 헌법상 기본권으로 자리 잡은 배경은 무엇인지?, 표현의 자유가 자유민주주의의 핵심적 요소가 될 정도로 중요한 까닭은 무엇인지?, 표현의 자유는 한계가 없는 것인지? 등에 대한 고민을 던진 것은 분명하다.

'표현의 자유'의 의의와 한계

〈자유론(On Liberty)〉(1859)의 저자 밀(John Stuart Mill)은 '표현의 자유'는 사상의 자유를 보호하여 민주주의를 유지하는 핵심적 요소라고 했다. "억압된 의견 안에 사회가 필요로 하는 모든 또는 부분적인 진실이 담겨 있을 수 있다. 거짓된 신념조차 값지다. 이는 그에 관한 토론 과정에서 반대 관점이 과연 진실한 것인지 시험하고 확인해 주기 때문이다."라는 그의 말은 표현의 자유의 존재의의와 중요성을 잘 대변하고 있다.

독재 권력은 사상을 통제하고 진실을 은폐하는 데서 출발한다. 자유로운 '표현'과 '언론'을 억압해야만 사상의 통제와 진실의 은폐가 가능해진다. 역설적으로 표현과 언론이 자유롭게 보장될 때 독재 권력은 뿌리를 내릴 수 없다.

특히 과거에는 소수 계층만이 언론과 표현(창작)을 생산할 수 있었기 때문에 이들에 의해 생산된 언론과 표현에 의해 여론과 사상이 형성될 수밖에 없었다. 이 시기에는 소수 계층 또는 집단에 의해 사상의 통제와 진실의 왜곡이 비교적 쉽게 이루어질 수 있었다. 하지만 인터넷의 발달과 다양한 표현 또는 언론의 수단들로 인해 이제는 과거처럼 언론과 사상의 통제가 용이하지 않게 되었다. 표현과 언론의 자유가 그만큼 확대 보장되었음을 부인할 수 없다. 그런데 표현과 언론의 자유라는 기본권도 그 한계는 존재한다. 왜냐하면 거짓이나 다른 사람의 명예를 훼손하는 표현과 언론은 다른 사람의 기본권을 침해하고 사회질서를 교란시킬 우려가 있기 때문이다. 그래서 헌법은 표현과 언론의 자유도 안정보장, 질서유지, 공공복리를 위해 법률로서 제한 할 수 있는 제도적 장치를 마련해 두고 있다.

하지만 표현과 언론의 제한은 필요 최소한에 그쳐야 한다. 표현과 언론에 대한 지나친 제한은 결국 표현과 언론의 자유를 위축시켜 특정 집단, 특히 정치권력에 의한 사상 통제가 가능해질 수 있기 때문이다. 그렇다고 표현과 언론의 자유를 무조건 보장하는 것도 많은 사회적 문제를 야기시킬 수 있다. 1인 미디어의 발달로 극단적 주장과 사상이 넘쳐나고 있다. 단순히 주장만으로 그치는 것이 아니라 실제 물리적 폭력과 충돌로 이어질 수도 있다.

그래서 표현과 언론의 자유 보장과 그 한계의 최적점을 찾는 것이 매우 중요하고 어려운 일이다.

미국 연방대법원 홈즈(Oliver Wendell Holms) 대법관은 쉔크 사건(Schenck v. United States, 249 U.S. 47 (1919))에서 "표현의 자유는 실질적 해악을 초래할 명백하고 현존하는 위험이 있는 때에만 제한이 가능하고, 실질적 해악을 초래할 명백하고 현존하는 위험이란 극장에서 거짓으로 '불이야!'라고 소리쳐 공황 상태를 야기하는 정도의 위험을 말한다."라는 기준을 제시한 바 있다. 표현의 자유는 최대한 보장되어야 하며, 실제 지금 당장 발생할 수 있는 명백한 위험이 있는 때에만 최소한의 제한이 가능하다.

지난 문재인 정부에서는 이른바 '가짜뉴스'를 명분으로 표현과 언론의 자유를 지나치게 제한하는 입법적 시도를 여러 차례 한 바 있다.

'가짜뉴스'를 둘러싼 논쟁

가짜뉴스를 규제하기 위해서는 우선 규제대상이 되는 '가짜뉴스'의 정의와 범위가 명확해야 한다. 가짜뉴스를 규제하는 법률안들은 가짜뉴스를 "정치적 또는 경제적 이익을 위하여 신문·인터넷신문·방송 또는 정보통신망에서 생산된 거짓이나 왜곡된 내용의 정보로서 언론보도 또는 언론보도로 오인하게 하는 내용의 정보"라고 정의했다.

한국인터넷자율정책기구(KISO)는 '언론의 기사형식을 도용 또는 사칭한 허위 게시물로서, ①언론사의 명의나 언론사의 직책 등을 사칭 또는 도용하여 기사 형태를 갖춘 게시물의 경우, ②게시물의 내용이 허위로 판단되는 경우(다만, 게시물이 창작성과 예술성이 인정되는 패러디나 풍자에 해당하는 경우 제외)를 모두 충족하는 것'을 가짜뉴스로 정의했다.

미국 Dictionary.com은 '가짜뉴스(fake news)란 종종 선정적 성격을 띠는 거짓된 뉴스로, 웹 트래픽을 통해 광고 수익을 얻거나 공인, 정치 운동, 회사 등을 비방하기 위해 온라인상에 광범위하게 공유된 것'이라 정의했고, 예일대에서 발표한 워크샵 리포트(Fighting Fake News Workshop Report, Yale University)는 가짜뉴스를 정의하기 보다는 여러 유형을 분류하여 ①제목-이미지-내용 불일치, ②허위정보가 섞인 경우, ③조작된 콘텐츠, ④풍자 또는 패러디, ⑤오해를 불러일으키는 콘텐츠, ⑥출처 기만, ⑦새롭게 창조된 허위정보출처 등을 가짜뉴스의 유형으로 제시했다.

영국 Cambridge Dictionary는 '뉴스처럼 보이는 거짓 이야기들, 인터넷이나 다른 미디어를 사용하여 일반적으로 정치적 견해에 영향을 주거나 농담거리로 사용하기 위해 확산되는 현상'을 가짜뉴스로 정의하면서, 가짜뉴스와 유사하지만 개념적으로 구별되는 유형으로 오보, 루머, 네거티브, 풍자, 광고형 뉴스 등을 제시했다. 오보는 '어떠한 사건이나 소식을 그릇되게 전하여 알리는 것'이며, 루머는 '사람들 사이에 확산된 정보로서 그 진위여부가 확인되지 않은 진술', 네거티브란 '정치적 선전 또는 광고라는 수단을 이용하여 후보자 자신에 대한 긍정적 요인을 제시하기 보다는 경쟁관계에 있는 상대 후보자의 약점을 부각시키려는 의도'를 말한다. 가짜뉴스는 뉴스의 주인공에 대한 긍정적 의도와 부정적 의도가 모두 가능하다는 점에서 네거티브와 구별된다. 풍자는 '남의 결점을 다른 것에 빗대어 비웃으면서 폭로하고 공격하는 것'이며, 광고형 뉴스는 '언론사가 특정한 광고를 기사의 형태로 작성함으로써 광고인지 아닌지 불명확하게 내보내는 것'을 말한다.

이처럼 가짜뉴스의 개념적 정의를 명확하게 설정하기 곤한한 상황에서 이를 법적으로 규제하려는 시도는 매우 위험할 수 있다. 왜냐면 가짜뉴스 여부의 판별은 매우 주관적일 수밖에 없기 때문이다. 문재인 정부 때 조국 전 법무부장관은 자신을 둘러싼 의혹을 전부 가짜뉴스라고 주장하였다. 하지만 의혹 대부분이 실제 있었던 사실이었음이 밝혀졌다. 만약 당시 가짜뉴스 처벌법이 존재했다면 진실을 보도한 언론과 사실을 이야기한 국민도 처벌을 받았을지 모른다.

진짜와 가짜는 시민적 역량을 통해 스스로 판단할 문제다. 법이나 정부가 나서 진짜와 가짜를 판단하는 것은 매우 위험한 발상이다. 왜냐하면 가짜뉴스 근절대책과 언론통제는 정말 백지 한 장 차이기 때문이다.

거짓 정보 제공 행위에 대한 규제는 현행법 하에서도 법집행 의지만 있으면 충분히 가능한 것으로 보이며, 거짓 정보라는 이유만으로 이를 규제하는 것은 헌법이념에 비추어보더라도 적절하지 못하다. 현행법에서 누락된 새로운 규제가 반드시 필요한 세부 분야가 있는 경우가 아닌 한 가짜뉴스라는 광범위한 개념을 하나로 묶어서 규제하는 것은 바람직하지 않다.

표현 및 언론의 자유는 최대한 보장돼야

자유민주주의 이념을 지키는 매우 중요한 수단이 표현과 언론의 자유라는 사실을 잊어서는 안된다. 정치권력은 표현과 언론을 통제하고픈 유혹에 약할 수밖에 없다. 표현과 언론의 자유가 항상 순기능만을 하는 것이 아니라 때에 따라서는 다른 사람의 명예를 훼손하거나 사회질서를 교란케 하는 등 역기능도 분명 존재한다. 하지만 그러한 역기능을 억제하려고 표현과 언론의 자유를 본질적으로 통제할 경우 자유민주주의의 근간이 흔들릴 수 있다.

"사상의 자유로운 거래야말로 궁극의 선(善)이라는 염원에 보다 잘 도달할 수 있는 길이며, 진실을 시험하는 최선의 기준은 시장 경쟁 속에서 스스로를 수용시키는 생각의 힘이다."라고 말한 홈즈 대법관(Oliver Wendell Holmes, 1841~1935년)의 말을 늘 되새겨야 할 것이다.

이슬람과 계몽주의

임명묵
작가

　　몹시 발전한 외계인이 1000년 전의 지구를 둘러본다면, 유럽의 부상과 세계 제패를 예측할 수 있었을까? 외계인이 지금 우리보다 훨씬 대단한 기술로 사회 발전을 예측한다면 아마 가능한 일일 수도 있겠다. 하지만 드러나는 것만 본다면 1000년 전에 유럽의 부상이라는 역사적 진로를 맞추기란 몹시 어려웠을 듯하다. 1000년 전에 유럽은 세계의 부와 권력, 지식 모든 면에서 유라시아의 나머지 사회에 비하면 압도적인 열세였기 때문이다. 송 왕조가 통치하고 있던 중국은 당대 세계에서 가장 거대한 도시인 개봉을 중심으로 중국 대륙 전역의 경제 발전을 이끌고 있었다. 송나라는 산업 혁명 훨씬 이전부터 석탄 에너지를 대대적으로 사용한 최초의 문명이기도 했다.

대분기(Great divergence) 논쟁과 서구의 부상

만약에 중국의 라이벌을 서쪽에서 찾을 수 있었다면 그것은 유럽보다는 조금은 더 중국에 가까운 중동 이슬람 세계에서 찾는 것이 맞았다. 7세기에 발흥한 이슬람 제국은 빠르게 팽창하여 북아프리카부터 중앙아시아에 이르는 광대한 땅을 정복했다. 이슬람 칼리프들은 중국에 비견할 수 있는 막강한 고대 제국인 로마 제국과 페르시아 제국을 나누던 경계를 없앴고, 유라시아 서부의 제도적, 경제적, 지적 유산을 통합했다. 1000년 전이라면 이미 이슬람의 황금기를 이끌던 압바스 칼리프가 약화되고 중동 지역이 기나긴 분열을 겪고 있던 상태였지만, 위대한 제국의 유산을 계승하는 새로운 이슬람 제국이 등장한다면 상황이 금세 바뀔 수 있었다. 실제로 500여 년 뒤에 동지중해의 패자로 떠오르며 칼리프의 자리를 계승한 오스만 제국은 유럽의 그 어떤 국가보다 강력한 군사력과 막대한 부를 자랑하며 유럽 전체를 위협했다. 이슬람 세계와 중국이 유라시아의 서쪽 변두리에 있던 유럽에 무릎을 꿇는다는 이야기를 1000년 전, 아니 500년 전에 했다면 아마 비웃음만 사기 딱 좋았을 것이다. 그리고 문제는 그런 비웃음만 살 소리가 실제 역사에서는 벌어졌다는 것이다. 세계사에서 서구의 갑작스러운 부상을 설명하는 이 문제는 보통 대분기(Great divergence) 논쟁이라고 불리곤 한다.

'왜 중국은 안 됐는가'라는 질문에 대해서는 유명한 설명이 있다. 과학과 계몽주의라는 정신문화가 서유럽의 물질문화 발전과 활발히 상호작용하여 유럽의 패권을 만든 반면, 중국은 강력한 통일 왕조가 자유로운 사고의 발산을 억눌렀기 때문에 정체할 수밖에 없었다는 것이다. 그러나 과학적 사고의 유무를 문제 삼는다면 이슬람 세계가 유럽에 추월당한 것은 설명하기가 더 까다로워진다. 17세기 유럽에서 과학혁명이 발생하기 전에, 압바스 칼리프 시대의 이슬람 세계에는 바그다드를 중심으로 하는 눈부신 과학적 성취가 분명 존재했기 때문이다. 이 시기 이슬람 세계에서는 자연과학, 기술, 철학과 논리학을 비롯한 수많은 영역에서 세계 학문 역사에 이정표를 남긴 학자들이 등장했다. 이슬람 과학의 흔적은 오늘날 영어에도 많이 남아 있다. 화학(chemistry), 대수(algebra) 등은 아랍어 어원을 갖고 있는 가장 대표적인 단어들이다. 문제는 이런 성과가 이미 중세 시대가 끝날 때 즈음에는 새로운 혁신을 더는 만들어내지 못하고, 기존의 성과에 대한 주석과 해제에만 머무르게 되었다는 것이었다. 이슬람 세계는 이후에 새로운 지식을 바탕으로 기존의 통념에 계속 균열을 내기 시작한 유럽과는 다른 길을 걷게 되었고, 그 분기는 제국주의와 식민 통치를 낳은 힘의 차이로 이어졌다.

그렇다면 이슬람 세계는 왜 이런 과학적 발전을 지속하지 못하고 정체했을까? 몽골인들의 침략으로 이슬람 세계가 돌이킬 수 없는 타격을 받아서 무너졌다는 설명은 오랜 기간 이슬람 세계의 쇠퇴를 설명하는 인기 있는 가설로 널리 받아들여졌다. 혹은 유럽이 해상 팽창에 나서면서 이슬람 세계가 주도하는 중앙아시아와 인도양 교역망을 위축시켰다는 가설도 있다. 요컨대 이슬람 세계의 발전은 이슬람 세계가 어떻게 할 수 없었던 외부적인 충격에 의해서 멈출 수밖에 없었다는 것이다. 물론 아예 쇠퇴가 일어나지 않았다는 주장도 있다.

이슬람 황금기 중앙아시아의 과학과 사상의 빛나는 발전을 추적한 프레더릭 스타는 그의 저서 〈잃어버린 계몽의 시대〉에서 위와 같은 외인론을 기각한다. 외침이나 무역로의 변경 같은 외부적 요인이 분명히 작용하긴 했지만, 이슬람 세계가 독창적이고 새로운 지적 성과를 내놓는 경향성은 이미 외부 충격 전부터 확연히 꺾이고 있었다는 것이다. 그렇다면 무엇이 이슬람 세계를 기존의 길이 아닌 다른 길로 향하게 만들었을까. 스타는 11세기 경에 시작된 정치적 환경의 변화와 그에 따라오는 지적 풍토의 변화가 이슬람 세계의 정체(쇠퇴까지는 아니더라도)의 가장 큰 원인이라고 지적한다. 즉, 이성에 입각한 자유로운 토론과 지적 교류를 가로막고, 종교에 근거한 통치 원리가 사회를 장악하자 발전이 멈추었다는 것이다.

사회의 분위기가 바뀌는 데는 먼저 정치적인 갈등의 폭발이 자리했다. 순니파와 시아파로 대표되는 이슬람 세계의 종파 갈등은 계속해서 커지고 있었고, 한 종파의 패권은 곧이어서 다른 종파의 반격과 숙청으로 이어지기가 일쑤였다. 이슬람 황금기의 합리주의는 그 과정에서 잠시 패권을 잡기도 하였으나 상대편 종파와 반대 세력들에 격렬한 반감을 심어주기도 하였다. 이성에 입각한 합리주의에 대한 적절한 반박 논리만 주어진다면, 자유로운 지적 교류는 얼마든지 끝날 수 있었던 것이다.

이슬람, 종교가 이성을 압도하다

이런 상황에서 등장한 이슬람 신학자 알 가잘리(Al Ghazali, 1058~1111)는 종교가 이성을 압도할 수 있게 해주는 강력한 논거를 제공해주었다. 그는 합리주의 경향이 종국적으로는 도덕적 회의주의와 무신론까지 정당화할 수 있음을 역설하며 자신의 반대편에 있는 다른 지식인들을 공격하는 데 앞장섰다. 이어서 그는 이슬람 신비주의인 수피즘을 정통 신앙에 포함시켜야 한다는 혁신적인 주장을 펼쳤는데, 스타에 따르면 이것은 과학과 철학 탐구 대신에 내세를 바라보는 정적인 수행에 더욱 중점을 두라는 뜻이기도 하였다.

가잘리 혼자서 이 모든 변화, 한 문명권의 진로를 뒤흔드는 변화를 만들어낸 것은 아니었다. 그의 주장은 정치적, 종파적 분열상으로 막대한 혼란을 겪고 있던 이슬람 세계에 안정감을 줄 수가 있었다. 게다가 이슬람 황금기의 자유로운 지적 분위기는 무슬림 신학자에게 상시적인 위협이 되고 있던 터였다. 철학과 과학 대신에 종교와 수행에 힘을 쓰라는 가잘리의 주장은 자유가 주는 필연적인 불확실성을 제거하고 무슬림들에게 확고한 안정감을 심어줄 수가 있었다. 샤리아를 따르는 삶, 성스러운 경전 코란과 무함마드의 언행록 하디스에 입각한 삶, 수피즘 수행에 힘을 써 신과 합일에 이르도록 노력하는 삶이 그것이었다. 그러나 동시에 가잘리의 사상이 보편화되면서, 이슬람 세계는 자유로운 토론이 만들어내는 역동성과 창조성도 상실할 수밖에 없었던 것이다.

사상적 자유의 보장, 역사의 갈림길

이상 소개한 이야기는 이슬람 세계의 역사를 바라보는 서구의 전통적인 시각을 담고 있다. 주로 '오리엔탈리즘'이라는 비판을 받는 시각이다. 실제로 스타의 저작은 상당한 논쟁을 불러일으켰으며, 과거 이슬람 세계의 역사를 서구와 근대의 시각과 기준으로 일방적으로 재단하고 평가했다는 이야기가 많다.

물론 그런 비판 중에는 타당한 이야기가 매우 많다. 하지만 스타의 주장을 통해서 과학혁명과 계몽주의 같은 지적 움직임이 왜 이슬람 세계에서 충분한 가능성에도 불구하고 일어나지 못했는가를 더 생각해볼 수는 있을 것이다. 유럽과의 비교는 이야기를 더 풍성하게 만들어준다. 유럽도 극심한 종파 분쟁을 겪었지만, 자유를 보장해주는 북서 유럽이라는 공간이 독립적으로 존재할 수 있었고, 그곳에서 과학자들과 계몽 사상가들이 뿌리를 내릴 수 있었다. 알 가잘리와 같은 반대파들은 그런 사회에도 굉장한 위세를 떨치고 있었지만, 장기적으로 자유로운 지적 풍토가 보장된 북서 유럽 국가들이 성장하자 새로운 지적 흐름과 '사상의 자유 시장'은 유럽 전역으로 확산될 수 있었다.

오늘날의 한국은 어떨까. 정치적 진영 갈등이 극단에 이르고 있으며, 특정 진영들의 감정을 상하지 않기 위하여 자유로운 토론이 힘든 국면은 이슬람 세계의 황금기나 유럽의 과학혁명 시대에 가까울까, 아니면 알 가잘리 이후의 이슬람 세계나 가톨릭이 사회를 모두 규율하던 중세 유럽에 가까울까.

참고문헌

- S. 프레더릭 스타, 〈잃어버린 계몽의 시대〉, 이은정 옮김, 도서출판 길, 2021

조지 오웰 <동물농장> 고찰

권력에 이용된 평등을 감시의 도구로
활용하는 방안

이근미
소설가

평등은 신기루와 같은 것이다. 손 내밀면 흩어지지만 잡기만 하면 아련함을 불러올 것 같은 안개와도 비슷하다. 시작할 때 평등을 외치며 각오를 다지다가, 불가능한 이상을 실현하기 위한 술수가 난무하다가, 결국 '어떤 동물은 다른 동물보다 더 평등한 세상'에 그치고 마는 것이 평등 레이스의 전형이다.

평등은 왜 매혹적일까. 평등을 구사하는 것처럼 보이기만 해도 '유지되고 보장받는' 게 많아서 일 것이다. 하지만 '신분·성별·재산·종족에 관계없이 인간의 기본적인 가치는 모두 동등하다'는 선언을 하고 한 걸음 내딛는 순간 등식이 깨지고 마는 게 평등의 이치다. 팽팽한 두 날개로 평등을 이루었다고 자부하는 순간, 한쪽이 힘을 가해 다른 한쪽을 낙하시키는 세상이라는 걸 인정하는 용기가 필요한 즈음이다.

조지 오웰의 〈동물농장〉은 한마디로 '평등은 불가능하고, 특히 집단적 실현을 추구했을 때 가능성이 제로'라는 것을 단적으로 보여주는 작품이다. '문학의 사회 비판적 역할에 대한 고민이 담긴 위대한 풍자소설이자 정치 권력을 부패시키는 근본적 위험과 모순에 대한 빼어난 우화'라는 이 작품이 오래 각광 받는 비결은 뭘까. 인류 역사가 계속되는 한 되풀이될 수밖에 없는 평등에 대한 모순을 적나라하게 보여주기 때문이 아닐까.

인간을 쫓아낸 동물들

소설 속 메이너 농장의 주인 존스는 술에 취해 문 잠그는 걸 자주 까먹는 허술한 인간이다. 돼지, 양, 개, 말, 소, 닭 등 다양한 동물들은 메이너 농장에서 노동에 시달리며 하향 평준화된 삶을 살고 있었다. 죽을 날이 얼마 남지 않은 수퇘지 메이저 영감은 동물들을 집합시킨 뒤 '생산도 하지도 않는 주제에 소비만 하는 인간'을 추방하기만 하면 동물들에게 자유가 올 것이라며 반란을 종용한다. 인간을 정복한 후 그들의 악습에 물들지 말라는 당부와 함께 '모든 동물은 평등하니 폭력으로 동족을 탄압해서는 안 된다'고 타이른다.

사흘 후 수퇘지 메이저가 숨을 거둔 뒤 힘센 돼지 나폴레옹과 창의적인 돼지 스노볼의 지휘 아래 동물들은 존스와 일꾼들을 쫓아내는데 성공한다. 동물들은 일곱 가지 계명을 정하고 글을 배우며 자립을 결의한다. 제7계명 '모든 동물은 평등하다'를 외치며.

개별적으로 살았던 동물들이 인간에 대항하여 승리한 동물 단체로 거듭난 것이다. 인간을 몰아내는 일에 공헌한 두 동물, 나폴레옹과 스노볼이 역할을 나누어 평등하고 이상적인 동물의 세계를 구현하는 듯했다. 얼마 안 가 힘으로 스노볼을 몰아낸 나폴레옹이 1인 체제를 시작하기 전까지는.

작품 소재가 된 소비에트 연방

〈동물농장〉은 2차 세계 대전이 갓 끝난 1945년에 출간되었다. 소설 속의 나폴레옹 체제는 소비에트 사회주의 연방이 독재정권으로 변모하는 상황을 고스란히 반영하고 있다. 동물에게 쫓겨나는 인간 존스는 러시아 황제 니콜라스 2세, 혁명을 호소하는 늙은 메이저는 마르크스, 독재자 나폴레옹은 스탈린, 나폴레옹에게 축출당하는 스노볼은 트로츠키를 상징한다. 이야기 속에 등장하는 '동물 학살'과 '외양간 전투' 역시 각기 스탈린 시대의 대숙청과 연합군 침공으로 연결된다.

조지 오웰이 〈동물농장〉을 통해 전하는 메시지는 '권력 자체만을 목표로 하는 혁명은 주인만 바꾸는 것으로 끝날 뿐 본질적 사회변화를 가져오지는 못한다'는 것이다. '대중이 살아 깨어 있으면서 지도자들을 감시 비판하고 질타할 수 있을 때 비로소 혁명은 성공한다'는 게 조지 오웰의 신념이다.

〈동물농장〉에 이어 〈1984〉까지 조지 오웰이 작품을 통해 던진 질문은 세가지이다.

'인간의 모든 혁명은 반드시 처음의 약속을 배반하게 되는가? 모든 혁명의 성과는 권력을 장악한 지배 엘리트 계층의 손에 장악되는가? 권력의 타락은 인간 사회의 불가피한 조건인가?'

나폴레옹의 행태를 통해 답을 추출해 본다면 혁명이 독재로 귀결될 경우 '처음 약속을 배반하고, 지배 엘리트 계층의 손에 장악되고, 결국 권력은 타락한다'로 정리된다.

메이저 영감이 인간을 추방하고 자유를 쟁취한 후 평등하게 살길 당부할 때 나폴레옹조차도 '평등한 동물의 세상'을 꿈꿨을 것이다. 하지만 영리한 돼지들과 달리 알파벳 A,B,C,D를 넘어가지 못하는 우매한 다른 동물들을 보면서 우월감과 함께 지배 욕구가 솟아올랐다. 나폴레옹을 통해 평등이 무너지는 단계를 보면 1차로 정적을 폭력으로 몰아내고, 2차로 글자를 모르는 동물들을 우민화시키는 것이다. 현란한 말재주를 지닌 스퀼러를 통해 여론을 조작하고 비밀병기로 키운 사나운 개 아홉 마리로 공포 분위기를 조성하면서.

돼지들의 낙원

　　어느덧 전체 동물을 위해 두뇌를 쓰느라 힘든 돼지들이 우유와 사과를 독식하고 침대에서 자고 술을 마시는 건 당연한 일이 된다. 스퀼러에게 계속 세뇌당한 동물들은 풍차를 만드느라, 농장 일을 하느라, 전보다 더 혹사당하면서도 인간이 아닌 동물의 미래를 위해 나아가는 걸 자랑스러워한다. 늘 지배당해왔던 동물들이 더 나쁜 상황의 지배가 이어지는 현실을 자각하지 못하는 사이 평등을 주창한 일곱 계명은 사라지고 '모든 동물은 평등하지만 어떤 동물은 다른 동물보다 더 평등하다' 하나만 남게 된다.

　거만한 돼지들은 더 비대해진 몸을 두 다리로 꼿꼿이 세우고 채찍으로 다른 동물을 다스리는 단계에 이른다. '네 발은 좋고 두 발은 나쁘다'라는 구호는 이미 '네 발도 좋고 두 발은 더욱 좋다'로 바뀌었다.

　나폴레옹은 존스를 몰아낸 뒤 '동물농장'으로 바꿔 달 때 처박아 버렸던 '메이너 농장' 팻말을 다시 꺼낸다. 인간과 평등해진 돼지 나폴레옹은 이웃 농장 주인들을 초대해 술을 마시며 카드놀이를 하다 싸우기까지 한다. 소란스러운 소리에 몰려와 창 안을 지켜보던 다른 동물들은 엉켜 싸우는 무리 중에서 누가 돼지이고 누가 인간인지 구별하지 못한다.

인생은 공평하지 않다

'인생은 결코 공평하지 않다'고 단언하는 밀턴 프리드먼은 〈선택할 자유〉에서 세 가지 평등, 즉 '하나님 앞에서의 평등(인격적 평등), 기회의 평등, 결과의 평등'을 논하며 인격적 평등과 기회의 평등을 추진하는 정부의 정책은 자유를 증진시키는 반면 결과의 평등을 달성하려는 정부의 정책은 자유를 축소 시킨다고 지적했다. '모든 사람이 동일한 수준의 생활이나 소득을 누려야 하고, 경주의 결승점에 나란히 들어와야 한다'는 결과의 평등은 명백히 자유와 충돌되며, 이를 촉진 시키려는 노력이 정부를 거대화하고 자유를 제한하게 만들기 때문이다.

수퇘지 메이저가 염원한 것은 결과의 평등으로 인간만 물리치면 모든 동물은 동일한 수준의 평등을 누릴 것으로 믿었다. 소련이 무너지기 40년 전 세상을 떠난 조지 오웰이 사회주의 이상을 믿었던 것처럼. 하지만 나폴레옹 이래 많은 독재자들은 평등이라는 구호 아래 자유를 제한하며 수탈만 자행하고 있다.

수많은 정권이 수호신처럼 떠받든 평등이라는 아이콘은 국민을 현혹시키는 도구 이상도 아히도 아니었다. 하나님 앞에서 '모든 인간은 평등하다'는 불변의 진리와 '인생은 결코 공평할 수 없다'는 엄혹한 현실이 공존하는 가운데 평등을 오히려 권력 감시의 도구로 활용하는 방안을 생각해야 한다.

대의와 명분이라는 함정에 빠지지 않는지, 현상을 호도하고 폭력적인 분위기를 조성하지 않는지, 결과를 조작해 열매를 독식하지 않는지, 평등의 잣대로 가늠하면서 감시 비판하고 질타할 때 독단에 빠지는 일을 막을 수 있다. 평등을 무기화하는 정부를 제어하는 힘은 내 몫의 자유를 누리며 공평하지 않은 세상을 열심히 사는 수많은 개인들이 갖고 있기 때문이다.

미국혁명과 프랑스혁명의 '두 자유'

조평세
전국청년연합 '바로서다' 이사

　　　　　　미국의 독립혁명(1776)과 프랑스 대혁명(1789)은, 둘 다 왕정 군주의 폭정으로부터 해방을 쟁취하고 시민의 자유와 독립을 추구했다는데 있어 비슷한 맥락으로 이해되곤 한다. 당시 미국인들은 '대표성 없이 세금만 거둬가는(taxation without representation)' 영국으로부터 독립을 원했고, 프랑스인들도 자국의 군주와 귀족, 그리고 그들의 권력과 결탁한 교회로부터 해방을 원했다. 교과서나 백과사전에서도 종종 이 둘을 근현대 민주주의 체제 성립의 시초가 된 결정적인 사건으로 묶어 묘사하고 있으며, 영국의 명예혁명(1688)과 함께 '3대 시민혁명'으로 함께 분류해 구분하기도 한다.

　하지만 1776년의 미국혁명과 1789년의 프랑스혁명은, 그 과정과 결과에서는 물론, 무엇보다 그 본질에 있어서 서로 매우 다른 시민혁명이었다. 사실상 오늘날 현대정치의 보수와 진보, 또는 우파와 좌파의 구분은 바로 이 두 혁명의 차이와 그에 대한 인식에 뿌리가 있다. 미국혁명에 동조했지만 프랑스혁명에는 극구 반대했던 영국의 에드먼드 버크(1729~1797)는, 〈프랑스혁명에 관한 성찰〉(1780)을 통해 '보수주의의 아버지'로 자리매김했다. 다른 한편 〈상식〉(1776)이라는 팸플릿을 통해 미국 독립혁명에 불을 질렀던 토마스 페인(1737~1809)은, 이후 프랑스에서 버크의 성찰을 반박하는 〈인간의 권리〉(1791, 1792)를 통해 '진보적' 정치사상의 대표적 사상가가 되었다.

미국혁명과 프랑스혁명의 차이가 버크와 페인의 논쟁을 통해 보수와 진보, 또는 우파와 좌파라는 정치철학적 구분을 낳은 것이다. 이처럼 이 두 혁명의 차이를 분명히 인식하고 각각의 바탕이 되는 정신을 분별하는 것은 오늘날 현대 정치의 맥락을 이해하는데 있어서 필수적이다.

인간 스스로 신이 되고자 했던 프랑스혁명

프랑스 대혁명은 영화 〈레 미제라블(Les Misérables)〉과 같은 작품들을 통해 그려지듯, 상당부분 미화되어 인식되어져 있다. 하지만 프랑스혁명은 군중의 광기를 힘입은 자코뱅 혁명정부의 선동정치와 공포통치로 인해 피비린내가 진동했던 살육의 무대였다.

지금도 프랑스의 공식 모토로 쓰이고 있는 '자유, 평등, 우애(Liberte, Egalite, Fraternite)'라는 혁명 구호에는 원래 바로 뒤에 '아니면 죽음을(ou la mort)!'이 있었다. 자신들의 이념에 동의하지 않는 사람은 모조리 죽여버리겠다는 다짐이었던 것이다. 실제로 1789년부터 시작된 프랑스혁명은 수만 명의 사람들을 단두대에서 처형했고, 방데(Vendée)와 같은 일부 지역에서는 무려 17만 명에서 20만 명의 사람들을 남녀노소 가리지 않고 학살했다.

무엇보다 프랑스혁명은 인간의 이성을 절대적이고 완벽한 것으로 추앙하고, 추상적인 관념에 의거해 유토피아를 건설하려 했던 무모한 시도였다. 더 나아가 당시 유럽 사회문화의 근간이 되었던 기독교 문명을 완전히 청산하려했던 반(反)기독교적 운동이기도 했다. 검색포털에서 '프랑스혁명'의 연관검색어로 '비기독교화(de-christianization)'가 뜨는 이유다. 당시 왕정 및 귀족과 결탁해 부패의 온상이 되었던 가톨릭교회와 성직자들에 대한 시민들의 반감이 극도의 분노로 표출된 것도 사실이지만, 프랑스혁명의 '반기독' 혁명은 단순히 반부패 청산을 한참 넘어선 기독교 말살의 수순이었다.

예를 들어 프랑스혁명가들은 달력에서 기독교 명절을 지우고 '혁명의 날'을 비롯한 '인간 이성' 및 '최고 존재'의 축전일을 제정했다. 더 나아가 프랑스 전역의 교회를 국유화하고, 신의 자리에 인간이성과 철학을 올려놓고 숭배하는 신전(Temple de la Raison)으로 둔갑시켰다. 심지어 가톨릭을 대체하는 '이성의 제전'(Cult of Reason)를 공식 국교로 채택하기까지 했다. 아이러니하게도 무신론이 또 다른 '종교'

가 되어버린 것이었다. 그리고 자코뱅 리더 로베스피에르(1758~1794)는 이 제전의 대제사장으로 군림했다.

그렇게 로베스피에르는 그가 자주 인용했던 "신이 존재하지 않는다면 신을 발명할 필요가 있다"는 철학가 볼테르(Voltaire)의 말을 프랑스혁명을 통해 구현하고자 했다. 인간보다 상위에 있는 그 어떤 신적 존재를 부정하고 그 절대적 왕좌에 인간이성을 올려놓아 새로운 '사람중심의 종교'를 '발명'한 것이다. 토마스 페인이 프랑스혁명과 함께하며 마지막으로 쓴 〈이성의 시대〉(1794, 1795, 1807)의 첫 도입부에 나오는 다음의 문장은 이 세속화된 인본주의 정신을 함축적으로 잘 드러낸다. "나의 생각(mind)이 곧 나의 교회다."

결과적으로 프랑스혁명은 신의 계시와 섭리, 그리고 인간의 유한성을 인정하는 유대-기독교 서구문명의 뿌리를 끊어버리고, 사상적으로는 마르크스주의라는 무신론적 인본주의 이데올로기를, 정치사적으로는 1917년 러시아혁명 및 1949년 중국혁명 등으로 이어지는 사회주의 혁명의 전통을 낳았다.

문명의 유산을 보전하고자 했던 미국의 독립

반면 프랑스혁명보다 12년 앞선 미국의 독립혁명은, 1776년 7월 4일 선포된 미국인의 독립선언서에 적혀 있듯이, "모든 인간이 평등하게 창조되었고" 인간의 자유가 "창조주가 부여한" 것이라는 "자명한(self-evident)" 진리를 기본 인식으로 하고 있다. 인간이 평등한 것은 서로가 같음을 의미하는 것이 아니라 그 존엄성이 '창조주 앞에' 동등함을 뜻했던 것이다. 더 나아가 인간 정부(government)가 이 천부적 인권을 보장하기 위해 생겨났음을 전제한다. 실제로 1787년 입안된 미국 연방헌법은 첫 문단에서 "자유의 축복(Blessings of Liberty)"을 지키기 위해 당 헌법을 제정한다고 명시하고 있다. 이는 신을 인간이성으로 대체하고 사회를 설계해 유토피아를 건설하려 했던 1789년 프랑스혁명의 거대정부와는 확연히 다른 정부의 명분을 전제로 한 것이다.

미국의 민주주의가 자국의 민주주의에 비해 어떻게 다르고 더 성공적일 수 있었는지를 연구한 프랑스인 알렉시스 드 토크빌(1805~1859)은, 미국인 개개인의 양심에 공통된 도덕성을 자리 잡게 한 기독교적 뿌리가 있음을 주목했다. 바로 '[진정한] 자유는 도덕 없이 세워질 수 없고 도덕은 신앙 없이 세워질 수 없다'는 유명한 통찰이다. 토크빌은 인간 자유를 신의 은총의 산물로 여겼고, 오직 조물주와의 관계 속에서만 향유할 수 있는 것이라고 주장하기도 했다. 그가 미국에서의 경험을 통해 비로소 이해한 진정한 민주주의는, 또 다른 폭정으로 이를 수 있는 다수의 지배체제가 아니라, 창조질서를 존중하며 따르는 성숙한 독립시민이 자유를 향유하게 하는 체제였던 것이다. 미국의 2대 대통령 존 아담스(1735~1826)가 "우리 헌법은 오직 도덕적이고 신앙심이 깊은 사람들만을 위한 것"이라고 말한 것도 같은 맥락이다.

이러한 미국인의 신앙과 도덕을 기초로 한 자유 혁명은, 과거로부터 완전한 절단을 선언한 프랑스혁명과 달리 놀랍도록 차분하고 냉철하게 선대의 축적된 경험적 지혜를 충분히 존중하고 보전하는 것이었다. 미국의 보수주의 학자 러셀 커크(1918~1994)가 말했던 것처럼 미국의 독립혁명은 "이뤄낸 혁명이 아니라 막아낸 혁명(revolution not made, but prevented)"이었던 것이다. 실제로 혁명 당시 미국인들은 그들이 박탈당한 '영국인(Englishmen)으로서의 기본 권리'를 주장하며 '영국으로부터' 독립을 선언했다. 훗날 영국 수상 윈스턴 처칠은 미국 독립선언서에 대해 "그것은 미국만의 문서가 아닙니다. 그것은 영어권 시민들의 자유가 기초한 마그나카르타(Magna Carta)와 권리장전(Bill of Rights)에 이은 세 번째 위대한 권리증서입니다"라고 말하기도 했다.

그러나 미국혁명이 보전하고자 했던 질서는 영국보다도 더 오래된 전통에 뿌리를 내리고 있었다. 커크는 〈미국 질서의 뿌리(The Roots of American Order)〉(1974)라는 역작에서 미국의 뿌리를, 영국의 보통법 및 자연권 전통을 넘어, 고대 로마의 법치주의와 공화정 전통, 고대 헬라문명의 정치철학, 그리고 히브리 유대문명의 도덕법 전통까지 추적해낸다. 결국 1776년 필라델피아에서 선포된 독립은 그 이전의 4대 도시, 즉 런던과 로마와 아테네와 예루살렘으로 대표되는 위대한 인류 문명의 유산을 보전하는 사건이었던 것이다.

여전히 대결 중인 1776의 정신과 1789의 정신

　　　　　미국혁명과 프랑스혁명의 결과 또한 극명히 갈린다. 미국의 독립은 인류 역사상 최초의 성문헌법이자 여전히 가장 온전한 국가 기초문서로 평가받는 미국 헌법을 탄생시켰고, 이를 통해 미국은 100년이 안되어 자국의 모든 노예들을 해방시켰다. 그리고 이후 자국민의 놀라운 번영뿐 아니라 전 인류인의 자유와 독립에 막대한 기여를 했다. 대한민국은 그 대표적인 수혜자다.

　반면 프랑스혁명은, 공포정치로 수십만 명의 사람들을 단두대에서 살육한 이후에도, 또 다시 나폴레옹에 의한 독재와 전쟁 그리고 혁명의 반복을 낳았다. 더 나아가 프랑스혁명의 세속 정신은 미국이 노예를 해방시킬 즈음, 머지않아 인류의 절반을 노예화하고 1억 명의 무고한 사람들을 죽이게 될 마르크스주의를 배출한다. 지금도 여전히 문화막시즘, 젠더이데올로기 등으로 불리는 다양한 마르크스주의의 변종들이 프랑스혁명 당시 그랬던 것처럼 인류문명의 뿌리, 특히 그 유대-기독교적 근간을 갉아먹고 있다.

　대한민국의 자유시민은 특히 미국혁명과 프랑스혁명의 본질적 차이를 분명히 이해할 필요가 있다. 왜냐하면 인간 이성을 최고존엄으로 신의 자리에 올려놓고 숭배하며 지상낙원을 꿈꾸는 1789의 정신은 다름 아닌 북한의 '사람 중심' 주체사상 및 수령 체제에서 그 절정을 이루고 있기 때문이다. 또한 대한민국 내에서도 1789의 정신을 채택한 민중민주주의 혹은 인민민주주의의 세력이 끊임없이 체제 전복을 시도하고 있기 때문이다.

참고문헌

- Michael Burleigh, 〈Earthly Powers: The Clash of Religion and Politics in Europe, from the French Revolution to the Great War〉, HarperCollins, 2006
- Russell Kirk, 〈The Roots of American Order〉 4th Edition, ISI Books, 2003
- 유벌 레빈, 〈에드먼드 버크와 토머스 페인의 위대한 논쟁: 보수와 진보의 탄생〉, 조미현 옮김, 에코리브르, 2016
- 알렉시스 드 토크빌, 〈미국의 민주주의 1, 2〉, 인효선 옮김, 한길사, 1997

마틴 루터의 종교개혁

황승연
경희대학교 명예교수

　　오늘날과 같은 인간의 의식과 생활양식에 결정적인 영향을 끼친 역사적 사건 중 가장 중요한 것을 들라면, 그 중 하나는 농업혁명이고 또 다른 하나는 종교개혁이다. 5천 년에서 1만 년 전에 일어났던 농업혁명은, 인간이 집단생활을 시작하면서 고도의 문명을 발달시킨 계기가 되었다. 농업혁명으로 인간은 굶주림에서 벗어나게 되었으나, 잉여산물은 재산이 생겨나는 계기가 되었고, 이것은 대부분 토지에서 생산되므로 토지의 소유자가 생산수단을 독점하였다. 이 때 농업에 종사하는 대부분의 사람들은 그들이 일하는 토지에 소속되었고, 결국 토지의 소유자인 왕이나 영주 등의 지배에 종속되는 존재였다. 따라서 그 당시 인간에게 자유는 대단히 제한적이었고 그 지위는 세습되었다. 당시까지 대부분의 사람들은 신분에 귀천을 당연한 것으로 받아들였고, 이를 바꿀 용기를 내기는 상당히 힘들었다. 이 용기는 목숨을 걸어야 할 수 있는 일이었다. 그럼에도 그런 시도가 전혀 없지는 않았다. 이 시도가 통해서, 모든 사람들이 왕이나 영주들과 마찬가지로 동등한 자유를 가질 수 있다는 주장이 전 세계에 퍼져나간 것은 지금으로부터 불과 500년 전의 일이다. 마틴 루터가 용기 있게 이 주장을 했다. 목숨을 걸고.

종교개혁으로 달라진 인간의 존엄

지금부터 500여 년 전, 1517년 10월 31일. 이 날은 마틴 루터가 비텐베르크 성당 대문에 교황청을 비판한 '95개조 논제'라는 대자보를 내건 이후 종교개혁이라 불리는 일련의 사건들이 시작된 날이다. 이 사건으로 개신교가 탄생하게 되었다. 인간의 존엄과 사고와 생활이 종교개혁 이전과 이후가 크게 달라졌다. 사람들은 개개인에게 주어진 자유를 인식하고 확장시켜왔다. 이로써 역사와 문화의 물줄기가 크게 바뀌었다. 지금과 같이 누리는 우리의 자유는 독일의 한 사제이자 교수인 '마틴 루터'가 목숨을 걸고 행한 이 사건에서 시작된 것이다. 루터의 95개조 논제의 핵심은, 교황이나 그 어떤 성직자도 하나님 앞에 우리와 같은 평등한 사람이고, 모든 사람들은 하나님의 형상으로 창조되어서, 인간 개개인은 가치 있는 존재이며, 따라서 서로의 가치를 존중하며 살아야한다는 것이다. 모든 사람들은 하나님 앞에 평등하고, 아이들과 여자들도 똑같이 존중받아야 한다고 생각했다. 우리가 지금 누리고 있는 개인의 가치와 개인 존중의 문화는 바로 루터가 시작한 종교개혁에서 비롯된 것이고, 이러한 것들이 근대적 민주주의의 뿌리가 되었다. 루터가 독일의 평범한 개인들이 하나님의 말씀을 직접 만날 수 있도록 독일어로 성경을 번역한 것도, 개인의 가치를 높이기 위한 노력이었다. 개인 존중의 근대 민주주의는 종교개혁 이후 집단주의에서 탈피함으로써 비로소 싹이 트기 시작하여 지금과 같이 발전하였다.

루터는 양심의 문제를 특히 강조하였다. 레오 10세가 교황에 즉위한 이후 본격적으로 팔기 시작한 면죄부는, 당시에 진행 중이던 로마 바티칸 대성당 건축자금을 모으기 위한 것이며, 또 종교지도자들이 성직을 사기 위해 졌던 빚을 갚기 위한 것이라는 사실을, 많은 사람들은 알고 있었지만 두려워서 아무도 이의를 제기하지 않았다. 하지만 루터는 돈으로 성직을 사고팔며, 돈으로 종교적 구원을 거래하는 면죄부를 팔아 그 돈을 로마로 보내는 것에, 양심을 내세워 반기를 들었다. 그의 양심에, 면죄부는 용납될 수 없는 것이어서 로마 교황청과 싸웠다. 양심을 위해 목숨을 걸었던 것이다. 루터가 1521년 보름스 제국의회에서 심문을 받을 때, '주장을 철회하면 살려주겠다'는 제안을 받고 했던 얘기도 양심에 관한 것이었다. '나의 양심은 하나님 말씀에 사로잡혀 있고 따라서 어떤 주장도 철회할 수 없다'고 최후 진술하였다. 하나님에 대한 개인의 양심을 얘기한 것이다. 서양에서도 이 개인이라는 개념은 원래 있었던 것이 아니고 종교개혁을 통해 만들어지고 발전되어 온 것이다. 개인이 존중받는 오늘을 사는 우리는 루터에게 큰 빚을 지고 있다.

기독교, 한국에 '개인'이라는 개념을 심어주다

우리나라에서도 개인이라는 개념은 기독교가 들어오면서 비로소 생겨난 것이다. 기독교의 전파와 함께 개인의 가치를 깨닫게 되면서 수천 년간의 미몽에서 우리 민족이 서서히 깨어나게 되었는데, 이에 앞장 선 선각자가 이승만 대통령이다. 이승만 대통령 역시 목숨 건 투쟁과 함께 우리나라를 기독교 정신을 기반으로 하는 국가로 만들려고 노력하였고, 우리나라가 개인이 존중받는 자유민주주의 틀을 갖추고 출발하도록 하는데 평생을 바쳤다. 즉 전체주의나 집단주의가 아닌 개인이 존중받는 민주주의의 기틀을 만들어 놓은 덕분에, 우리는 수십 년 전과는 엄청나게 다른 기적과 같은 풍요를 누리는 민족이 되었다. 우리는 그에게 큰 빚을 지고 있다.

우리나라의 물질적 풍요를 앞에 두고 헬조선을 말하는 사람들이 있고, 행복지수가 높다는 이유로 부탄을 모델로 삼는 사람들도 있다. 이동을 금지하고 정보를 차단하는 북한도 행복지수가 높다. 이를 믿는 사람들의 지능지수가 의심된다. 우리나라에서 50대 이상의 사람들은 그들의 어린 시절에, 상하수도가 없었고, 수세식 화장실이 없었고, 화장실용 휴지가 없었던 시대를 살았던 세대의 사람들이다.

이들이 간혹 어제의 일들을 잊어버리고, 부탄에서도 서울과 같이 걱정 없이 위생적으로 살아갈 수 있다고 생각하는 것에 말문이 막힌다. 부탄에서의 상상속의 낭만적 산골생활이, 현실에서는 일주일을 넘기기 힘들다는 것을 생각하지 못한다면 지능지수를 의심해봐야 한다. 배고픔과 비위생을 경험하지 못한 사람들에게는 지금 누리는 풍요의 기적이 당연히 주어진 것으로 알 것이다. 현재의 우리가 누리는 '사람답게 산다는 것'은, 개인을 존중하고 개인의 가치를 높이는 것에서 출발한 것이라는 사실을 모르고 있는 그들은, 우리가 마틴 루터나 이승만 대통령에게 지고 있는 빚의 존재도 모를 것이다. 그리고 "조금 불편해도 다함께 평등한 아름다운 세상"을 주장하고, "전체를 위한 개인, 개인을 위한 전체"를 주장하고 있다. 그런 세상은 조지 오웰의 '1984'에서 그려놓은 세상이고, 지금은 사라진 소련이 계획했던 세상이고, 아직도 북한과 북한을 추종하는 사람들이 꿈꾸는 세상이다. 기꺼이 개인을 버리고 집단에 속해 살겠다는 노비근성의 발로이다. 다함께 평등하게 불편하게 사는 것은 전혀 아름답지 않다. 그런데 왜 이런 사람들이 생겨나나?

   14세기부터 16세기 중반까지 '신의 저주'라 불렸던 흑사병이 유럽을 휩쓸었는데, 당시에는 사제들이 시신의 수습을 하다 보니 많은 숫자의 사제들이 희생되었다. 이 때문에 교회의 그 빈 자리에 능력이 떨어지는 사람들이 사제가 되어 자리를 차지하면서, 이들은 타락의 길로 들어섰고, 그 후 교회에는 돈과 권력이 자리를 잡게 되었다. 그 후 주교도 대주교도 심지어는 교황까지도 돈으로 거래가 되었다.

종교개혁이 시작되던 당시의 교황인 레오 10세도 13살에 주교가 된 메디치 가문의 후손이었다. 오랜 동안 유럽사회의 최고의 엘리트 계급이었던 사제들이 흑사병으로 희생되면서 그 자리에 급조되어 들어간 사제들의 지적 결핍과 도덕적 타락은 교회 내 사유능력을 급속히 악화시키고, 그 자리를 돈과 권력이 대신하게 되었다. 지난 5년간을 되돌아보면 우리나라도 이와 유사한 상황이 진행되었었다. 적폐청산이라는 말로 반대 정파에 대한 숙청을 단행하면서 정부, 학교, 언론기관, 사회단체 등 많은 영역에서 엘리트들이 사라졌다. 그리고 새롭게 등장한 세력들의 지적 결핍과 도덕적 타락은 우리나라에 종교개혁과 같은 새로운 각성의 계기를 만들었다. 좌파 선동가들이 저지른 천문학적인 부동산 비리와 금융 비리 등은 모두 서민들을 행복하게 해주겠다며 벌인 사기였다. 그것이 사기임을 깨달은 사람들이 많아졌고 그 결과 정권이 교체되었다.

루터의 후예들: 자유인

마틴 루터는 목숨을 걸고 교황청을 비판하고, 부패한 권력을 지적하고, 지도층의 위선을 폭로하고, 자유인들에 대한 억압에 저항했다. 그들은 개인이 갖고 있는 자유를 지키기 위해 목숨을 걸고 저항한다고 하였다. 사람들은 루터의 후예들을, 저항하는 사람들이란 뜻의 프로테스탄트(Protestant)라 불렀다. 지금 집단주의에 반대하는 사람들은, 개인의 자유, 개인의 사적 소유를 부정하려는 전방위적인 시도에 저항하는 프로테스탄트들이다. 성경이 말하고 있는, 개인의 자유와 권리라는 가치를 받들고 지켜나가야 한다는 다짐, 이 정신이 바로 종교개혁의 정신이다. 우리는 지금, 자유를 부정하는 좌파들의 역사 왜곡에 대해, 또 공동체를 위해 개인의 자유를 양보해야한다는 주장에 대해, 자유를 지켜야한다며 저항하고 있는 사람들이 있다. 이들이 루터의 후예들이다.

하나님의 말씀에 충실한, 양심의 삶을 살기 위해, 존귀한 존재인 자신을 깨닫고, 개인을 깨닫고, 개인의 자유를 지키려는 행위가 기독교적 신앙생활이다. 이를 해치기 위해 행하는 적들의 행위는, '민족을 위한다며 국가를 무력화시키는 것', '국가를 위한다고 자유를 포기하는 것', '공동체를 위한다며 개인이 희생하는 것', '정의를 위한다며 진실을 외면하는 것', '평화를 위해서라며 무장을 해제하는 것'들이다. 결코 해서는 안 되고 또 해서 성공한 적이 없는, 개인과 사회와 국가를 망하게 하는 어리석은 시도들이다. 그러나 이런 주장을 하는 사람들이 많다. 이들과 싸우는 교회의 성도들, 개인의 자유와 재산이 지켜져야 한다는 자유의 투사들은 진정한 루터의 후예들이고, 진실과의 싸움에서 포기하지 않고, 불의와 타협하지 않는 사람들이다.

참고문헌

- 마틴 루터, 〈그리스도인의 자유〉, 전경미 옮김, 키아츠, 2021
- 그레그 스타인메츠, 〈자본가의 탄생〉, 노승영 옮김, 부키, 2018

내전의 시대,
조만식을 소환해본다

임건순
작가

내전 중인 나라라는 말들이 많다. 해방공간이후 가장 치열하게 좌파와 우파가 대립하고 있는 실정이며 정치와 정치적 갈등은 다분히 내전의 양상을 띄고 있다. 조선으로 회귀한다는 말도 있다. 사회의 기득권이 되어버린 386들에 의해 사회가 재중세화되고 있다는 지적들이 있는데 아울러 87년 체제가 무너졌다. 87년 체제가 사실상 형해화 되었다는 것이다. 그것은 즉슨 87년 체제가 무너진 지금 대안적 체제와 청사진 미래를 고민해야 한다는 의견일 것이다.

조만식이 상징하는 가치들

내전 중인 나라고 기존의 체제가 적지 않게 균열이 나 버렸고 한편으로는 과거로의 퇴행에 대한 우려와 지적이 많은데 우리는 어쩌면 시계제로의 상황이 된 게 아닌가 싶기도 하다. 내전의 시대니 내전을 종식 시키며 통합의 길로 가야할 것이다. 그러면서 포스트 87년 체제라는 미래의 청사진을 그려가며 완전한 네이션빌딩도 해야 할 것인데 지금 우리에게 참고해 봐야할 역사적 인물이 혹시 없을까? 이시점에서 고당 조만식을 이야기해보고 싶다,

고당 조만식(1883~1950)은 여러 가지 얼굴을 한 역사적 인물이다. 여러 개의 얼굴이라기보다는 여러 개의 가치와 상징을 담보한 사람이라고나 할까. 단순히 한 두마디 평으로 단정지어 말하거나 기억해서는 안되는 인물인데 우선 조만식은 개신교의 큰 어른으로서 민족운동가이다. 3.1운동 이후 임시정부 합류를 위해 중국 망명을 기도하다가 일제당국에 적발되어 10개월간 평양 형무소에서 옥고를 치루기도 했는데 평양에 최초로 설립된 신식 교육기관인 숭실학교 시절부터 민족의식에 눈을 떴고 일본 유학을 통해 키워갔으며 향후 교육자로서 애국애족을 학생들에게 가르쳤다. 그렇다, 조만식은 교육자이기도 하다. 일본에서 유학을 마치고 1913년부터 오산학교에서 교편을 잡으며 세계지리와 성경, 영어를 가르쳤다. 교사와 교장, 사감 등 역할을 모두 맡으며 학생들을 지도했다. 학생이었던 숭실학교 시절 백성을 위해 실천궁행하는 전도자, 정열의 선교자, 사랑의 사

역자를 만들어냄을 교육목표로 했던 스승 베어드 목사의 영향을 많이 받은 그는 늘 솔선수범, 절검역행, 언행일치를 학생들 앞에서 실천하면서 교육에 헌신했던 교육운동가였고 오산학교에서 많은 인재들을 길러냈다.

민족운동가, 교육자 말고 그는 평양시민사회의 개척자이자 대부이기도 했다. 평양 시민사회를 이끌고 물산장려운동을 조직하고 생활개선운동을 펼쳤다. 권력에 의해 모든 것이 통제 관리되는 것이 아니라 민간과 시민의 힘으로 평양이라는 지역사회를 운영하려고 했다. 그러면서 조선인 스스로의 실력과 자치능력을 키워나가려고 했는데 자율적 시민공간, 자치의 힘을 가진 지역사회를 만들기 위해 애썼던 사람이다. 그는 일제로부터 독립이전에 건강한 시민사회들이 여기 저기서 만들어져야하고 자치능력을 가진 시민들이 탄생해야 한다고 생각했던 인물이다.

조만식은 평안도 상인의 후예였다. 고당의 아버지 조경학은 매년 벼 백 섬을 거둬들이는 강서의 향반 출신 중소지주였는데 평양에서 물산객주일을 하면서 돈을 벌었다고 한다. 일종의 위탁판매업인데 원래 평양은 상업의 도시였고 더 나아가 서북지역 전체는 평민문화가 발전한 지역이었다. 평안도는 오랜 정치적 차별과 소외를 당하면서 성리학의 질서에 자유로웠고 반상의 질서에서도 자유로웠, 평안도에는 정승판서의 사당도, 사색당파도, 양반 상놈 따지는 차별도 없었는데 그러면서 자연히 평민문화와 자립의 문화가 생겨나 발달되었다. 평안도의 그 같은 평민문화를 이끌어간 것은 이른바 자립적

중산층이라 불린 중소상공인, 중소지주, 자작농 같은 신흥사회세력이었다. 조만식은 그러한 관서지방의 문화를 자신의 사회, 정치철학의 토대로 삼았던 것이다. 그는 단순히 민족운동이 아니라 지역자치에 중심에 둔 풀뿌리 민족운동을 전개했다. 기회가 있을 때마다 청년들에게 서울이나 대도시에 모여 웅성거리지 말고 자신이 나고 자란 곳에서 죽기를 각오하고 향토를 지키라고 당부하였다. 저마다 지방으로 돌아가 조선사람이 존립할 터전을 지음으로써 새 나라의 기초를 놓으라는 것이었다. 지역 없이, 시민사회 없이는 민족도 해방된 조국도 없다는 게 조만식의 신념이었다.

인화에 앞장선 지도자

조만식 하면 인화와 단결의 지도자라고 말할 수 있다. 그는 일본 유학생시절부터 단결과 단합에 힘썼다. 일본에서 조만식은 감리교와 장로교로 분열된 재일기독교 유학생들의 모습에 문제의식을 느꼈다. 장로교와 감리교를 통합하는 한인교회를 만들어냈으며 양쪽 교단에서 1년에 한명씩 목사를 파견토록 하면서 하나 된 기독교 유학생회를 만들려고 했다. 그리고 지역으로 분열된 유학생 커뮤니티의 통합을 위해서도 노력했다. 조만식은 고향을 묻지 말자고 했다. 낙동친목회, 호남학회, 한금청년회 등 재일유학생 사회는 지역을 중심으로 뭉치며 지역할거주의가 만연한 실정이었다. 그는 그런 분열주의를 없애고 하나된 조선유학생사회를 만들려고 했다. 고하 송진우와 더불어 조선유학생 친목회의를 만들어내는 등 그는 유학생 시절부터 항상 통합에 힘쓴 지도자였다.

그래서였을까 조만식이 총무로 있던 YMCA 평양 회관에는 모든 사람들이 들러 조만식을 만나 이야기했고 이질적 배경을 가진 많은 이들이 그를 의지했다고 한다. 평양회관에는 민족주의자, 사회주의자는 물론이고 억울한 호소나 딱한 의논을 하러 오는 사람들도 많았는데 자녀들의 학업문제 때문에 속을 썩는 학부형, 다른 지방에서 처음 평양을 찾은 사람, 심지어 집나간 마누라 문제로 상심한 노동자까지 다양한 사람들이 오갔다고 한다. 근본이 상인이며 기독교인이다보니 그는 우파에 가까운 사람이었지만 유명한 사회주의자 현준혁과도 막역한 사이였고 심지어 그는 해방 이후 토지개혁도 찬성했는데 좌우를 망라하고 두루 신망이 많았고 이들이 의지할 수 있는 버팀목이었다. 이렇게 조만식은 민족운동가, 교육운동가, 시민사회의 개척가에 통합에 힘쓴 인화의 지도자라는 역사적 역할까지 우리는 기억을 해야한다.

내전 이후 세계, 조만식적 가치를 담자

내전의 시대는 통합이 중요하다. 내전에서 단순히 이기기만 할 것이 아니고 내전의 상처를 추스르는 작업이 있어야 한다. 그렇기에 인화에 앞장서고 모범이 된 조만식은 많은 시사할 점을 준다고 생각한다. 그런데 내전의 시대는 미래가치를 만들고 제시해야하는 시기이기도 하다.

확실한 가치와 청사진을 제시해야만 이길 수 있다. 아울러 확실한 미래가치와 청사진이 있어야 만이 내전이 끝난후 반대편에 섰던 사람들을 설득해서 완전한 국가건설의 길에 동참시킬 수 있다. 우리가 제시해야할 미래가치와 청사진에 조만식적 가치를 담아보면 어떨까? 조만식적 가치가 지금 이시점 필요하다고 생각했는데 앞서 말한대로 그는 늘 자율적 시민사회, 시민 스스로의 자치능력을 강조했다. 조만식하면 물산장려운동이 유명한데 조만식이 평양에서 벌인 조선물산장려운동은 단순히 경제주권 확보운동이 아니었다. '조선물산장려회취지서'에는 '현금상공업이 발달한 선진국들도 저마다 모두 보호무역주의를 행하는데 우리는 나라가 없어 법령이나 정책으로 그것을 실행에 옮기지 못하니 자위상 불가불 민간의 공덕심과 공익심에 의지할 수 없다'는 대목이 나오는데 물산장려운동은 단순히 조선사람이 조선의 것을 먹고 쓰자는 것이 아니라 시민사회 풀뿌리 운동이었다. 민간사회의 독자적 힘을 키워가자는 운동이었으며 단순한 주권운동이 아니라 자위권 확보를 위한 시민경제운동이었던 것이다.

평양에서 조선물산장려회가 조만식을 회장으로 하여 발족한 이후 물산장려운동은 전국적인 운동으로 발전하여 1923년 1월 서울에서도 조선물산장려회가 창립 되었지만 서울에서는 평양과 달리 민족산업의 육성이라는 일반론에 그쳤을 뿐 민간사회의 실력을 키워가자는 운동으로까지 전개되지는 않았다. 서울에서 벌어진 운동에는 자위권을 기르자는 생각들이 발견되지 않는다. 조선인과 일본인이라는 민족적 구별만 있고 국가와 사회, 국가와 시민의 구분에까지 나아갔던 조만식적인 시민적 자각과 지평의 확대가 없었다는 것이다.

단순히 애국애족이 아니라 민간사회의 실력, 민간사회의 자율공간을 조성해야만 진정으로 조선총독부 권력에 맞설 수 있고 시민사회가 진지가 되어야만 진정한 독립이 가능하다는 것이 조만식의 신념이었다. 그는 그렇게 민족운동의 새로운 패러다임을 제시한 것인데 자율적 시민사회가 독립운동의 시작이고 해방이후에도 국가건설의 기지이자 토대라고 본 것이다. 단순히 외세가 나쁘다, 일제는 물러가라가 아니었다. 우리 스스로 자율적 시민사회를 만들고 자율적 시민사회의 구성원으로 거듭날 수 있어야 한다는 것이었다.

내전 종식이후 만들어가야 할 우리의 미래는 진정한 근대사회다. 아직까지 우리는 제대로된 근대사회를 만들지 못하고 물적토대와 하드웨어에만 치중한 절름발이 근대만 해냈다고 생각하는데 자 진정한 근대 사회란 뭘까? 간단히 말하자면 개인과 개인 사이에 건강한 거리가 있고 그리고 국가와 시민사회간에 건강한 긴장관계가 있는 사회가 아닐까? 질문해보자. 한국에 과연 시민사회라는게 있는가? 운동권 386들의 운동과 권력투쟁의 진지로서 만들어낸 유사 시민사회, 때로는 시민들을 공격하는 가짜 시민단체 말고 권력에서 자유로운, 주체적인 시민사회가 존재하는가? 함부로 국가권력이 개입하지 못하고 권력과의 거리를 확보한 그런 자율적 시민사회, 그러한 시민사회 중심의 근대 국가는 아직 우리에게 오지 못한 미래가 아닐까 싶은데 내전의 시대 우리는 그런 청사진을 그려야 하지 않을까? 그렇기에 지금 우리는 조만식을 소환해보자는 것인데 87년 체제 이후의 세상, 내전이후의 사회에 우리 조만식적 가치를 담아보자. 개신교의 큰 어른이자 교육자였고 민족해방운동가였고 인화에 앞장선 리더였지만 시민사회 개척자이자 그만의 미래지향적인 시민사회철학을 만들어낸 조만식을 기억하면서 말이다.

다가올 '초개인'의 시대 그리고 '초자유 상태'에 놓일 우리

〈멋진 신세계〉 올더스 헉슬리의 쾌락 인식을
중심으로 상상해보기

유성호
스튜디오 스탠드 대표

현재진행중인 근대문명의 역사는 자유의 역사이자, 쾌락의 역사이기도 하다.

인간이 쾌락을 얻는 방식은 예나 지금이나 본질적으로 다르지 않다. 우리는 종종 잊고 살지만, 현대인들이 일상적으로 쾌락을 얻어가는 식사, 술을 비롯한 약물, 예술, 수면, 신체활동, 사회적 활동, 성행위 등은 사실 인류 문명의 시작부터 지속되어온 행위이다. 인간의 쾌락은 뇌내 쾌락물질로 인해 얻어지고, 초기 문명을 이룩한 인류와 현대인의 뇌내 쾌락물질 생성구조는 다르지 않기 때문이다.

하지만 신(God)이 세계관의 중심이었던 근대 이전의 중세 문명은, 쾌락을 다루는 방식 또한 철저하게 신 중심이었다. 근대 이전의 문명은 신을 향한, 혹은 신을 향하는 과정에서 얻어지는 쾌락만이 올바른 쾌락이라고 규정했으며, 신을 벗어난 개인의 쾌락은 옳지 못한 것으로 보고 철저하게 통제 및 탄압하였다.

그 결과 쾌락은 종교적 의례와 규율 안에서 특권계급이라는 한정된 소수가 독점하게 되었고, 비 특권계급의 쾌락은 특권계급에 의해 통제되었다. 일례로, 교회가 신도들이 모였을 때 사제의 손으로 빵과 포도주를 예수의 몸과 피라며 나누어 주는 것은 이러한 과거의 흔적인 것이다.

근대, 쾌락의 주체를 신에서 국민으로 바꾸다

반면 근대문명은 과거 신에게 종속된 개인, 그리고 신과 결탁한 특권계급으로 정의된 쾌락의 주체를 바꾸어놓았다. 표면적으로는 개인으로 탈바꿈시켰지만, 사실은 국가에 귀속된 '국민'이 주체였다. 그렇게 근대 이후 개인은 신을 떠나 국가가 허락한 쾌락을 찾아 마구 달리기 시작했고, 사람들은 조금씩 신에게서 멀어지기 시작했다.

그리고 이 쾌락의 달리기는 시장자유주의 시스템 덕분에 가능했다. 근대 이후의 인간들은 마치 원래 그랬던 것처럼 더 큰 쾌락에 더 많은 돈을 지불하기 시작했으며, 쾌락의 생산단가를 낮추거나 쾌락의 지속시간을 늘리는 사람(기업가)은 큰 돈을 벌게 되었다.

쾌락의 달리기는 풍요와 번영을 가져왔다. 의학의 발달로 수명은 늘어났으며, 다양한 공학의 발전으로 쾌락은 더 빠르게, 그리고 더 강렬하게 발전하였다. 쾌락의 차원은 점점 높아져서 과거에는 금만큼 귀했던 식재료를 현대의 우리는 아주 싼 값에 살 수 있게 되었으며, 시청각을 자극하는 예술들도 다양한 디바이스를 통해 일상 안으로 침투했다. 쾌락은 불과 200년도 안되는 시간 속에서 몇 번의 특이점을 거쳐왔고, 지금 이 순간에도 기하급수적으로 발전하는 과정 안에 있는 것이다.

이러한 흐름 하에, 아직 한국인들에게는 낯선 논쟁거리가 있다. 바로 마약이다. 올더스 헉슬리의 유명한 소설 〈멋진 신세계〉에는 '소마'라는 마약이 나온다. 작중 묘사에 따르면 '소마'는 궁극의 쾌락을 보장하며, 철저하게 국가에 의해 관리되고 있다. 헉슬리가 '소마'라는 설정을 집어넣은 정확한 이유는 알 수 없지만, 몇 가지 시대 상황을 고려해서 추측해 볼 수는 있다.

마약과 근대 국가

우선, 근대 국가와 마약은 떼려야 뗄 수 없는 관계이다. 일례로 영제국은 중국을 식민화시키기 위해 중국에 아편을 유통하여 국력을 떨어뜨렸고, 그 결과 전쟁에서 승리했다. 또한 초기 근대 국가 시기였던 1900년대 초반에 코카인, 헤로인, 대마, 필로폰 등이 근대 문명으로부터 인지되거나 발명되었다. 게다가 제1차 세계대전을 거치면서 육체의 고통과 전쟁의 상처를 잊게 만드는 모르핀이 근대 국가 사이에서 대유행하게 되었다. 근대 국가에게 마약은 개인을 죽이고 살리는 수단이었던 것이다.

〈멋진 신세계〉가 발간된 1930년대는 아직 근대문명이 마약에 대한 종합적 인지에 다다르지는 못한, 일종의 과도기에 있던 시기였다. 그리고 이 시기에 근대 국가가 마약을 취급하는 방식은 산업으로 넘어가게 되었다. 코카인은 노동자나 주부를 위한 자양강장제로 코카콜라에 들어갔으며, 대마는 미국 흑인노예들 사이에서 혹독한 현실을 잊게 하면서 결과적으로 블루스 음악을 만들어내었고, 일본은 산업 노동자가 쉬지 않고 일을 하기 위해 필로폰을 적극 권장하였다.

대마 정도를 제외하면 현대에서 전 세계적으로 엄격하게 금지된 약물들이 마치 '만병통치약'처럼 쓰이던 시기였던 것인데, 이는 아직 과학기술이 충분히 발달하지 못했기 때문이기도 했고, 기본적으로 약물이 인체에 장기적으로 어떤 영향을 미치는지보다 단기적인 생산성에 더 집착하던, 포드주의의 시대였기에 가능했던 일이다. 〈멋진 신세계〉가 발간된 초기 근대는 과거 종교에 국한된 쾌락이 국가와 국가주도의 산업으로 확장하던 시기였던 것이다.

이러한 사회분위기 속에서 헉슬리는 아마도 근미래에 어떤 부작용도 없이 인간을 지고의 쾌락의 상태에 올려놓는 이상적인 마약이 존재하게 될 것이고, 그것을 국가가 공급하게 되리라고 생각했던 것 같다. '과거와 미래의 골치를 앓지 말고, 소마 1그램 먹으면 현재만이 있을 뿐'이라는 '소마'에 대한 작중 묘사를 보면 이러한 추측이 근거 없는 망상은 아님을 알 수 있다.

재밌는 건, 시대가 지나면서 쾌락의 주체가 '국가에 소속된 개인'에서 '시장자유주의 시스템의 참가자'로 점차 확장됨에 따라 헉슬리의 마약에 대한 탐구심이 확장되었다는 사실이다. 한국에선 아직 널리 알려지지 않은 사실이지만, 헉슬리는 1950년대에 싸이키델릭 약물인 메스칼린과 LSD를 지속적으로 복용하고 그 경험에 대한 에세이인 〈인식의 문(The doors of perception)〉을 발간했다.

이 에세이는 1960~1970년대 서구 문명에서 들불처럼 번진 반문화운동에 사상적-이론적 단초를 제공했으며, 서구 문화에 엄청난 영향을 미친 히피 문화의 구루들은 물론이고 싸이키델릭 로큰롤 문화를 이끈 비틀즈, 더 도어즈, 핑크 플로이드 등에도 지대한 영향을 미쳤다. 개인의 인식 차원이 싸이키델릭 약물을 통해 기존보다 훨씬 더 넓어질 수 있다는 메시지가 서구문명을 관통한 것이다. 그 결과 사람들은 과거 '신의 백성'이라는 개념을 버리고 '국민'이 된 것처럼, 이제 '국민'이라는 개념을 버리고 '개인'이라는 개념을 탑재하게 되었으며, 그 흐름은 시장자유주의 시스템과 과학기술의 발전에 힘입어 현대에 올수록 점점 가속화되고 있다.

실제로 최근 미국에서는 마약과 관련하여 거대한 변화의 흐름이 몰려오고 있다. 우선 연방 차원의 대마초 합법화가 그것이다. 2022년 기준으로 미국 50개 주 중에서 37개 주가 이미 의료용 대마초를 합법화했으며, 18개 주는 오락용 대마초도 합법화하였다. 하원 의회에서는 2010년대 후반부터 연방 합법화 추진 법안이 여러 차례 발의 및 통과되었고, 친 대마초 성향인 민주당 바이든 대통령의 당선으로 인해 임기 내 대마초 연방 합법화가 기정사실로 전망되고 있으며, 최근에는 상원 의회에서도 대마초 연방 합법화에 대해 민주당이 강한 의지를 보인 적이 있다. 이는 미국뿐만 아니라 네덜란드, 독일, 영국, 프랑스 등의 유럽, 그리고 서구 문명의 영향권 안에 있는 나라들에서 동시다발적으로 강력하게 나타나고 있는 흐름이기도 하다.

두 번째 흐름은 LSD, 환각 버섯(Magic Mushroom), 메스칼린 등의 싸이키델릭 약물에 대한 연구의 재시작이다. 미국 정부는 1970년대 반문화운동을 탄압하면서 LSD와 환각 버섯 등 싸이키델릭 약물을 엄격하게 금지했다. 다양한 과학자들이 싸이키델릭 약물이 신경정신과 계열의 의약품으로 발전한 가능성을 높게 평가했지만 보수주의적 색채가 강했던 당시 미 정부는 유통과 소지는 물론이고 대학의 연구조차도 하루아침에 엄격하게 금지하였다. 실제로 LSD를 전파하는데 앞장섰던 저명한 과학자들은 미국에서 최고등급의 범죄자로 치부되어 평생을 도주하거나, 두 번의 종신형을 받고 평생을 감옥에서 보내거나, 망명까지 한 경우도 있었다.

하지만 2000년대에 들어 유럽에서 다시 싸이키델릭 약물들에 대한 대학 내 연구가 시작되었으며, 최근에는 미국 서부를 중심으로 대학 내 연구는 물론이고 라이센스를 소유한 정신의학 전문가들이 환자를 대상으로 치료를 목적으로 한 임상 사용까지 할 수 있게 되었다. 그 결과 우울증, 정신분열증, 조울증 등 다양한 신경정신과 질환에 치료효과를 증명한 사례들이 지속적으로 보고되고 있으며, 부작용에 대한 우려가 끊이지 않았던 기존의 신경정신과 약품들을 대체할 수도 있을 것이라는 희망적인 관측도 나오고 있다.

이렇게 대마초와 싸이키델릭 약물에 대한 진보적이고 희망적인 접근이 이루어지고 있지만, 동시에 약물과 관련하여 서구 문명 내에서 절망적인 일 또한 동시에 일어나고 있다. 대표적인 것이 펜타닐이다. 펜타닐은 아편계 마약 중에서 효과가 가장 강력한 약물로, 말기 암 환자나 심각한 척추질환 환자들을 대상으로 제한적으로 쓰이던 진통제였다.

하지만 거대 제약사인 얀센이 독점적으로 소유하고 있던 제조 특허가 만기됨에 따라 다양한 제약사에서 카피약 생산이 가능해졌다. 펜타닐은 분자구조가 단순해서 복제가 쉽고 생산단가가 획기적으로 낮은데, 이러한 생산성과 높은 중독성을 인지한 제약사들이 2010년대부터 국제적인 로비를 하면서 조금씩 대중에게 알려지기 시작하였다. 게다가 이러한 펜타닐의 장점을 파악한 중국에서 대대적으로 생산 및 전 세계를 대상으로 유통을 시작했다.

그 결과 미국 10대 사망 원인 중 1위가 펜타닐 중독이 되었으며, 2020년대에는 미국 내에서만 1년에 20만명이 넘는 사람들이 펜타닐 중독으로 사망하고 있는 참혹한 실정이다. 특히 펜타닐은 제조와 유통이 쉽고, 대부분의 국가에서 처방약으로도 널리 쓰이고 있어서 최근 국내에서도 10대~20대 사이에 유행하기 시작하여 사회적으로 이슈가 되기도 하였다. 중독성이 너무 강해 '한 번만 사용해도 영원히 일상생활로 돌아올 수 없다'는 이야기가 정설로 치부될만큼 지독한 약물의 전 세계적 유행이 시작된 것이다.

개인의 쾌락을 국가가 어디까지 통제할 수 있는가

근대 이후 문명의 중심은 신에게서 국가로, 국가에서 시장으로 넘어가고 있으며, 이러한 흐름에 따라 개인의 자유 역시 높아져 가고 있다. 그리고 그 흐름 아래에는 기술의 발전과 시장자유주의의 고도화가 있으며, 그 방향성은 '개인에게 가장 긴 시간동안, 최대의 쾌락을 허락하라'는 근대 문명의 정언명령을 따르고 있다.

하지만 앞서 말한 펜타닐의 사례뿐만 아니라 합법적으로 유통되고 있는 술이나 담배 등 모든 마약은 부작용을 필수적으로 동반하며, 마약에 굳이 국한하지 않아도 당분, 게임 등 모든 종류의 단기적이고 강력한 쾌락은 인간의 쾌락 수용체를 망가뜨리는 결과로 인해 앞서 말한 '개인에게 가장 긴 시간동안, 최대의 쾌락을 허락하라'라는 정언명령을 지키지 못하도록 만들게 된다.

특히 팬데믹 이후 급부상한 4차 산업혁명, 탈중앙화, 메타버스 등의 개념들이 지목하는 새로운 인류 문명의 변화 방향은 '초개인화'이며, 그에 따라 우리는 점점 개인의 선택이 존중받는 시대에 살아가게 될 것이 자명하다. 앞서 말한 대마초 합법화와 싸이키델릭 약물에 대한 새로운 접근도 '개인의 쾌락을 국가가 어디까지 통제할 수 있는가'에 대한 진보적이고 자유주의적인 감수성이 대중화 된 결과인 것이다.

　올더스 헉슬리가 〈멋진 신세계〉에서 그린 근대문명의 미래는 국가가 개인의 쾌락을 적극 장려하지만 개인은 여전히 국가에 종속된 모습이었다. 하지만 〈멋진 신세계〉로부터 90년이 지난 지금, 현대의 쾌락은 국가로부터 벗어나 시장자유주의 시스템을 통해 온전히 개인에게 귀속되려는 흐름 안에서 변화하고 있다.

　머지않은 시기에 필연적으로 다가올 '초개인'과 '초자유'의 시대, 개인에게 필요한 것은 어쩌면 수많은 쾌락을 '스스로 통제할 수 있는 능력'일 것이다.

7

시장화: 경제자유의 확산

자유의 보금자리, 도시
하멜 표류기: 표류기보다 표류의 배경에 주목해야 하는 이유
선택할 자유가 기본
세계경제의 틀을 바꾼 '철제 상자' 컨테이너
19세기 영국의 개인주의와 의료시장

자유의 보금자리, 도시

이인철
변호사

도시, 인류의 고향

수렵과 농경사회를 거쳐서 도시가 발전했다는 주장은 도시를 근대의 산물로 여기지만, 도시는 역사 이전부터 인류와 함께하였다. 그리스와 로마 시대의 도시는 상업과 민주주의를 발전시켰고, 중세 유럽의 도시공화국은 도시 문화를 보존시켜 왔다. 도시는 현대의 새로운 발명이 아니라 과거 도시의 부활이다. 태초에 도시가 있었고, 도시는 인류 문명의 요람이다.

도시의 역사

　　　도시의 유래는 도시국가에서 찾을 수 있다. 고대 그리스의 폴리스는 시민이 직접 정치하고 전시에 국방을 담당하면서 운영하는, 독립한 정치단위로서 오늘날의 국가다. 아테네, 스파르타 등 고대 그리스의 도시는 페르시아 전쟁을 치르면서, 중세 해양도시 베네치아는 오스만투르크제국과 지중해의 패권을 겨루면서 발전하였다. 중세 이탈리아의 피렌체 등 도시국가는 그리스를 이어 서양 공화정의 기원이다. 상업과 학문의 중심지인 중세도시는 르네상스와 종교개혁의 출발지로서 근대의 개인을 탄생시켰다. 역사속의 도시는 도전에 응하여 살아남았고 번영과 풍요를 낳았다.

　영토를 중심으로 한 국민 국가 시대에도 국민 대부분이 거주하는 도시는 국가의 중심에 있다. 도시 규모가 확대되면서 국가 역량이 도시에 집중된다. 국가 간 교류는 도시간의 교류이고 도시는 국가 성장의 원동력이다. 평평한 세계는 도시로 연결되어 있다. 어디를 가나 균일한 생활 환경을 제공하는 도시는 현대 문명의 중심지다. 정치와 경제중심지에서 문화중심지로 발전되어가는 도시는 인류 문화의 전형이다.

도시와 자유

　　　　인류의 중심 거주지인 도시는 생활 근거지로 계획된 지역으로서, 개인의 개체성의 생성, 유지, 개발이 이루어지는 곳이다. 도시가 주는 효용은 개인 자유를 실현하는 것이다.

이동과 이주
　교통의 허브에 도시가 만들어 진다. 도로로 연결된 도시는 사람을 불러오고 도시의 중심에는 모임의 광장이 있다. 이동의 중심지에 있는 도시는 사람이 모이는 곳이고 모여든 사람들이 곧 도시다. 도시의 공기가 자유롭게 한다는 표현은 이러한 도시의 성격을 가리키고 있다. 태어난 곳을 떠나서 원하는 곳으로 이주할 수 있으며 생활의 근거지를 선택할 수 있음은 도시가 제공하는 자유라는 효용의 출발점이다.

개방과 연결
　도로가 교차하는 도시는 모든 곳으로의 이동로이며 모든 곳을 연결한다. 시민은 어느 마을의 누구의 자녀인 아무개가 아니라 개인의 이름으로 불린다. 떠나온 곳의 과거사가 아니라 현재 살아가는 모습에서 그의 정체성이 부여된다. 다른 배경을 가진 도시민은 우리가 아니라 타인으로서 만나기에 서로 협력하고 또한 경쟁한다. 시민의 자격은 자유로운 접촉과 교류를 통해서 만들어진다. 시민간의 소통과 교류는 열린 선택의 기회다.

시장과 거래

자유로운 연결과 선택은 거래로 이어진다. 고대 그리스 도시에 시장인 아고라가 있었다. 시장은 만남의 장소이며 물품과 서비스 및 지식이 거래되는 곳이다. 거래는 시간과 공간을 적절하게 구성하는 방법이다. 물품 거래는 서로 다른 공간을 연결하며, 시간의 거래는 신용을 낳고, 지식과 사람의 교류는 미래를 위한 자본을 만든다. 도시는 번영의 기반이다. 시장은 무역로와 연결되어 도시를 세상과 연결한다. 도시 밖의 온 세상을 시장에서 만나게 된다.

다양함과 풍요

도시에서 세상의 다양한 모습을 발견하게 된다. 서로 다르다는 것이 표현되는 곳이다. 도시는 세상의 다양한 모습이 흘러들어오는 것을 허용한다. 다른 것이 들어와서 자리를 잡고, 함께하고 융합이 된다. 서로 다르기에 배울 것과 교환할 것이 있으며, 다른 것이 우리의 것이 되기도 한다. 박물관과 도서관에 세상의 다양한 지식이 쌓이고, 축적된 지식은 도시의 삶을 변화시킬 수 있는 자원이 된다.

즐거움의 제공

자연을 극복하고 최적화한 생활 환경을 제공하는 것 이상으로 도시는 시민에게 즐거움을 준다. 고대 로마의 도시마다 볼 수 있는 공연장인 아레나는 도시에 필수적이다. 미술관, 박물관, 공원등 문화 시설 이용만이 아니라 음식점에서의 식사의 즐거움과 상점에서의 구매의 즐거움이 있다. 도시는 일과 함께 여가와 휴식의 중심지다. 즐거움을 찾는 것이 창의력의 원천이다. 문화소비라는 도시의 효용은 많은 이들을 도시로 이끈다.

혁신의 거점

인적 자원의 집결과 자유로운 거래, 자원의 형성과 축적 및 창의성의 발현으로 도시는 새로움에 도전한다. 현실을 극복하고자 도전하는 기업 활동이 혁신을 주도한다. 창조하는 기업 활동이 도시를 새롭게 한다. 도시학자 리처드 플로리다는 혁신을 만드는 창조계급이라는 용어를 만들었다. 시민은 자본가와 노동자의 구분없이 기업 활동으로 혁신에 참여한다. 변혁의 재료와 자유라는 공기를 가지고 기업이라는 혁신의 엔진이 움직이는 도시는 변혁의 실험장이며 변화를 만드는 공장이다.

자치와 질서

도시에 대한 자긍심은 자치에서 비롯된다. 자유민은 스스로 자기 삶을 결정한다. 아고라는 물건만이 아니라 의견이 교환되고 규율이 만들어지는 정치의 장이면서 분쟁을 해결하는 재판정이었다. 자유민임을 주장하는 시민은 개인과 공동체의 자유를 지켜나간다. 도시의 자유민은 스스로를 다스리는 질서를 만들고 자유가 형성한 권위를 지닌 질서를 공화정의 기초로 하였다. 도시는 자유를 선포하고 그 자유가 도시를 만들었다.

페르시아 전쟁을 앞두고 사절로 페르시아에 파견된 스파르타의 사자들에게 페르시아의 사령관이 페르시아에게 항복하고 우호관계를 맺을 것을 종용하자 스파르타인들은 다음과 같이 대답하였다. "저희들에 대한 각하의 충고는 사태를 충분히 알지 못하신데서 나온 것입니다. 각하께서는 한쪽 면에 대해서는 잘 알고 계시지만, 다른 한쪽 면에 대해서는 모르고 계십니다. 즉 노예라는 것이 어떤 것인가에 대해서는 잘 이해하고 계시지만, 자유라는 것에 대해서는 아직 경험한 일이 없으시기 때문에 그것이 단지 아니면 쓴지 모르고 계십니다. 그러나 각하께서도 일단 자유의 맛을 알게 되신다면, 자유를 위해서는 창뿐만 아니라 손도끼라도 들고 싸워야 한다고 우리에게 권하게 되실 것입니다."(《헤로도토스의 역사》에서)

도시에 대한 비관론의 극복

전원생활에 대한 향수와 농경문화의 공동체성을 내세운 농촌이상주의는 농촌으로의 이주를 주장하거나 도시를 마을공동체로 만들어 농촌화하려고 한다. 역사 이전에 도시가 있었다는 고고학의 발견과 고대 로마공화정 때에도 업무와 휴가의 분리 및 은퇴 후의 전원 생활 문화가 있었던 것을 보면 농촌과 도시는 같이 있었다. 농촌이상주의는 목가적 낭만주의와 지역을 공동체성의 원천이라고 주장하는 담론을 배경으로 한다.

환경 문제의 원인으로 도시를 지목하는 환경주의는 도시화를 비판한다. 자원의 낭비나 탄소배출량의 문제 등이 주장되지만 자원의 배분과 사용에 있어서 도시의 운영체제는 효율적으로 관리됨으로써 더 친환경적이라고 할 수 있다. 도시는 번영과 풍요의 기반으로서의 효용을 제공하면서 자연 환경과 함께 지속하여 왔음을 역사는 가르쳐준다.

대도시로의 집중과 지방 소멸이 도시의 위기로 말해지지만 산업화 시기의 제조업 중심도시에서 탈피하는 도시의 변화 과정의 문제다. 출생률의 저하와 노령화 사회의 진전 현상은 국가 단위의 정책 문제로서 이주, 주거, 교육, 노동, 복지, 문화 분야의 제도 개선으로 이의 극복을 위해서 노력해야 할 미래의 과제다. 국민국가 체제의 개선이라는 과제와 함께 새로운 도시 거버넌스가 요구되고 있다.

도시, 미래의 정착지

삶의 기반시설로서의 도시는 개인의 개체성을 보존하고 개발하는 공간을 제공하여 자유를 실현하게 한다는 점에서 자유의 보금자리다. 개인의 자유를 구현하면서 공동체로 살아가는 생활 시스템으로서 고안된 도시는 인류의 유용한 발명품이다.

전지구적인 이동과 이주의 증가 및 지식에 기반한 기술사회에서 개인이 전지구적으로 연결된 상황은 오늘의 도시를 다양한 정체성이 융합된 초국가적 현상으로 만든다. 기존의 전통적인 도시 문제의 현안을 해결하기 위한 노력을 하면서 서로 연결되어 인류의 플랫폼이 된 초국가적 도시의 거버넌스를 새롭게 기획하여야 하겠다.

도시의 역사가 주는 교훈은 도시는 스스로 자유를 지켜나가야 한다는 것이다. 도시는 인류의 고향이면서 미래의 정착지이다.

참고문헌

- 에드워드 글레이저, 〈도시의 승리〉, 이진원 옮김, 해냄출판사, 2011
- 존 리더, 〈도시 인류 최후의 고향〉, 김명남 옮김, 지호, 2006

하멜 표류기:
표류기보다 표류의 배경에
주목해야 하는 이유

황인학
한국준법진흥원 원장

VOC, 세계 역사상 기업가치가
가장 높았던 회사

　세계사에서 시장가치가 가장 높은 기업은 어느 회사일까? 미국 경제주간지 포천은 매출액 기준으로 해마다 글로벌 500대 기업(Fortune Global 500)을 선정해서 순위를 발표한다. 2022년 8월에 포천이 꼽은 세계 1위는 미국의 유통 대기업 월마트이다. 월마트는 매출총액 5,727억 달러를 기록하며 9년 연속으로 세계 1위 자리를 지켰다. 그 뒤를 이어 아마존 2위(4,698억 달러), 중국의 국가전력망공사 3위(4,601억 달러), 중국 석유천연가스그룹(CNPC)과 시노펙이 각각 4위(4,116억 달러)와 5위(4,013억 달러)를 차지했다. 그리고 사우디 아람코는 6위(4,003억 달러), 미국의 애플이 7위(3,658억 달러)를 기록했다.

매출총액이 아니라 주식시장에서 평가된 시가총액으로 순위를 매기면 이야기가 달라진다. 현존하는 기업 중에 시가총액 1위는 애플이다. 2021년 4월 기준으로 애플의 시장가치는 2조 6,400억 달러이며, 사우디 아람코는 2위(2조 3천억 달러), 마이크로소프트는 3위(2조 54억 달러)이다. 2021년도 우리나라 국내총생산(GDP)이 1조 8,235억 달러임과 비교하면 이들 회사의 시장가치가 얼마나 대단한지 실감할 수 있을 것이다. 특히 애플의 시가총액은 GDP 규모에서 세계 8위인 이탈리아보다 많으니 하나의 주식회사라기보다는 애플 공화국으로 불러도 무방할 듯싶다.

현존 기업뿐 아니라 역사 속으로 사라진 기업까지 포함해서 시가총액 순위를 정하면 역대 1위는 어디일까? 이에 대해 네덜란드 동인도회사(VOC, Vereenigde Oostindische Compagnie; 1602.3~1799.12)를 주저 없이 꼽는 이들이 많다. 흔히 네덜란드 동인도회사로 불리는 VOC는 향신료 해상무역을 위해 1602년 3월에 암스테르담에서 설립된 세계 최초의 근대적 주식회사이다. 또한 VOC는 북유럽 저지대의 비교적 작은 나라인 네덜란드가 일찍이 17세기 초부터 황금시대를 구가하고 세계경제의 패권을 장악할 수 있었던 비결을 웅변하는 제도적 상징이기도 하다.

일부 추정에 의하면 VOC 시가총액은 지금의 가치로 8조 달러를 넘어선 적이 있었다고 한다. 세계 경제사에서 최초의 대형 거품사건으로 유명한 네덜란드 튤립 광풍(Tulip Mania)이 절정에 달했던 1637년 전후에 VOC 주식의 가격도 천정부지로 치솟았다. 그 때 VOC 시가 총액이 7천8백만 길더에 달했는데 이를 지금의 미국 달러 가치로 환산하면 8조 달러보다 많다는 것이다. 이에 대해 논란이 아주 없지는 않다. 그러나 이 추정이 맞는다면 VOC 시가총액은 독일과 프랑스의 GDP를 모두 합한 가치와 비견될 만큼 엄청난 규모였다. 애플과 VOC를 일대일 비교하는 것은 언감생심이고, 애플 외에 아람코, 마이크로소프트, 알파벳까지 모두 합해야 상대가 될 만큼 VOC는 역대 최고 회사이자, 5대양을 누볐던 세계 최초의 글로벌 대기업이었다.

VOC에서 시작해서 VOC로 귀결되는 하멜 표류기

하멜 표류기는 바로 이 네덜란드 동인도회사, VOC에서 시작해서 VOC로 귀결되는 이야기이다. 하멜 표류기는 1688년 네덜란드에서 처음 출간됐는데 초판의 제목은 '스페르베르 호의 불운한 항해일지(The journal of the unfortunate voyage of the yacht the Sperwer, 1668)'였다. 이 제목에서 짐작하듯이 하멜 표류기는 네덜란드 사람이자, VOC 소속의 선원이었던 헨드릭 하멜(Hendrick Hamel, 1630~1692)이 무역선 스페르베르 호를 타고 일본 나가사키로 항해하던 중에 제주도에 표류했던 1653년 8월부터 일본으로 탈출에 성공한 1666년 9월까지 조선에서 억류생활을 하며 경험하고 느꼈던 내용을 기록한

책이다.

하멜 표류기는 일지와 조선왕국기의 두 부분으로 나뉜다. 일지는 연대순으로 하멜과 그 일행이 조선에서 겪은 일과 느낌을, 조선왕국기는 조선의 지리·풍토·정치·군사·경제 등에 대해서 보고 들은 내용을 담고 있다. 하멜이 일지를 작성한 이유는 13년의 조선 억류 기간 동안에 받지 못한 임금을 VOC에게 청구하기 위함이었다. 하멜 표류기는 VOC에게 제출하기 위한, 일종의 출장 사고 보고서였던 셈이다. 달리 말하면, 하멜의 조선 표류 및 억류생활의 시작부터 그에 관한 기록의 작성 및 출판까지의 모든 과정이 VOC와 깊이 연결되어 있었던 것이다.

하멜은 자신의 보고서를 '불운한 항해 일지'라고 했지만 VOC 기준에서 보면 스페르베르 호의 불운은 예외적 사고가 아니었다. 그 당시는 항구를 떠난 상선의 약 1/3 가량은 암초와 풍랑에 좌초, 표류되거나 또는 해적의 습격으로 인해 온전히 돌아오지 못했다. 따라서 하멜의 표류 사건은 그 당시 네덜란드에서 주목을 끌만한 큰일이 아니었다. 하멜은 새로운 발견 또는 모험에 도전한 탐험가가 아니라 VOC 선단에서 비일비재하게 일어나는 해난 사고 희생자의 일부였기 때문이다. 그러나 조선에 대한 하멜의 이야기는 뜻밖에 유럽인의 호기심을 자극하면서 조선의 실체를 유럽에 알리는 효과를 파급시켰다. 그리고 17세기 조선 사회에 대한 이방인의 흔치 않은 경험의 기록이라는 점에서 하멜 표류기의 사료적 가치는 한국에서 더 높게 평가되는 경향이 있다.

하멜의 표류기보다 표류의 배경이 중요한 이유

하멜 표류기를 어떻게 읽고 활용할지는 독자의 관점에 따라 다를 것이다. 하멜은 1653년 8월에 조선에 표류한 후에 제주도에서 1년, 한양 2년, 강진 7년, 그리고 다시 여수로 소개되어 억류 생활을 하다가 1666년 9월에 조선 탈출에 성공했다. 따라서 표류에서 탈출까지 13년의 우여곡절과 지난한 과정을 주인공의 자유에 대한 불굴의 의지와 도전의 결실로 보는 관점에서 표류기를 읽어도 좋을 것이다. 또는 하멜의 기록을 조선왕조실록 등의 공식 문서와 대조하며 보면 17세기 조선의 생활상에 이해의 깊이를 더할 수도 있을 것이다. 그러나 부국안민의 경제학 관점에서는 표류기의 내용보다 표류의 배경에 주목할 필요가 있다. 그 배경에는 부국안민을 위한 경제성장의 진정한 원천이 무엇인지에 대한 메시지가 숨어있기 때문이다.

하멜이 멀리 제주도까지 와서 표류한 배경에는 VOC라는 기업조직의 태동과 해상무역을 뒷받침한 네덜란드의 제도적 기틀이 자리잡고 있다. 1993년도 노벨상 수상자인 노스(Douglas North, 1920~2015)는 경제성장의 원천으로 소유권 기반의 효율적인 경제조직을 늘 강조해왔다. 부국안민의 성장에는 기술이나 자본보다 효율적인 경제조직이 훨씬 중요하다는 것이다. 노스는 그의 대표 저서, '서구 세계의 부상: 새로운 경제사(1973)'에서 서구 세계는 오랜 세기 동안 동양보다 더한 가난과 기근의 굴레에 시달렸으나 근세사에 와서 동양을 능가하는 성장과 풍요를 누리게 된 원인은 효율적인 경제조직을 발전시켰기 때문이라고 설명한다. 특히 네덜란드는 자원이 적은 소국이었기 때문에 경쟁국보다 효율적인 경제조직을 구축하는데 주력했다. 그 결과 네덜란드는 VOC로 대표되는 세계 최초로 근대적 주식회사 제도를 창안하고 증권거래소를 개설, 운영하는 등의 효율적인 경제조직의 발전을 주도하면서 하멜의 조선 표류 시기에는 이미 유럽의 경제 리더로 부상한 상태였다.

따라서 성장의 원천을 탐구하는 경제학의 관점에서는 하멜의 표류기보다 그 배경에 있는 VOC와 네덜란드의 제도적 기반을 살펴볼 필요가 있을 것이다. 17세기 네덜란드의 지속 성장을 견인한 제도적 요소를 간단히 정리하면 다음과 같다. 첫째, 소유권 보장: 소유권은 경제활동을 유인하는 핵심 기제이자 성장의 필요조건이다. 역사적으로 소유권과 왕권은 반비례하는데 네덜란드는 절대 왕정을 발전시킨 스페인, 프랑스와 달리 대의기구를 통한 왕권 통제에 성공하면서 소유권 보장의 제도를 일찍부터 발전시켰다.

둘째, 시장 발전의 지향: 시장교환의 확대와 경쟁은 경제조직의 효율화에 필수적인 요소이다. 교역량은 거래비용 크기와 반비례하기 때문에 시장을 발전시키려면 거래비용을 낮추어야 한다. 네덜란드 정부는 주주의 유한책임을 허용하고 증권거래를 가능하게 함으로써 자본 거래비용을 낮추고 자본시장을 크게 발전시켰다. 셋째, 유한책임 회사제도 창안: 코스(Ronald Coase, 1910~2013)가 1991년 노벨상 연설에서 강조했듯이 "효율적인 경제시스템을 갖추기 위해서는 시장뿐만 아니라 기업조직 내의 기획이 반드시 필요하다." 이와 관련 VOC가 최초의 근대적 주식회사이자, 역대 시총 1위였다는 사실이 많은 것을 시사한다.

백성을 가난으로 이끈 조선의 무본억말(務本抑末) 전통

네덜란드가 근대 초기에 경제패권국으로 부상했던 이면에는 효율적인 경제조직을 확립한 정부의 역할이 주효했다. 비슷한 시기에 조선은 무본억말(務本抑末)의 통치철학 아래 효율적인 경제조직의 태동과 발전을 막는 정책으로 일관했다. 무본억말에서 본(本)은 농업을, 말(末)은 상업·공업을 의미한다. 사농공상(士農工商)의 엄격한 신분차별 하에서 백성은 농사에 전념하게 하고 상·공업 활동을 막겠다는 것이 무본억말이다. 이에 따라 조선의 위정자와 사대부들은 상공업과 이윤을 천시하고 시장의 개설과 확산을 막는 일을 당연시 했다. 근대 이후 서구 국가들이 시장의 발전 및 경제조직의 효율성을 높이기 위한 제도 구축에 공을 들였던 것과 달리 조선의 정치는 시장을 금압하는 정책 시행에 공을 들였다.

혹시라도 하멜 일행과의 조우를 계기로 서구 세계의 성장 전략, 효율적인 경제조직을 구축하고 발전시키기 위한 제도의 기틀을 학습할 기회는 없었을까? 하멜보다 25년이나 앞서 조선에 표류했던 벨트브레(박연)도 VOC 선원이었고, 하멜의 조선 억류 기간이 13년에 이르는 만큼 의지만 있었다면 시간은 충분했을 것이다. 그러나 조선왕국 위정자의 무본억말 철학은 확고했다. 예를 들어 하멜이 조선을 탈출하고 30년이 지난 후인 1696년도 숙종실록을 보면, '농사는 천하의 근본이니, … 백성이 장사에 종사하는 것을 막고 다들 농사로 돌아가게 하라'며 임금이 팔도 감사에게 지시하는 장면이 있다. 네덜란드 동인도회사와의 간접적인 조우 이후에도 조선왕국의 시장 금압 기조는 전혀 바뀌지 않았던 것이다.

조선 후기에도 시장과 상공업에 대한 위정자의 인식과 태도는 크게 다르지 않았다. 실사구시 중시의 실학이 나타나면서 상공업에 대한 이해에 변화가 없지는 않았지만 실학자들도 지주계급에 속한 때문인지 많은 사람들이 토지에서 시장으로 이탈하는 것을 내심 원하지는 않았다. 예를 들면 어느 실학자는 장돌뱅이가 직업이 되지 못하도록, 그리고 너무 많은 사람이 상업에 종사하지 못하도록 시장 개설일을 전국적으로 통일[제한]해야 한다고 주장하기도 했다. 시장은 경제활동을 조정하고 효율적인 경제조직의 발전을 위한 기본 인프라 이다. 따라서 진심으로 부국안민을 위한 정치를 하겠다면 시장을 금압할 게 아니라 네덜란드가 그랬듯이 거래비용을 낮추는 제도를 착안, 구축해서 시장의 발전을 유인하는 것이 정도(正道)일 것이다.

선택할 자유가 기본

양준모
연세대학교 교수

인간의 기본적 권리이며 권력의 제한을 의미

'선택할 자유'는 자유의 본질이며, 인간의 기본적 권리다. 노벨 경제학상을 수상한 밀튼 프리드먼과 그의 아내 로즈 프리드먼이 1979년에 저술한 책의 제목과 TV 프로그램 제목으로 〈선택할 자유〉가 사용되면서 더 유명해졌다. 〈선택할 자유〉가 유명해지자 '선택할 자유'의 의미를 왜곡하는 사람들도 나왔다. 이들은 기회의 평등이나 신분의 평등이 아니라 결과의 평등을 주장한다. 선택할 자유는 결과적으로 남들과 동일한 삶을 살 권리가 아니라 본질적인 개인의 자유를 의미한다. 선택할 자유는 다른 사람과 국가 권력에 의해 통제되지 않을 권리에서 출발한다.

존 스튜어트 밀(John Stuart Mill)은 자유를 국가 권력에 대한 제한으로 명확히 규정했다. 밀튼 프리드먼의 선택할 자유도 국가 권력에 대한 제한을 의미한다. 선택할 자유가 없는 세상은 상상할 수 없지만, 선택할 자유를 보장받는 데에는 오랜 시간이 걸렸다. 지배 세력에 의한 폭력적인 통제에서 해방되고 선택할 자유를 획득하는 데에 많은 희생이 뒤따랐다.

조선시대에서 시장은 왕의 자의적인 명령에 의해 통제됐다. 인간의 기본적인 선택조차 왕의 통제를 받았다. 입는 옷과 신는 신발, 그리고 쓰는 모자까지, 머리에서 발 끝까지 통제를 받았다. 현대에서는 상상할 수 없는 통제를 받았다. 왕권뿐 아니라 지역공동체의 권력에 의해 개인의 인권은 무시되었고, 백성들은 선택할 자유를 갖지 못했다.

선택할 자유가 보장되면서 사람들은 새롭게 태어났다. 예술이 발전하고, 과학이 발전했다. 인류의 번영은 선택할 자유에서 출발했다.

선택할 자유와 시장

우리는 매일 불편을 느끼지 않으면서 많은 재화와 서비스를 소비하고 있다. 시장에 참여하는 사람들은 각자의 위치에서 자신들이 하고자 하는 행위를 통해 재화와 서비스를 생산하고 교환한다. 프리드만이 설명하듯이 우리가 흔히 사용하는 연필이 생산되고 유통되는 모든 과정을 전부 아는 사람은 찾기 어렵다. 그렇지만 우리는 불편 없이 연필을 소비하고 사람들은 각자의 계산에 따라 연필을 생산한다. 이것이 가능한 것은 시장에서 형성되는 가격 때문이다. 정부의 통제로 자원이 배분되는 국가와 가격에 의해서 자원이 배분되는 국가의 발전은 큰 차이를 보였다. 시장은 선택할 자유를 바탕으로 서로의 교환을 통해 가장 효율적으로 자원을 배분해준다.

선택할 자유를 확대한 서구는 지난 200년간 자유의 시대를 향유했다. 영국은 1846년 곡물법이 폐지된 이후 거의 100년 동안 통제 없이 자유롭게 무역을 했다. 영국은 자유무역을 통해 세계 최강국이 됐다. 일본은 명치유신 이후 30년간 자유무역으로 국력을 키웠다. 자유무역이 국가의 번영을 가져다주었다는 것은 명백하다.

1948년 8월 15일 대한민국이 건국되면서 개인들에게 선택할 자유가 부여됐다. 대한민국 헌법은 개인의 재산권을 보호하고 국가가 기업의 경영에 간섭할 수 없도록 국가 권력을 제한한다. 대한민국의 발전은 선택할 자유의 결과이다.

프리드먼 부부는 그가 저술한 〈선택할 자유〉라는 책에서 시장경제체제가 경제적 번영뿐 아니라 경제적 자유와 인간적 자유를 보장하는 체제임을 입증했다. 선택할 자유는 정부의 통제를 주장하는 전체주의적 선동선전에 휘둘리지 않고 우리의 자유를 지킬 수 있는 시장경제체제에 대한 믿음을 더 강하게 만들어준다.

선택할 자유를 침해하는 세력

　　대한민국의 자유와 번영은 자유시장 경제체제의 우월성을 증명해주고 있지만, 아직도 대한민국을 부정하는 사람들이 있다. 정부라는 이름으로, 노동조합이라는 이름으로, 또는 공동체라는 이름으로, 그 어떤 명분과 이름으로 포장됐어도 개인의 선택할 자유를 침해했을 때 반드시 부작용이 발생하고 처음 제시됐던 명분과 목표와는 다른 결과를 초래한다.

　사회주의를 신봉하는 사람들의 주장과는 달리 사회주의 경제체제의 국가에서 행해지고 있는 탄압은 선택할 자유를 억압하고 자유와 번영을 말살한다. 사회주의 체제를 도입한 북한이 오늘날 고통에 시달리는 것만 보아도 선택할 자유는 번영의 필수적 조건이라는 것을 알 수 있다.

　자유를 억압하려는 사람들은 선전선동을 통해서 사람들에게 잘못된 신념을 심어주려 하고 있다. 이들은 통제가 마치 사회를 구원한 것처럼 주장하고 사실들을 왜곡한다. 자유와 시장이 번영을 가져다주었다는 것을 인류 역사가 증명했음에도 불구하고 이들의 거짓말은 그치지 않는다. 이들은 선전선동을 통해 정치적 권력을 잡으려 하고 권력을 이용하여 자신의 사리사욕을 추구한다. 탐욕으로 눈을 가린 사회주의자들은 진실에 분노한다.

선택할 자유를 침해하면 왜 실패하는가

정부의 개입은 경제적 측면에서 볼 때, 커다란 사회적 비용을 부담하는 일이다. 기본적으로 정부의 개입은 우리 사회의 자유를 크게 제한한다. 각자의 뜻에 따라 경제가 운영되는 것이 아니라 권력자의 자의에 의해 경제가 운영된다. 개인의 자유는 통제되고 정부의 개입을 위해 자원이 동원된다. 정부의 개입은 경제적 자유를 제한하는 것이다.

사용자와 근로자가 자유롭게 초과근로 조건을 합의하더라도 정부가 정한 규정에 합치되지 못하면 초과근무를 할 수 없다. 변호사나 의사, 이발사, 장의사 등 수많은 직업을 갖기 위해 정부의 허가나 면허를 받아야 한다. 정부의 개입으로 경제적 자유만이 아니라 인간적 자유도 통제된다.

경제가 어려워지면 사람들은 자신들의 선택할 자유를 포기하고 정부가 개입하여 대신 의사결정을 하기를 원하기도 한다. 우리나라에서 대공황의 시작은 정부의 정책 실패였다고 생각하는 사람은 많지 않다. 어느 날 갑자기 주식시장이 폭락하면서 대공황이 발생했고 혼합자본주의 체제가 필요하다고 주장을 반복적으로 학습했다. 이런 설명으로 대공황의 원인을 알 수 없다. 대공황의 발생 원인과 정책의 성공 메커니즘에 대한 문제를 이야기하지 않고 뉴딜정책으로 대공황을 극복했다는 이야기만을 하는 것도 이해하기 어렵다. 뉴딜정책으로 도입된 최저임금제도는 대공황시절 오히려 실업을 증가시켰다. 대공황은 정부의 잘못된 정책으로 시작해서 정부의 개입으로 공황이 장기간 지속됐다. 권력자들에 의해 진실은 은폐됐고, 정부의 개입을 원하는 사람들은 이에 동참했다.

요람에서 무덤까지 복지제도를 추구한 영국의 상황은 심각하다. 복지 관련 비용은 올라가고 불만은 늘어갔다. 정책 당국자들은 정말 국민을 위해서 일하는지도 의문이다. 다른 사람의 돈을 자기를 위해서 쓰거나 다른 사람을 위해서 쓴다면 돈이 목적에 맞게 쓰이기를 기대하기는 어렵다.

프리드먼의 설명처럼 학교 교육 분야에 대한 정부의 통제도 대부분 실패했다. 의무교육이 실시되고 정부의 지원이 강화하면서 오히려 학부모들의 불만은 커졌다. 공립학교제도의 관료화로 교육에 투입하는 비용은 증가했다. 반면 학생들의 학업 능력은 떨어지고 있다. 대한민국의 경제발전의 이면에는 교육이 큰 역할을 했다. 우리나라의 교육 발전에는 사립학교와 사교육의 역할이 컸다. 대한민국에서도 정부의 예산이 늘어나고 있지만, 사교육이 더 커지는 현실은 정부 개입의 문제를 여실히 보여 주고 있다.

산업혁명 이후 근로자의 생활상태가 대폭 개선됐다. 근로조건이 좋아지고 근로시간이 단축됐으며, 소득은 증가했다. 귀족들이나 즐길 수 있는 풍요로운 삶을 평범한 사람들도 즐길 수 있게 됐다.

노동조합이 근로자의 생활을 개선했다고 생각하는 것은 잘못이다. 산업혁명 이후 2백여 년간 노동조합의 역할은 거의 없었다. 1900년에 노동조합에 가입한 근로자들의 수는 전체 근로자의 겨우

3% 정도였다. 오늘날에도 노동조합에 가입한 근로자의 비중은 낮다. 근로자를 보호하는 것은 노동조합도 아니고 정부도 아니다. 더 많은 일자리를 제공해 주는 기업들의 경쟁 과정에서 근로자가 보호된다.

정부의 개입의 문제점의 중의 하나는 정부의 개입으로 소수의 집단이 부당하게 이익을 가져가는 것이다. 정치적으로 영향력이 있는 조직화된 그룹에 부당하게 국민의 혈세가 지원된다. 많은 사람들의 희생으로 소수가 지원받고 지원받기 위해 경쟁함으로써 자원이 낭비된다.

정부가 작을수록 그리고 정부의 기능이 제한돼야 이러한 문제점이 발생할 가능성이 준다. 정부가 개입하는 분야마다 마이더스의 손과 같이 문제가 발생한다. 공무원들은 특수이익단체에 포섭되기도 한다. 혹은 공무원들이 자신들의 이익을 지키기 위해 정부의 권력을 이용하는 이익단체가 되기도 한다. 사회주의 국가에서 쉽게 관찰되는 새로운 계층이다.

개인의 선택할 자유를 부정하고 정부가 대신 결정하는 구조에서는 경제는 번영할 수 없다. 다른 사람의 자원을 이용하는 정부가 조달된 자원을 효율적으로 사용하지도 않기 마련이다. 개인의 자유로운 선택으로 자원이 배분되는 시장이 풍요와 번영을 위한 유일한 대안이다. 선택할 자유는 풍요로운 삶을 가져다준다. 선택할 자유가 무엇보다 소중하다.

세계 경제의 틀을 바꾼
'철제 상자' 컨테이너

김태황
명지대학교 교수

1950년대 혁신 아이콘, 컨테이너

　　기계장치가 전혀 없는 '철제 상자'가 세계 경제의 틀을 바꾸었다. 화물 운송방식을 바꾸었고, 근로자의 일자리를 바꾸었고, 기업의 투자와 생산 방식을 바꾸었고, 국가의 산업단지 지형을 바꾸었고, 글로벌 물류체계를 바꾸었고, 개발도상국의 경제발전 기반을 제공했다. 인류 역사상 가성비가 가장 높은 혁신이었다.

　트럭 운송업자 말콤 맥린(Malcom P. McLean)은 1956년 4월 최초로 컨테이너로 화물 운송을 실행했다. 낡은 유조선으로 58개의 컨테이너를 미국 동북부 뉴저지주 뉴어크항에서 남부 텍사스주 휴스턴으로 운송한 후 그대로 58대의 트럭으로 옮겼다. 당시 일반적인 운송비용이 1톤당 5.83달러였는데, 맥린의 운송방식으로는 1톤당 15.8센트로 기록되었다. 기존 비용의 3%도 안 되는 믿을 수 없는 수준이었다.[1]

사실 20세기 초부터도 영국, 미국, 유럽 대륙에서 컨테이너는 간헐적으로 화물 운송에 활용되었다. 하지만 일시적 방편이나 시도에 불과했다. 해상운송과 육상운송의 연계성도 저조했고, 비용 절감 효과도 거의 없었고, 안전성도 낮았다. 주로 상부가 열려 있는 소규모 컨테이너를 제작하여 일반화물과 혼합하여 적재함으로써 오히려 공간 활용과 이동에 제약이 발생했다. 수십 년의 세월이 흐른 후 한 사업가의 혁신적 발상으로 선박이나 열차 중심이 아니라 화물 중심의 물류체계가 상용화된 것이다. 현재로서는 컨테이너가 없는 물류나 운송은 상상조차 할 수 없지만 60~70년 전만 하더라도 컨테이너 운송은 수용하기 어려운 도전이었다.

컨테이너 덕분에 한국이 무역강국으로

2020년 우리나라 항만의 85개 선석(berth)에서 처리한 컨테이너는 40피트 기준으로 하루 평균 39,864개였다.[2] 부산항에

---

1) Marc Levinson, The Box, Princeton University Press, 2016, 이경식 옮김, 〈더 박스〉, 청림출판, 2017, p.36, p.118 및 1-4장 참조.
2) 해양수산부 통계시스템 https://www.mof.go.kr/statPortal/cate/statView.do (2022. 7. 30 접속) 컨테이너 처리 물량 단위(TEU: Twenty-foot Equivalent Units)는 20피트

서만 하루 평균 약 3만개의 40피트 컨테이너를 싣거나 내렸다. 컨테이너 단위인 TEU(Twenty-foot Equivalent Units)는 20피트 기준(1TEU)이지만 물류 운송에서는 40피트 컨테이너를 주로 사용한다. 40피트 컨테이너는 용도에 따라 약간의 차이는 있지만 내부 기준으로 대개 가로 12.0미터, 세로 2.3미터, 높이 2.4미터의 금속 직육면체이다. 20피트는 세로와 높이는 같고, 가로 길이만 절반인 5.9미터이다.

40피트 컨테이너의 내부 공간이 약 67㎥인데, 평균적으로 80%만 채운다고 가정하면, 우리나라 컨테이너 항만에서 하루에 부피 214만㎥의 화물을 처리하는 셈이다. 컨테이너당 최대 처리 중량을 적용한다면 하루에 약 200만톤의 화물도 처리할 정도이다. 컨테이너 없이는 상상할 수 없는 물동량 처리 규모이다.

컨테이너를 선박, 트럭, 열차에 싣거나 내릴 때는 대형 크레인(컨테이너크레인, 트랜스퍼크레인 등)을 사용한다. 2022년 7월 부산항 신항에는 국내 기술로 개발된 원격 조정의 첨단 듀얼 트롤리형(이동형 크레인이 2개 장착) 컨테이너크레인 1호기가 설치되었다.[3] 컨테이너를 활용한 국제물류 체계 덕분에 부산항은 세계 7위의 컨테이너 물동량 처리 항만으로 발전했다.

컨테이너 기준이므로, 1TEU는 20피트 컨테이너 1개이다.
3) 연합뉴스(2022.7.13.) https://www.yna.co.kr/view/AKR20220713152600051?(2022. 7. 30 접속)

컨테이너, 표준화의 혁신 사례

1960년대 중반부터 컨테이너를 국내외 물류 운송에 상용화함으로써 항만에서 일하는 방식은 획기적으로 변모했다. 지게차로 직접 화물을 실어 나르거나 그물망의 화물을 선상으로 끌어당기는 단순노동 방식이 사라졌다. 항만에 적재된 화물을 개별 운송하던 노동자의 인건비가 낮아진 정도가 아니라 불안정한 일거리 자체가 컨테이너화로 대체되었다. 화물의 대량 선적이나 하역에 소요되었던 막대한 인건비와 대기 시간이 혁신적으로 절감되었다. 항만 노동자의 가혹한 노동이 사라지면서 안전사고도 감소했다. 첨단 기술에 의한 기계화나 자동화가 이뤄진 것이 아니라 화물 운송에 그저 '철제 상자'를 이용했을 뿐이었다. 물론 이 무거운 상자를 들어 오르내리는 기계설비는 필요했다.

컨테이너는 표준화의 혁신 사례이다. 직육면체로 규격화된 컨테이너를 화물선 갑판 아래위 수십 개 단으로 적재할 수 있게 됨으로써 대량 운송, 운송비 절감, 시간 단축, 안전 운송, 효율적인 분류 등 종합적인 물류 혁신이 일어났다. 이를테면 수출국 내 육상운송에서 국제 해상운송을 거쳐 수입국 내 육상운송으로 연계되는 일련의 물류 운송 과정에서 비용, 리스크, 시간과 에너지 절감의 혁신이 촉진되었다. 열차나 트럭으로 환적(transshipment)할 때에도 컨테이너별 고유 인식 코드를 통해 신속하게 통째로 이동할 수 있다. 화물 운송이 컨테이너로 표준화가 이뤄지면서 물류와 운송의 주도권이 운송 수단에서 화물 자체로 옮겨졌다. 즉 기존 화물선과 열차에 맞춰 소규모로 제각각 꾸려지거나 포장되었던 화물이 컨테이너 단위로 적재됨에 따라, 컨테이너 운송 전용 선박과 열차가 설계되고 운행되었다.

글로벌 공급망을 변혁

컨테이너화는 생산입지의 제약을 해소하고 공급망 구조를 변화시키는 동인이 되었다. 신속하고 안전한 대량 운송 덕분에 상품의 제조공장은 항만 인근 소재의 필요조건을 벗어나 토지 사용료가 저렴한 지역으로 이전할 수 있었다. 국제 운송의 비용 부담이 급감함으로써 생산지를 해외로 이전하거나 원자재와 중간재를 해외 공급업체로부터 조달하는 선택도 쉬워졌다. 생산과 소비의 세계화가 가속화될 수 있었다. 국제적 분업화와 무역의 이익이 증대되는 계기가 되었다.

이 과정에서 주목할만한 점은 개도국 경제의 글로벌 성장 기회이다. 컨테이너화의 물류 운송 혁신은 개도국의 상품 수출을 활성화시키는 유인력이 되었다. 개도국의 상품을 저렴하고 안전하게 공급할 수 있는 물류 운송체계가 정착됨에 따라 국제 수요가 증대되었다. 컨테이너에 담아 수출할 상품을 생산하는 개도국의 산업은 성장 동력을 얻게 되었다. 개도국의 수출 산업화는 항만의 발전을 견인했다. 부산항이 세계 7위의 컨테이너 물동량 처리 항만으로 발전한 기적은 컨테이너로 운송할 상품을 생산한 우리나라의 산업화와 소비시장이 뒷받침되었기 때문에 가능했다.

결론적으로, 컨테이너화의 혁신은 미시적으로 보면 획기적인 운송비용의 절감이었지만 거시적 관점에서는 글로벌 공급망의 변화를 촉진한 촉매였다. 운송비용을 실제로 절감하기 위해 항만구조, 창고, 크레인, 선박, 열차, 노동력 활용 등 물류체계 전반의 변혁이 필요했다. 컨테이너를 활용하지 않고서는 한겨울에 18,000킬로미터나 떨어진 칠레로부터 포도를 수입해서 맛보기에는 비싼 값을 치러야 한다. 한국 의류 제조기업이 4,000~5,000킬로미터 떨어진 베트남이나 인도네시아에 생산공장을 설립하여 시기에 맞춰 한국과 유럽으로 공급할 수 있는 것도 컨테이너 운송체계 덕분이다. 상품의 기획 설계, 생산 조달, 판매와 소비가 제각각 다른 국가나 지역에서 진행되지만, 효율적인 공급망으로 연계될 수 있는 것은 운송 비용과 리스크 부담을 현저하게 낮출 수 있는 물류 운송체계가 정착되었기 때문이다.

세계화의 상징으로 진화

컨테이너는 기계설비 하나 없이 진화하고 있다. 서울 성수동에는 수백 개의 컨테이너를 쌓아서 펼친 상가들이 즐비하다.

건축하지 않은 건축물이다. 인터넷 포털에는 500만원에서 2억원에 이르는 컨테이너 주택 매매 상품도 있다. 수요자만 원하면 동남아나 아프리카 오지에도 며칠 만에 컨테이너 주택을 배달할 수 있다.

한편으로, 튼튼하고 안전한 '철제 상자'가 불법 거래 물품을 깊숙이 숨기기 좋은 밀수 도구로 악용되기도 한다. 심지어는 폭탄이나 소형 핵무기를 적재하여 터트릴 수도 있고 밀입국자를 수송하는 밀실 상자로 오용되기도 한다.

1950년대 컨테이너는 발명품이 아니라 발견품이었다. 첨단 기계 설비가 아니라 지극히 단순한 커다란 '철제 상자'였다. 당시 운송 기득권을 누리던 트럭 또는 열차 운송업체는 운송체계가 파괴될 것을 우려하여 컨테이너 도입을 격렬하게 반대했다. 하지만 불과 30년도 지나지 않아서 선박은 물론 트럭과 열차도 컨테이너의 가장 효율적인 운송 수단으로 탈바꿈했다. 이제 컨테이너는 세계화와 글로벌 공급망의 대표적인 상징이 되었다.

참고문헌

- 연합뉴스, "부산 신항에 국산 컨테이너 크레인 '우뚝'…원격조종 기술 적용", 2022년 7월 13일자
- 해양수산부 통계시스템(https://www.mof.go.kr/statPortal)
- 마크 레빈슨, 〈더 박스: 컨테이너는 어떻게 세계 경제를 바꾸었는가〉, 이경식 옮김, 청림출판, 2017

19세기 영국의 개인주의와 의료시장

배민
숭의여자고등학교 교사

19세기 영국의 개인주의와 시장

19세기 영국은 자유주의 사회가 민주주의 요소들을 점차 받아들여가는 시기였다. 벤담으로 대표되는 공리주의의 영향으로 개인의 재산권과 시장의 자생적 질서를 중시했던 애덤 스미스와 존 로크의 고전 경제학적 자유주의로부터 벗어나 사회 전체의 효용 증가에 관심을 두게 된 것이다.

사회 전체의 효용을 증가하는 방법은 민주주의적 의사 결정을 동반하게 된다. 즉 한 사회가 어떤 정책을 결정하는 데 있어서 A 정책이 아닌 B 정책을 선택하는데 그 결정적 기준은 그 사회의 다수가 B 정책이 A 정책보다 더 큰 효용을 자신들에게 가져다 주기 때문이라는 생각에 있고, 이 생각은 결국 다수의 표결, 즉 다수결에 의하게 된다. 이러한 정치 사상을 지향하며 19세기 중반에서 후반으로 접어들면서 일련의 민주주의적 개혁 법안들이 영국 의회에서 통과되었고, 그 결과 보다 많은 노동자와 농민 계층을 포함한 일반 남성들이 투표권을 가지게 되었다.

이러한 흐름, 즉 기존의 고전 자유주의가 민주주의적 요소를 포함시켜 발전해나가는 모습이 19세기 중후반에 본격화되어 나타난 것이 19세기 영국 개인주의의 주된 배경이라고 할 수 있다.

자유주의에 민주주의적 요소가 들어오게 되었다는 것은 개인주의의 발달에 어떤 영향을 미쳤을까? 긍정적인 영향과 부정적인 영향을 함께 미쳤다고 할 수 있다. 긍정적인 영향으로는 이제 소수의 개인만이 아닌 보다 많은, 다수의 개인들이 자신의 권리를 자유롭게 행사할 수 있게 되었다. 부정적인 영향으로는 그 반대로 다수의 개인들에 의해 소수의 개인들의 권리가 침해될 수 있는 가능성이 새로이 나타나게 된다.

개인들이 자신의 권리를 자유롭게 행사한다고 했을 때, 정치경제적으로 개인이 자신의 권리를 자유롭게 행사하는 공간이 되는 것이 바로 시장이다. 가령 현대 자유민주주의 정치 체제에서는 정치 상품의 판매자(정당 및 정치인)와 구매자(투표자)로 구성되는 정치 시장이 존재한다.

시장의 재개념화를 통해 본 의료시장

흔히 시장은 경제적인 공간으로만 생각되는 경향이 강하다. 즉 물건을 사고 파는 공간, 돈을 매개로 하여 계약이 체결되는 공간으로 특정하여 생각하는 것이다. 하지만 정신적인, 혹은 철학적인 차원에서도 시장이라는 개념을 생각해볼 수 있다. 그 가장 대표적인 것은 지식 시장의 개념이다. 여기서 중요한 것은 시장에서 경쟁하게 되는 지식의 가치이다. 시장을 단지 돈과 상품에 초점을 맞추어 접근하는 틀에서 벗어나, 가치(value)의 확인과 경쟁이 일어나는 곳으로서 시장을 재개념화하는 것이다.

시장을 넓은 의미로 볼 때, 우리가 몸 담고 있는 사회의 사실상 수많은 영역들이 시장의 성격을 가진다. 상품시장과 고용시장, 주택시장, 의료시장, 교육시장 등의 다양한 시장에서 경제적으로 돈이 오가는 부분뿐 아니라 해당 영역에서 어떤 대상들이 교환되는지, 우리가 그 대상들을 어떻게 선택하고, 우리 자신과 그 대상들이 어떻게 시장에서 경쟁하는지를 보다 주의깊게 살펴 본다면 많은 새로운 사실들을 발견하게 된다.

그러한 시장 현상의 핵심에는 우리들 각자가 부여하는 최종적인 기준, 즉 가치가 그 시장의 본질에 자리잡고 있다. 그런데 이 가치는 한 개인이 원자적이고 독립적인 차원에서 이기적이고 합리적으로만 결정한다기 보다는 그 개인이 속한 사회의 사회문화적 틀에 영향을 받아 다분히 집단 감성과 비합리적 편향성도 함께 가지게 된다.

의료시장의 경우 19세기 영국은 자유시장에 가까왔다. 그런데 18세기에 비하면 종래의 길드적 배타성은 서서히 약화되었지만, 새로운 종류의 배타성이 그 안에 자리를 잡아가고 있었다. 1858년 의료법 제정이 상징하듯, 의사의 자격을 중심으로 한 의료시장에 대한 진입 장벽이 서서히 높아진 것이 그 가장 중요한 특징이었다.

특히 일반 의사들이 주도한 19세기 전반기 의료 개혁의 명분은 이윤과 경쟁에 매몰된 기존의 자유방임적 시장 구조를 의료 전문성 추구의 방향으로 전환하는 것을 본질로 하였는데, 그 과정에서 자연히 제도권 정통 의사와 비정통 의사 군 간의 갈등도 심화될 수밖에 없었다. 이는 사회학자들도 분석했듯 이전의 구체제를 대신하는 일반 의사들에 의한 의료시장의 새로운 독점화 시도에 가까왔다. 시대의 흐름은 19세기 말로 갈수록 국가의 개입과 함께 자유로운 의료시장이 종말을 고하는 방향으로 가게 되었다.

의학 지식 시장의 활성화

하지만 다른 한 편으로 19세기 영국의 의료시장은 공리주의의 거센 풍조 속에서 다양한 의료 담론이 형성되고 교환되는 공적 공간(public sphere)의 성격을 점점 띠기 시작했다. 영국의 의사들은 19세기 중반에 활성화된 의학 저널들의 지면을 통한 다양한 의학 사상과 철학, 이론 등에 대한 논쟁에 친숙했다. 또한 이 시기는 정통 의학의 경계나 의미도 불분명하던 시절이기도 했다.

어떤 의학 이론이나 사상이 의학 '지식'으로 확립되는 과정에는 사회적 힘이 개입한다. 이는 그 잠재적 지식이 갖는 인식론적 논리보다 그것이 의료의 영역 안에서 그리고 궁극적으로는 사회적으로 인정되는(로이 포터가 '지식 확산의 정치적 측면'으로 묘사한) 과정이기도 했다. 이 과정은 수상자를 결정하는 경우처럼 능력주의에 근거할 수도 있고, 출판 시장의 경우에서처럼 개인들의 선택에 좌우되는 대중성에 의해 작동하는 메커니즘일 수도 있었다.

분명한 것은 19세기 중반의 의학 지식 형성 과정은 그러한 다양한 잠재 지식들이 상호 경쟁하는 하나의 공간인 '의학 지식 시장(market of medical knowledge)'을 동반하였다는 사실이다. 이 가상의(돈과 물리적 공간이 직접적으로 드러나지 않는) 시장에서 중요한 것은 개별 의학 지식이 가지는 '가치'였고 이는 그 지식을 수용하고 지지하는 의사 혹은 일반 개인들의 수와 비례했다.

19세기 중반 영국의 의학 지식 시장은 일종의 하버마스적인 공적 공간(정보 체계의 형성과 유지 기능을 수행)이기도 하였다. 과학사 연구자들은 이러한 과학적 지식의 논의 공간에 일찍부터 깊은 관심을 가져왔는데, 이러한 관점에서 과학사적 핵심 개념 중 하나인 '과학적 문화(scientific culture)'는 의학 지식 시장이라 명명할 수 있는 이 현상에도 유사하게 응용될 수 있다.

특히 과학사가인 이안 잉스터가 제기한 과학적 문화 내부의 '주변성'과 '갈등' 등을 의학 지식 시장의 구조에 적용해 본다면, 이 시장은 다층적 구조로 되어 있으며 상위 계층의 시장(high-tier market)은 의사들의 전문적 의학 담론이 형성되는 고급 의료 문화를 담고 있는 데 반해, 하위 계층의 시장(low-tier market)은 일반 대중의 욕구와 기호에 영향을 받는 구조였다. 가령 의학 저널에 연구 논문을 발표하며 의대 교수 자리를 노리는 의사가 전자에, 비정통 의학 사상을 바탕으로 대중 의학 서적을 출판하는 의사가 후자에 위치될 수 있다.

이러한 19세기 영국의 의학 지식 시장을 통해서 우리는 시장의 다양성과 그 정신적, 지식적, 철학적 측면의 한 단면을 이해할 수 있다. 특히 다양한 의학 이론이나 사상들이 경쟁하던 이 시장은 결코 가치 중립적인 지적 공간은 아니었으며, 당시 의학 및 사회의 흐름 변화와 밀접히 연관되어 있었다. 시장에 참가하여 가치를 확인하고 선택 행위를 하는 주체로서의 인간은 자신이 속한 사회의 정신적 문화적 틀로부터 자유롭지 못하며, 이는 의학 지식 시장에서도 마찬가지였다.

다시 개인주의의 관념으로 돌아가서 보자면, 19세기 영국의 개인주의는 다양하게 존재했던 시장을 통해서 분출되었다. 그 다양한 시장 중 하나였던 의료시장의 경우 18세기 이래로 확대되고 발전하는 과정에서 그 안에 의학 지식을 중심으로 하는 또 하나의 세분화된 시장이 형성되어 있었다. 또한 이 의학 지식 시장에서 그 안에 경쟁하는 다양한 지식과 이론들의 가치는 당시 주류 의학 담론과 의학사상적 틀에 의해 영향 받았다. 특히 상위계층과 하위계층 각각의 의학지식시장은 서로 다른 사회문화적 배경요인들에 의해 그 안의 지식과 이론들의 가치도 다르게 매겨질 수밖에 없었다.

이성의 편향성에 의해 제한 받는다 할지라도, 자유로운 사회 속에서 인간의 자유로운 생각은 늘 다양한 방향성과 다양한 차원에서 서로 경쟁을 하며 다채로운 시장을 형성하게 된다. 지식 시장이 발달하는 사회는 정신이 건강한 사회일 것이다. 19세기 중반의 영국이 그랬던 것처럼.

참고문헌

- Roy Porter, ed. 〈The Popularization of Medicine, 1650-1850〉, London: Routledge, 1992
- Ian Inkster, 〈Scientific Culture and Urbanisation in Industrialising Britain〉, Aldershot: Ashgate, 1997